ullstein

München 1956: Auf dem Oktoberfest trifft die schüchterne Rosemarie den persischen Geschäftsmann Modjtaba. Allen Widerständen zum Trotz folgt sie ihm in seine Heimat – der Beginn einer faszinierenden Liebesgeschichte. Sie stößt auf fremde Sitten, und es gibt genug Anlass für jede Menge kleinerer und größerer Missverständnisse, aber auch für faszinierende Momente – auf dem Land am Rand der turkmenischen Steppe ebenso wie in Isfahan und Persepolis. Fast überall begegnen ihr die Menschen mit einer liebenswerten Mischung aus Neugier und Herzlichkeit, vor allem in der Großfamilie Tabatabai. In Teheran bringt Rosemarie vier Kinder zur Welt, darunter ihre jüngste Tochter Jasmin. Gemeinsam verbringt die Familie unvergessliche Jahre im Iran – bis die islamische Revolution alles verändert.

JASMIN TABATABAI, geboren 1967 in Teheran, ist eine der beliebtesten und angesehensten Schauspielerinnen Deutschlands. Auch als Musikerin feiert sie große Erfolge – 2012 erhielt sie den *Echo Jazz*. Sie besitzt sowohl die deutsche als auch die iranische Staatsbürgerschaft und lebt mit ihrer Familie in Berlin. Weitere Informationen finden Sie unter: www.jasmin-tabatabai.com

Jasmin Tabatabai

Rosenjahre

Meine Familie zwischen Iran
und Deutschland

Ullstein

Besuchen Sie uns im Internet:
www.ullstein.de

Wir verpflichten uns zu Nachhaltigkeit
- Klimaneutrales Produkt
- Papiere aus nachhaltiger
  Waldwirtschaft und anderen
  kontrollierten Quellen
- ullstein.de/nachhaltigkeit

Für Angelina, Helena und Johan

Neuausgabe im Ullstein Taschenbuch
1. Auflage Mai 2022
© Ullstein Buchverlage GmbH, Berlin 2010/Ullstein Verlag
Umschlaggestaltung: zero-media.net, München
Abbildungen im Innenteil und auf der Umschlaginnenseite hinten:
© Jasmin Tabatabai
Karte auf der Umschlaginnenseite vorne:
© Peter Palm, Berlin
Titelabbildung: © Mathias Bothor
Satz: LVD GmbH, Berlin
Gesetzt aus der Sabon
Druck und Bindearbeiten: CPI books GmbH, Leck
ISBN 978-3-548-06617-2

INHALT

Frische Luft

GINGE ES NACH MEINER Mutter, dann gäbe es keine Probleme auf der Welt, wenn alle Menschen jeden Tag nur eine Stunde an die frische Luft gingen. Manches Übel, ja manche Katastrophe ließe sich vermeiden, wenn sich die Menschheit an diese einfache Grundregel hielte, meint sie. Schlechte Laune, Depressionen, Streit? »Kein Wunder, ihr geht ja nie an die frische Luft!« Eheprobleme, Krankheiten, Krieg? »Kinder, geht an die frische Luft!«

»Frische Luft« ist in meiner Familie ein geflügeltes Wort geworden. Und jeder weiß: Wenn meine Mutter nicht genug davon bekommt, ist mit ihr nicht zu spaßen.

Tatsächlich meldet sich bis heute jedes Mal, wenn ich meinem orientalischen Phlegma nachgebe und faul mit einer Schüssel Popcorn und einem schönen Film ausgestattet auf dem Sofa liege, die Stimme meiner Mutter in mir. Dann bekomme ich ein schlechtes Gewissen und ermahne mich, wenigstens kurz an die frische Luft zu gehen.

Als meine deutsche Großmutter vor einigen Jahren im hohen Alter starb, fanden wir in ihrem Nachlass sämtliche Briefe, die ihr meine Mutter zwischen 1958 und 1978 aus dem Iran geschrieben hatte. Darunter diesen aus der Stadt Gorgan vom 27. Januar 1958:

Irgendwie habe ich schon seit Jahren darauf gewartet – auf eine solche Umstellung. Von geschlossenen Räumen und trockener Theorie auf ein Leben, das eng mit der Natur verbunden ist. Meine Ideale konnte und werde ich nie in der Stadt finden, und auf Stühlen sitzend werde ich mich auch nie entfalten können. Ich muss raus an die frische Luft und dort meine Kraft herauslassen.

Als ich diese Zeilen zum ersten Mal las, musste ich nicht nur schmunzeln, sondern hatte auch sofort das Bild eines verträumten deutschen Mädchens vor Augen, das barfuß durch die Felder der turkmenischen Steppe im Norden Irans läuft. Ihr Blick schweift über Weizenfelder und das Grün junger Baumwollstauden, und sie lässt sich von blaugrünen Wäldern verzaubern, hinter denen sich schneebedeckte Berge türmen. Vielleicht winkt sie auch einigen Turkmenen zu, jenen stolzen Nachfahren Dschingis Khans, die vorbeireiten und über diese Fremde, die ganz allein in der Wildnis spazierengeht, verwundert ihre fellbemützten Köpfe schütteln.

Meine Mutter im Alter von zwanzig Jahren.

Was hat sie in diese fremde Welt im Orient verschlagen?

Das ist die Geschichte, die ich erzählen möchte.

Und sie beginnt auf dem Münchner Oktoberfest.

I

MÜNCHEN

Wiesn 1956

PERFEKTES WIESN-WETTER!, dachte Rose. Die Sonne lachte am weiß-blauen Himmel über München, als sie zusammen mit ihrer besten Freundin Edeltraud das »Istituto Italiano« verließ. Es war ein wunderschöner Spätsommertag. Schon lange hatte es keinen so warmen September mehr gegeben, und so liefen Rose und Edel in ihren Sommerkleidern über den Goetheplatz.

Sollten sie wirklich schon nach Hause gehen? Oder nicht lieber einen kleinen Schlenker über die Theresienwiese machen, auf ein Viertelstündchen, kurz aufs Oktoberfest?

Meine Mutter Rose und Edel kannten sich seit Jahren. Gemeinsam hatten sie das Gymnasium besucht. Nun machten sie an der renommierten Riemerschmid-Handelsschule, einer Wirtschaftsschule für Mädchen, eine Ausbildung zur Fremdsprachensekretärin für Englisch und Französisch.

Die Mädchen träumten von fernen Ländern und exotischen Kulturen und wollten so viele Sprachen wie möglich lernen. In greifbarer Nähe war allerdings nur die Aussicht auf eine Reise nach Italien. Also sparten sie ihr Geld, um im nächsten Sommer mit dem Fahrrad die Alpen zu überqueren.

Über die genaue Umsetzung ihres kühnen Vorhabens und die Fragen des Gepäck- und Zelttransportes hatten sie sich noch keine Gedanken gemacht, ebenso wenig darüber, dass sie ja gar kein Zelt besaßen. Aber all das würde sich schon finden.

Bereits im Gymnasium hatten sich Rose und Edel aus Büchern Italienisch beigebracht und die Sprache praktiziert, indem sie sich bei jeder Gelegenheit miteinander auf Italienisch unterhielten. Aber ohne einen Lehrer, der ihre Fortschritte überprüfte, ließ ihre Aussprache derart zu wünschen übrig, dass sie bei ihrem Grundkurs am Istituto quasi von vorn anfangen mussten – was ihrem Enthusiasmus keinen Abbruch tat.

Meine Mutter hieß eigentlich Rosemarie Otterbach – damals ein hübsches, pausbäckiges Mädchen von achtzehn Jahren. Sie trug ihre brünetten Haare halblang und strahlte die Welt aus leuchtend grünen Augen an, die einen entzückenden Silberblick zeigten, wenn sie müde wurde.

Rose lebte mit ihrer Mutter Theresia, die alle nur Thea nannten, in einer kleinen Wohnung in der Tengstraße in Schwabing im fünften Stockwerk, von dessen Balkon aus man an schönen Tagen die Alpen sehen konnte. Thea war eine resolute Endvierzigerin und hatte ihre Tochter durch Krieg und Nachkriegszeit allein durchgebracht. Sie arbeitete im Versorgungsamt München-Schwabing als Sachbearbeiterin.

Außer ihrer Mutter hatte Rose in München keine weiteren Verwandten. Auch einen großen Freundeskreis hatte sie nicht. Aber sie hatte mit Edel, Christa, Herta und deren jüngerer Schwester, die ebenfalls Christa hieß, sehr gute Freundinnen aus der Nachbarschaft, und damit war sie zufrieden.

Rose war ein schüchternes Mädchen. Es war ein Alptraum für sie, vor fremden Menschen sprechen zu müssen. Ihre Angst war so groß, dass sie das Gymnasium vor dem Abitur abbrach. Dabei war sie keineswegs unbegabt, aber allein der

Gedanke an die Referate und mündlichen Prüfungen war ihr unerträglich. Außerdem wollte sie möglichst schnell ihr eigenes Geld verdienen, um ihre Mutter finanziell unterstützen zu können.

Mit jungen Männern hatte Rose kaum Erfahrungen. Nicht einmal einen Tanzkurs hatte sie bislang besucht. Für solche Vergnügungen, genauso wie für Kino-, Konzert- und Cafébesuche, fehlte ihr das Geld.

Aber das fand Rose nicht so schlimm. Für die typische Schlagermusik der Fünfzigerjahre, die damals aus dem Radio rieselte, konnte sie sich ohnehin nicht recht begeistern, es sei denn, sie handelte von Italien, wie *Die Caprifischer*. Vielmehr liebte sie Bücher über die große weite Welt und über Archäologie und verschlang alles, was ihr darüber in die Hände fiel. Zuerst alle Bücher, die bei ihrer Mutter in der Vitrine standen: Pearl S. Buck, Theodor Storm, Adalbert Stifter; später dann Bücher des Forschungsreisenden Sven Hedin und die Abenteuer von Rolf Torring und Jörn Farrow in Form kleiner »Heftl«, die monatlich erschienen.

Einmal erwarb sie in einem Antiquariat einen dicken Wälzer über die Salomonen-Inseln. Das Buch war günstig, weil es anscheinend keiner haben wollte; etwas verloren stand es in einer Ecke des Ladens. Das Buch handelte von den Menschen, die dort lebten wie in der Steinzeit, und erzählte von ihren merkwürdigen Sitten und Gebräuchen.

Jeden anderen Jugendlichen hätte das wahrscheinlich gelangweilt. Nicht aber Rose. Sie hat es sogar irgendwie geschafft, durch die fünfziger Jahre zu kommen, ohne wirklich etwas von Elvis Presley mitzubekommen. Die Salomonen-Inseln waren ihr wichtiger. Während sich Edels Sehnsucht nach fremden und exotischen Ländern auf Italien beschränkte, träumte Rose davon, eines Tages Forscherin und Weltreisende zu werden, um in fernen Ländern wie China, Indien, der Südsee, Ägypten, dem Zweistromland oder Südamerika historische Ausgrabungen vorzunehmen. Und während die meisten anderen Mädchen in ihrem Alter nur Jungen im Kopf hatten und die *Bravo* (die sogenannte neue *Zeitschrift für Film und Fernsehen*) kauften, um sich Poster von James Dean und Horst Buchholz an die Wand zu hängen, war Rose leidenschaftlich auf Sammelbilder über die verschiedenen Kontinente erpicht, die man bekam, wenn man eine Packung Sanella-Margarine kaufte.

Rose und Edel wohnten einen Steinwurf voneinander entfernt in Schwabing, einer gutbürgerlichen Gegend mit damals noch erschwinglichen Mieten. Die Lage war ideal. Sowohl die Stadtmitte wie auch den Englischen Garten konnte man bequem zu Fuß erreichen. Für die täglichen Spaziergänge eignete sich freilich der nahe gelegene Luitpoldpark mit seinem Schuttberg aus dem Zweiten Weltkrieg am besten.

Das berühmte Schwabing der Künstler lag einige Straßenzüge weiter östlich von der Tengstraße. Dort, rund um die Leopoldstraße und den Feilitzschplatz, war einiges los. Kneipen, Künstlerateliers, Theater und Kabaretts reihten sich aneinander, und an lauen Sommerabenden traf man in der Leopoldstraße auf ein buntgemischtes Völkchen und schleckte Eis in einem der Straßencafés. Schwabing war gemütlich und hatte so gar nichts von einer hektischen Großstadt.

Wenn Rose etwas in der Gegend zu erledigen hatte, staunte sie über die seltsamen Gestalten dort, die vornehmlich in Schwarz gekleidet waren. »Des san Künstler!«, raunte man sich zu. »Die nenna sich Existentialisten!« Rose konnte sich ein leichtes Grinsen nicht verkneifen, wenn ihr eine dieser existentialistischen jungen Mütter über den Weg lief, natürlich ganz in Schwarz, mit ihrem ebenfalls schwarzgewandeten Existentialisten-Baby, im schwarzen Kinderwagen und beide mit schwarzumrandeten Augen.

Verlockend für Rose und Edel waren in Schwabing die vielen neuen Boutiquen, die damals wie Pilze aus dem Boden schossen und in denen es schicke Klamotten zu kaufen gab. Hier fand man neben all der damenhaften Mode auch verspieltere, junge Kleider in bunten Farben – ganz nach dem Geschmack der beiden Mädchen. Natürlich waren sie unerschwinglich, aber Rose und Edel machten aus der Not eine Tugend und nähten sich ihre Kleider einfach selbst. Die Auslagen der Boutiquen und Kaufhäuser boten ja reichlich Inspiration für Eigenkreationen.

An die akkurat genähten Kleider von Edels Mutter, die von Beruf Schneiderin war, kam Rose nicht heran, aber auch sie hatte einiges zu bieten. Besonders stolz war sie auf das Ensemble aus einem braunen Popelinerock mit Rückenfalte, einer rosafarbenen Bluse mit Reverskragen aus dem damals beliebten knitterfreien Stoff Everglace, einem weiten Faltenrock mit Rosen-Streifenmuster und darunter einem Petticoat aus weißem Baumwollstoff mit Spitze. Einziges Manko war, dass dieser Petticoat nach jeder Wäsche mit Zuckerwasser gestärkt werden musste – eine lästige, aber notwendige Prozedur, damit der Rock darüber weit schwingen konnte.

Sogar einen Badeanzug hatte Rose sich bereits selbst genäht. Das war eine komplizierte Angelegenheit, weil dieser passgenau aus vielen einzelnen Teilen zusammengenäht und in Form gebracht werden musste.

Die fertigen Schnittmuster kaufte Rose einzeln; erst später konnte sie sich *Burda*-Hefte leisten. Ihre Ersparnisse gab sie lieber für raffinierte Accessoires aus, etwa für ein buntes, gläsernes Klunkerarmband aus Italien oder für einen breiten Metallreif als Gürtel aus Kupfer, was damals der letzte Schrei war. Um ihre ansehnliche Wespentaille zu betonen, schnallte Rose ihn so eng sie nur konnte. Das war ungefähr so bequem wie die modischen und daher obligatorischen spitzen, engen Schuhe mit Pfennigabsätzen, die bei den langen Fußwegen, die Rose jeden Tag zurücklegte, zur Tortur wurden. Trotzdem gehörte so ein Paar Pumps in sommerlichem Weiß zum Ersten, was sie sich von ihrem eigenen Gehalt leistete – für besondere Gelegenheiten.

Genau diese Pumps trug Rose nun auch bei ihrem spontanen Wiesnausflug mit Edel, passend zum selbstgenähten Lieblingskostüm aus einem großgeblümten Leinenrock mit schmaler Taille und mit Falten, die erst weiter unten aufsprangen, der glockig wirkte, ohne aufzutragen, dazu eine Bluse aus gelbem Leinen, ärmellos und mit Matrosenkragen. Es war ein schöner Tag, viel zu schön, um direkt nach Hause zu gehen. Perfekt für einen Schlenker über die Wiesn. Nur ganz kurz.

Es war noch hell, als Rose und Edel die Theresienwiese erreichten. Das Oktoberfest war damals noch eine eher gemütliche Angelegenheit. Die Besucher flanierten zwischen Achterbahn und Riesenrad oder setzten sich auf eine zünftige Maß Bier für eine Mark fünfzig in eines der Bierzelte.

Rose und Edel kauften sich eine Tüte gebrannter Mandeln und verweilten kurz am Kettenkarussell und danach vor der Geisterbahn, jeweils ohne mitzufahren, nur zum Gucken. Schließlich blieben sie bei der Toggobahn stehen, um amüsiert das Schauspiel zu genießen, das sich dort bot. Die Toggobahn war eine Attraktion für alle Altersgruppen. Es handelte sich um einen Turm, auf den schräg hinauf ein breites Förderband führte. Auf dieses Band stellten sich die Leute und purzelten anschließend beim Hinauffahren durcheinander, was besonders interessant war, wenn es sich dabei um weibliche Teilnehmer handelte, die damals meist Kleider und Röcke trugen.

Irgendwann stieß Edel Rose an. »Siehst du die zwei da drüben? Die starren die ganze Zeit zu uns her.«

Rose sah hinüber. Tatsächlich. Die beiden waren ihr auch schon aufgefallen. Liefen sie ihnen nicht bereits eine ganze Weile hinterher? Das war nichts Ungewöhnliches; ihnen folgten öfters junge Männer, woraufhin die Freundinnen normalerweise kicherten, sich anstießen und versuchten, die Verehrer abzuschütteln. Meistens gelang ihnen das auch, aber diese beiden hier waren hartnäckig und lachten ihnen außerdem die ganze Zeit zu, was irgendwie ansteckend wirkte.

Beide Männer hatten schwarze Haare und dunkle Augen. Ihre olivfarbene Haut ließ Rose sofort an Italien und das Ziel ihrer Reiseträume denken. Sie waren gut gekleidet, mit Anzug, Krawatte und Hut. Wie feine Herren. Der eine war deutlich kleiner als der andere. Ja, das waren bestimmt Italiener!

Schließlich fasste sich der Kleinere ein Herz, gesellte sich zu Edel und schaffte es tatsächlich, sie in ein Gespräch zu verwickeln. Er sprach gut Deutsch, der andere ebenfalls einigermaßen. Aber ihren Akzent konnten die Mädchen nicht einordnen.

Bald war es nicht mehr zu übersehen, dass der Kleine Gefallen an Edel gefunden hatte. Sie war groß und schlank und hätte mit ihrem dunklen Teint glatt als Südländerin durchgehen können. Sie war sogar schon ein paar Mal von Modefirmen angesprochen worden, um Kleider vorzuführen. Später machte sie dann tatsächlich eine beachtliche Karriere als Mannequin.

Endlich fanden die Mädchen heraus, woher die beiden stammten – mitnichten aus Italien, nein, aus dem Iran. Das war ja nun ganz woanders. Auch die Namen klangen völlig fremd. »Ich heiße Parwiz«, sagte der Kleine und erzählte, dass er Medizin studierte. Er stellte ihnen dann auch gleich seinen neben ihm stehenden älteren Cousin vor, der den fremdartigen Namen Modjtaba trug. Er wollte in München seinen Abschluss in Maschinenbau machen.

»Dürfen wir Sie ein Stück begleiten?«, fragte Parwiz.

Rose gefiel diese direkte Art überhaupt nicht. Sie war nicht in der Stimmung, Männerbekanntschaften zu machen. Außerdem schien der Größere bereits das Interesse an ihnen verloren zu haben, denn er flüsterte dem Kleinen etwas ins Ohr und verschwand in der Menge.

Aber der kleine Parwiz war unerschütterlich und ließ sich nicht davon abbringen, die Mädchen den ganzen Weg zu Fuß nach Schwabing zu begleiten. Er hatte schnell gemerkt, dass die Freundinnen sich für fremde Länder und Kulturen interessierten, und ließ sich bereitwillig ausfragen.

Rose und Edel hatten noch nie jemanden aus dem Iran kennengelernt und wussten kaum etwas über die persische Geschichte. Ja, es war ihnen überhaupt erst jetzt bewusst geworden, dass Persien und Iran dasselbe Land waren. Weil sie nur selten Klatschblätter lasen, waren sie auch nicht so ganz auf dem Laufenden, was das Schicksal der Kaiserin Soraya auf dem Pfauenthron anging, das von der deutschen Presse mit bebendem Interesse verfolgt wurde. Keine Woche verging in jener Zeit ohne Berichte vom persischen Hof. Soraya hatte eine deutsche Mutter und einen persischen Vater. Von 1951 bis 1958 war sie mit dem Schah von Persien, wie er in Deutschland genannt wurde, verheiratet. Die Berichte über das Unglück der kinderlos gebliebenen Schönheit erregten großes Mitleid. Der Kaiser hatte sie angeblich sehr geliebt, und trotzdem musste er, um die Thronfolge zu sichern, ein Opfer bringen und sich von seiner Soraya scheiden lassen.

Parwiz erzählte und erzählte und verabschiedete sich erst, als sie bereits vor Edels Haustür in der Isabellastraße angekommen waren und sie ihm versprochen hatte, in ein paar Tagen mit ihm ins Kino zu gehen.

Kaum war er weg, drängte Edel ihre Freundin dazu, mitzukommen. »Ich will mich nicht allein mit ihm treffen«, erklärte sie.

Darauf aber hatte Rose überhaupt keine Lust. »Spinnst du? Was soll ich denn da? Der will doch mit dir alleine ausgehen. Ich stör doch da nur«, versuchte sie sich rauszureden.

»Wenn du nicht mitkommst, versetz ich ihn.«

Immer dasselbe, dachte sich Rose, *aber was soll's. Dann gehen wir halt in Gottes Namen ins Kino.* Außerdem wollte sie ihre Freundin nicht im Stich lassen, und zudem hatte sie nur selten Gelegenheit, geschweige denn das Geld für eine Kinokarte.

Als sie beide am vereinbarten Abend vor dem »Luitpold-Theater« am Maximiliansplatz erschienen, erwartete sie jedoch keineswegs nur Parwiz, sondern auch sein Cousin. Rose war darüber perplex. Sie hatte angenommen, dass der hochgewachsene Iraner die Mädchen bloß für alberne Hühner gehalten und sie deshalb auf der Wiesn hatte stehen lassen. *Vielleicht hat sich Parwiz nur Verstärkung mitgebracht,* überlegte sie.

Nun gingen sie also zu viert zu ihren Plätzen in den Kinosaal: Edel mit Parwiz, Rose mit Modjtaba, die beiden Letzten wie zwei Anstandswauwaus wider Willen. Rose hoffte, der Abend möge schnell vorübergehen. An dem kitschigen Heimatfilm hatte sie ohnehin kein Interesse – Filme wie *Die Fischerin vom Bodensee* oder *Die Christel von der Post* hatten ihr noch nie gefallen.

Nach dem Kinobesuch ließen sich die Mädchen noch auf einen Shake ins »Parkcafé« am Alten Botanischen Garten in der Nähe des Kinos überreden, und dann auf noch ein Eis und noch einen Shake. Im Laufe des Abends entpuppte sich der Anstandswauwau als äußerst charmanter und witziger Gesprächspartner. Rose mochte die zurückhaltende, aber aufmerksame Art des Cousins. Ihr gefiel, wie er ihr die Tür aufhielt und ihr aus dem Mantel half. Er tat dies mit einer Selbstverständlichkeit, die sie bei deutschen Männern nur selten gesehen hatte. Wenn Modjtaba sprach, blitzte der Schalk in seinen Augen, und Rose fragte sich, ob er seine Gesprächspartner auf den Arm nehmen wollte.

Sie konnte sich seinem Charme kaum entziehen. Dieser fremde Perser sah blendend aus und wirkte mit seinen großen, sanften, schwarzen Augen, den hohen Wangenknochen und dem schicken Errol-Flynn-Bärtchen wie ein Mann von Welt. Immer wenn er sich eine Zigarette anzündete, griff er zuvor in seine Brusttasche, in der ein Silberetui steckte. Es war so fein gearbeitet, wie sie es noch bei keinem zuvor gesehen hatte. Mit der Lässigkeit eines Filmstars öffnete er dieses Schmuckstück und nahm eine Zigarette zwischen Daumen und Zeigefinger.

Endgültig brach das Eis zwischen ihnen, als Modjtaba eine Geschichte aus seinen Anfängen in Deutschland erzählte, als er noch keinerlei Sprachkenntnisse hatte. »Wenn ich mich jemandem vorstellen musste, habe ich als Adresse immer angegeben: ›Modjtaba Tabatabai – Bahnhofstraße 11 – 3. Stock – bei Vorsicht Bissiger Hund‹.«

Rose musste so lachen, dass sie sich an ihrem Vanilleshake verschluckte. Es blieb nicht das einzige Mal an diesem Abend, dass Taba, wie Modjtaba auch der Einfachheit halber genannt wurde, sie zum Lachen brachte. Es überraschte sie selbst, wie sehr sie in seiner Gegenwart aus sich herausging. Sie versuchte sich sogar an einigen persischen Ausdrücken, die er ihr vorsprach.

Die Zeit verging wie im Flug! Plötzlich war es richtig spät geworden – Rose musste schleunigst nach Hause. Taba ließ sie aber nicht eher gehen, bis sie ihm ein baldiges Wiedersehen versprach. Als sie in der Tengstraße ankam, pochte ihr Herz immer noch unter einer nie gekannten Aufregung. Und das Lächeln auf ihrem Gesicht war noch am nächsten Morgen da.

Ein persischer Gentleman

Der arme Parwiz hatte Pech. Edel ließ ihn abblitzen und fuhr einige Wochen später nach Süden, wo sie sich in einen Italiener verliebte. Umso öfter hingegen ging Rose nun allein mit Taba aus. Und mit jedem Treffen fand sie ihn interessanter. Taba Tabatabai. Nun ja – man konnte sich seinen Namen halt nicht aussuchen.

Taba war zu diesem Zeitpunkt knapp dreißig. Der Altersunterschied von rund zehn Jahren machte ihr nichts aus. Im Gegenteil: Rose war ohne Vater aufgewachsen und genoss es, von einem richtigen Gentleman hofiert zu werden. Tabas tadellose Manieren und seine weltgewandte Lässigkeit imponierten ihr genauso wie sein schwarzer Opel. Nachdem er sie in Cafés und Restaurants ausgeführt hatte, fuhr er sie stets mit dem Wagen nach Hause und öffnete jedes Mal die Tür für sie. Das war natürlich etwas, mit dem die gleichaltrigen Jungs in ihrer Umgebung nicht mithalten konnten. Ihr Verehrer war kultiviert und feinsinnig, er hörte klassische Musik, europäische wie persische. Ja, er spielte sogar Geige und rezitierte Gedichte von Hafiz, was sie sehr romantisch fand, obwohl sie kein Wort verstand.

Auch Taba hatte Feuer gefangen, wie sich zeigte. Einige Wochen später, während der Faschingszeit, ließ sich Rose von ihrer Freundin Edel dazu überreden, sie auf einen Ball ins »Hotel Regina« zu begleiten. Edel war eine begeisterte Kostümball-Anhängerin und verkleidete sich als Tänzerin. Rose hingegen zog ihr Dirndl an und steckte sich falsche Zöpfe an ihr Haar, um wie Heidi auszusehen. Die beiden hätten sich gefreut, wenn Taba mitgekommen wäre, aber der hatte ausgerechnet an diesem Abend etwas Wichtiges zu erledigen.

Heidi und die fesche Tänzerin waren spät dran, und die Stimmung näherte sich bereits ihrem Höhepunkt, als sie im »Regina« eintrafen. Auf der Tanzfläche gab es kein Halten mehr, die ausgelassene Menge fegte zu fetzigem Rock'n'Roll übers Parkett. Die Freundinnen suchten sich einen Platz an einem der Tische, bestellten sich eine Cola und tuschelten über die Kostüme der anderen Gäste.

Kurz darauf wurde Edel zum Tanzen aufgefordert und verbrachte von da an den Rest des Abends mit wechselnden Tanzpartnern. Schließlich hatte sie erst kürzlich einen Tanzkurs absolviert und beherrschte die Standardtänze nahezu perfekt. Rose nahm einzig die Aufforderung eines jungen

Harlekins an, der tapfer darüber hinweglächelte, dass sie ihm wiederholt auf die Füße trat. Sie wäre vor Scham am liebsten im Erdboden versunken und war froh, als das Lied endlich zu Ende war und sie sich wieder ihrer Cola widmen konnte. *Morgen melde mich bei einem Tanzkurs an,* schwor sie sich, *ich blamier mich nicht noch einmal.*

Ihr Blick fiel auf einen maskierten Seeräuber, der unablässig zu ihr herüberschaute. Rose fürchtete, dass ihr nach dem Harlekin nun ein Pirat den Hof machen wollte und sie auf die Tanzfläche zerren würde. O Gott, jetzt winkte er ihr auch noch zu! Kannten sie sich?

Rose blickte weg und wieder hin. Der Seeräuber winkte erneut. Er meinte sie! Was wollte er nur von ihr? Sie drehte sich weg und beugte sich tief über ihr Glas.

Plötzlich stand der Seeräuber vor ihr und nahm seine Maske ab.

»Hallo, meine Rose!«

Rose fiel die Kinnlade herunter.

»Taba? Was machst du denn hier?«

»Nichts. Dich anschauen.«

Rose war verwirrt. Vertraute er ihr etwa nicht? Handelte es sich hier um einen Test? Und wenn ja, was sollte sie davon halten? Was, wenn sie den ganzen Abend mit dem einen oder anderen Mann getanzt hätte? Wäre er dann böse auf sie gewesen?

Edel, die nur kurz zwischen zwei Liedern an den Tisch zurückgefunden hatte, fand die Geschichte dagegen äußerst amüsant. »Hab dich nicht so«, sagte sie nur, »das ist doch ein gutes Zeichen, wenn Taba ein bisschen eifersüchtig ist.«

»Meinst du?«

»Klar. Das zeigt doch, dass er ernste Absichten hegt.«

Eigentlich gab's da gar nichts zu deuten. Mein Vater war

ein Schlawiner; er wollte meine Mutter in der Tat testen und spionierte sie an diesem Abend aus, um herauszufinden, ob sie ihm treu war. Das gab er Jahre später sogar selber zu. An jenem Abend im »Regina« ließ meine Mutter sich glücklicherweise schnell milde stimmen, denn ein wenig romantisch fand sie diese Kontrollaktion ja schon, war sie doch indirekt ein Liebesbeweis.

So hatte Rose also den »Test« bestanden, und bald darauf begann Taba, sie mit seinen Verwandten und Freunden bekannt zu machen. Das war ein bunter Kreis, mit dem er oft und gerne zusammentraf. Rose sollte hier schnell ihre erste Lektion lernen: Iraner sind nicht gern allein.

Eines Abends nahm Taba sie zu einer Lesung der berühmten persischen Dichterin Forugh Farrochsad mit. Taba kannte die Künstlerin sogar persönlich.

Der Abend fand im kleinen Kreis statt, im Nebensaal eines großen Hotels. Das Publikum versammelte sich zunächst im Foyer, und Taba wurde lautstark von vielen begrüßt. Er hatte offensichtlich einen noch größeren Bekanntenkreis, als Rose bislang vermutet hatte, und war wohl außerordentlich beliebt. Manche seiner Freunde hingen geradezu an seinen Lippen und schienen auf seine Scherze zu warten, mit denen er die ganze Runde zum Lachen bringen konnte.

Ihr fiel auf, dass sie unter all den Iranern mit Abstand der Größte war. Während die anderen Männer ihr selber höchstens bis zur Schulter reichten, wurde sie von Taba mit seinen ein Meter achtzig gerade um das richtige Maß überragt. »Wir nennen ihn Giraffe!«, rief lachend ein junger Mann, den Taba als seinen Freund Madjid vorstellte.

Rose war die einzige Deutsche bei der Lesung, und als Taba sie später der Dichterin vorstellte, war ein Anflug von Erstaunen in deren Gesicht zu erkennen, so, als ob sie sich nicht vorstellen konnte, dass eine Deutsche etwas mit ihrer persischen Lyrik anzufangen wusste.

Forugh Farrochsad war eine hübsche, junge, schlanke Frau. Sie galt als sehr moderne Iranerin, die sich um Konventionen und die traditionelle Rolle der Frau im Islam wenig scherte. Forugh wirkte selbstbewusst und im Gegensatz zu Rose alles andere als schüchtern. Mit ihren ausdrucksstarken Gesichtszügen, ihren großen schwarzen Augen, den dichten, in Form gezupften Augenbrauen, einer prägnanten Nase und ihren vollen Lippen sah sie in Roses Augen typisch persisch aus. Ein wenig erinnerte sie sie an Maria Callas, weil ebenso wie jene auch Forugh von einer gewissen dunklen, geheimnisvollen Aura umgeben war.

Forugh war für einige Monate aus Teheran nach München gekommen, um in Ruhe an ihrem neuen Gedichtband zu arbeiten, aus dem sie an diesem Abend auch vorlas. Sie rezitierte ihre traurig anmutenden Verse langsam und mit Pathos. Und auch wenn Rose die Worte nicht verstand, war sie dennoch fasziniert vom Duktus und der Stimmung, in der sie vorgetragen wurden. Und ebenso fasziniert war sie von der Versunkenheit und Ernsthaftigkeit, mit der Taba und die anderen bei der Lesung zuhörten. Es entging ihr nicht, dass die Gedichte offensichtlich einen hohen Stellenwert unter den Iranern genossen, aber sie bemerkte auch, wie die Verse der jungen Frau bei einigen Zuhörern Unbehagen auslösten. Das schien die Dichterin aber nicht zu irritieren, im Gegenteil, sie quittierte das vereinzelte Stühlerücken und Kopfschütteln mit belustigten, ja spöttischen Blicken.

Mit jedem weiteren Treffen schien Taba mehr Gefallen an Rose zu finden. Nie wurde er müde, ihr zu sagen, wie besonders sie sei, wie klug und schön, und wie viel Anstand sie ausstrahle. »Meine Ausnahme-Rose«, sagte er immer.

Rose war keine Komplimente gewöhnt, daher war sie in diesen Momenten verunsichert und manchmal sogar peinlich berührt. Sie wusste nie, was sie darauf antworten sollte. Gleichzeitig fühlte sie sich natürlich geschmeichelt.

Taba gefiel es, dass sie so schüchtern und – wie man damals sagte – »schnuckelig« war. Ihre Schüchternheit befeuerte sein Interesse an ihr nur noch weiter. Und er ließ nicht locker. Nach jedem ihrer Treffen ließ er sie erst gehen, wenn sie ihm gesagt hatte, wann sie sich wiedersehen würden. So war es schon bei ihrer allerersten Verabredung, und es wurde den beiden über die Monate hinweg zum lieben Ritual.

In manchen Momenten wirkte Taba plötzlich sehr nachdenklich und blickte sie ernst an. Rose dachte dann immer, es liege an ihr. Hatte sie etwas falsch gemacht? Aber sie traute sich nie, ihn zu fragen. Und meist hatte er auch schnell wieder einen Witz auf den Lippen, und sie vergaß ihre Sorgen.

Unter seinen Landsleuten war Taba in seinem Element. Wo sie auch hinkamen, stand er im Mittelpunkt und brachte mit seinem Humor und seinen Anekdoten die ganze Gesellschaft zum Lachen. Rose stellte fest, dass er offenbar sämtliche iranischen Dialekte beherrschte und sogar verschiedene Stimmen perfekt imitieren konnte. Besonders davon konnten seine Freunde nicht genug kriegen.

Das Schöne war, dass Rose mit Tabas Freunden viel anfangen konnte – und umgekehrt. Das galt vor allem für Madjid, den Rose bei der Lyrik-Lesung kennengelernt hatte. Er und seine Frau Zinath waren ein Studentenehepaar und freundeten sich nicht nur rasch mit Rose an, sie schlossen sie geradezu ins Herz. Es wurde ihnen bald zur Gewohnheit, zu viert miteinander auszugehen und gemeinsame

Ausflüge zu unternehmen, am liebsten an den Starnberger See.

Eines Tages stellte Taba Rose seinen jüngeren Bruder Schamseddin, kurz Schamsi vor. Schamsi war etwas kleiner als sein Bruder, aber ein ebenso ausgesprochen gutaussehender und charmanter Mann. Hinzu kam, dass er ein hervorragender Tänzer war. Er konnte nicht nur tanzen wie Gene Kelly, er sah ihm sogar ein wenig ähnlich. Reihenweise erlagen die Frauen seinem Charme. So musste es auch im Iran gewesen sein, denn Rose erfuhr recht bald, dass dort eine um einiges ältere Frau, die bereits verheiratet und Mutter von zwei Kindern war, für Schamsi ihren Ehemann verlassen und ihn bereits mit sechzehn Jahren zum Vater gemacht hatte. Seine Tochter Mahi war inzwischen zehn Jahre alt und hatte sein tänzerisches Talent geerbt. Mittlerweile waren Schamsi und Achtar geschieden, und er war nach Stuttgart gezogen. Sehr zur Freude der dortigen Damenwelt.

Schamsi erzählte Rose, dass er im Iran vor einigen Jahren das Angebot angenommen hatte, in einem Tanzfilm die Hauptrolle zu spielen. Was aus diesem Film geworden ist, hat meine Mutter nie erfahren. Ihr wurde allerdings erzählt, dass es der ältere Bruder Zia gewesen sei, der Schamsis Filmkarriere abrupt beendete. Als der Film ungefähr zur Hälfte abgedreht war, bekam Zia nämlich Wind von der Sache. Schnurstracks eilte er ans Set, packte seinen kleinen Bruder am Ohr und schleifte ihn vor den Augen des gesamten Teams nach Hause. Das war das traurige Ende der cineastischen Laufbahn des iranischen Gene Kelly.

Schauspieler und Filmleute hatten im Iran der fünfziger Jahre keinen besonders guten Ruf. Genauer gesagt, sie hatten einen miserablen Ruf. Man erzählte sich die schlimmsten Dinge über ihr lasterhaftes Leben, und Schauspielerinnen genossen etwa den gleichen Respekt wie Prostituierte. Als Berufswahl kam die Schauspielerei für die Familie Tabatabai also unter keinen Umständen in Frage.

Man muss zugeben, dass die persischen Tanzfilme von damals mit dem Begriff »schlecht« kaum zu beschreiben sind. Am ehesten vergleichbar sind sie mit indischen Produktionen aus den Sechzigern, als der Begriff »Bollywood« noch gar nicht geboren war. Diese simplen Filme hatten immer dieselbe Handlung: Zwei, die füreinander bestimmt sind, werden nach der Geburt getrennt. Als Erwachsene erkennen sie sich irgendwie wieder, etwa durch ein geteiltes Amulett. Die dürftige Handlung wird garniert mit jeder Menge Schlägereien, unmotivierten Tanz- und Gesangseinlagen und angedeuteten plumpen Sexszenen. Diese Billigproduktionen waren meilenwert entfernt von den modernen Kunstwerken iranischer Filmemacher, die heute auf der ganzen Welt Preise auf Festivals abräumen.

Schamsi hat seine Filmkarriere später auch außerhalb der Reichweite seines Bruders nicht weiterverfolgt. In Stuttgart verdiente er sein Auskommen stattdessen mit der Vertretung deutscher Waren im Iran, darunter elektrische Türöffner und Maschinen zur chemischen Reinigung.

Schon vor Schamsi und Taba hatte es die Tabatabais nach Deutschland gezogen, und auch nach ihnen kamen noch viele Verwandte nach Deutschland. Inzwischen waren sogar zwei seiner Nichten, Heli und Zohre, von ihren Eltern in Tabas Obhut geschickt worden. Er sollte auf die jungen Frauen aufpassen. Iranische Mädchen führten damals ein behütetes Leben, und es entsprach im Jahr 1956 nicht der iranischen Sitte, zum Studieren ins Ausland zu gehen, wenn kein männlicher Verwandter in der Nähe war. Taba war durchaus erleichtert, als Rose sich der Nichten ein wenig annahm. So fühlten sie sich weniger fremd, und Taba hatte mehr Freiraum für sich selber.

Besonders gut verstand sich Rose mit der etwas jüngeren Zohre, einem schönen, schwarzäugigen Mädchen, intelligent und aufgeschlossen gegenüber allem Fremden und Neuen. Sie hatte eine ehrliche, gradlinige Art, war aber gleichzeitig diplomatisch und humorvoll. Die beiden unterhielten sich auf Französisch miteinander, das Zohre fließend sprach, da sie in ihrer Kindheit einige Jahre in Genf gelebt hatte.

Zohre wurde schnell zu Roses Vertrauter, und so erfuhr sie von ihr vieles über das Leben im Iran, was sie nicht schon von Taba wusste: über Sitten und Gebräuche und vor allem über die dortigen Frauen, die gar keine solchen »Hascherl« waren, wie Rose immer angenommen hatte. Nein, die Frauen, von denen Zohre erzählte, waren das Gegenteil von schüchternen Rehlein und wurden von ihren Ehemännern geachtet und respektiert – zumindest in den Kreisen, in denen ihre Familie verkehrte.

Wenig später, Anfang 1957, fasste Rose einen Entschluss, der die Weichen für ihre Zukunft stellte: Sie wollte Persisch lernen, und zwar von der Pike auf. Sie wollte wissen, was Tabas Freunde und Familie miteinander redeten, und sich mit Taba in seiner Muttersprache unterhalten können. Es war zwar erstaunlich, wie gut Tabas Deutschkenntnisse nach wenigen Monaten Aufenthalt in München waren, aber die Tücken der deutschen Grammatik und Aussprache machten ihm immer noch genug zu schaffen. Manchmal fiel es Rose schwer, ihn zu verstehen.

Taba hatte es aber auch nicht leicht. All diese vielen Artikel! Wozu brauchte man die überhaupt? Im Persischen kam man ganz wunderbar ohne sie aus – man musste sich nicht merken, ob man »der Auto«, »die Auto« oder »das Auto« sagte, es hieß einfach nur »Auto«. Auch das Aussprechen von mehreren Konsonanten hintereinander war eine große Herausforderung für ihn. Ein Volkswagen hieß bei Taba »Voloksewagon«, kurz »Veloks«, und erst nach mehrmaligem Nachfragen verstand Rose, dass er mit »Gareguri Epeck« den Schauspieler Gregory Peck meinte. Eine Zeitlang rätselte sie auch an einem geheimnisvollen »Makmus« herum, bis sich herausstellte, dass er damit Micky Maus meinte. Auch mit den Umlauten tat er sich schwer. Am lustigsten fand Rose aber Tabas eigene Wortschöpfungen. Ihren eng geschnürten Gürtel nannte er »Magenverbinder«. Und als er wieder einmal bemerkte, wie ein junger Mann ihrer Freundin Edel interessiert hinterherblickte, sagte er: »Der Jungeling schaut Edel so lieblich an!«

Dennoch, Tabas Bemühungen um die deutsche Sprache waren bewundernswert. Für Rose war das neben ihrer ohnehin großen Lust auf Fremdsprachen ein Grund mehr, Farsi zu lernen. Italienisch war erst einmal abgemeldet. Sie kaufte sich ein Persisch-Lehrbuch und fing an, daraus zu lernen. Alleine. Und heimlich. Sie hatte den Plan, Taba mit ihren neuerworbenen polyglotten Kenntnissen zu überraschen.

Damals war von einem gewissen Professor Walter Hinz ein brandneues Lehrbuch für Persisch herausgekommen – ein ganz modernes, mit einfach erklärter Grammatik und Texten, die mitten aus dem Leben gegriffen waren ... *»Sawaye mast o dough – har nou'e ghaza ke baschad mikhoram«* = »Außer Mast (Joghurt) und Dugh (Joghurtgetränk) esse ich alle Speisen, die man mir vorsetzt.« Oder: *»Dar wezarate kar este'male dochanijat akidan mamnu'* *mibaschad.*« = »Im Arbeitsministerium ist das Rauchen strengstens untersagt.« Offenbar bestand Persien für Herrn Hinz aus Vielfraßen und Ministerialbeamten.

Rose war erleichtert, dass es sich bei Farsi wenigstens um eine Buchstabenschrift handelte und nicht um eine komplizierte Zeichenschrift wie etwa Chinesisch. Außerdem sahen die arabischen Buchstaben, mit denen Persisch geschrieben wurde, wunderschön aus, fast wie gemalt. Es waren zum Glück nur zweiunddreißig an der Zahl.

So übte Rose also fleißig Persisch, bei jeder passenden und unpassenden Gelegenheit. Sie fand dabei heraus, dass Farsi besonders schön aussah, wenn sie dazu Feder und Federhalter verwendete, so wie sie es von der Wirtschaftsschule gewohnt war.

Als Absolventin der Riemerschmid-Handelsschule hatte man damals beste Berufsaussichten. Die Schule genoss den Ruf, die schnellsten Stenotypistinnen Münchens auszubilden, und so fiel es meiner Mutter nicht schwer, nach ihrem Abschluss eine Anstellung zu finden: bei der Agentur Hayler/Orient-Hansa, die, wie es der Zufall so wollte, tatsächlich mit Waren aus dem Orient und vorwiegend aus dem Iran handelte. Die Inhaber waren Aktionäre des gerade gegründeten Luxuskaufhauses »Foruschgah-e Ferdousi«, einer Art KaDeWe von Teheran. In der Firma Hayler herrschte ein stetes Kommen und Gehen von Geschäftsleuten nach und aus der iranischen Hauptstadt. So fing Rose also zur selben Zeit bei einer Firma an, die Handel mit dem Iran betrieb, als sie ihr Herz an einen Perser verschenkte.

Endlich verdiente sie nun ihr eigenes Geld, und die Arbeit machte ihr überdies Spaß. Der Wermutstropfen war, dass sie dadurch nicht übermäßig viel Zeit für ihren galanten Verehrer hatte. Sie wollte unbedingt einen guten Eindruck machen, arbeitete viel und war entsprechend erschöpft, wenn sie abends heimkam.

Bei Hayler wurde die Berufseinsteigerin zunächst als Fremdsprachen-Stenotypistin angestellt. Ihre Aufgabe bestand hauptsächlich darin, von ihren gestressten Vorgesetzten eilig gesprochene Diktate per Stenogramm aufzunehmen und dann abzutippen. Was für Rose oft zum Haareraufen war, denn obwohl sie von der Riemerschmid-Handelsschule ordentlich gedrillt worden war, fiel es ihr manchmal extrem schwer, alles mitzubekommen und das eilig Notierte hinterher auch noch lesen zu können. Wenigstens gab es in der Firma mehrere Leidensgenossinnen, und so konnten sich die Fräuleins gegenseitig dabei helfen, ihr Gekritzel zu entziffern.

Bei den oft langweiligen und langwierigen Diktaten übte Rose, wenn ihr Chef eine Pause einlegte – entweder, weil er neue Inspiration schöpfen oder ein Telefonat annehmen musste –, auf den hinteren Seiten ihres Stenoblocks Persisch. Und weil die beiden Schrifttypen sich auf den ersten Blick kaum voneinander unterschieden, blieb Roses heimliche Nebentätigkeit lange unentdeckt. Bis ihr Chef eines Tages stutzig wurde, weil ihm plötzlich auffiel, dass sie von rechts nach links und nicht von links nach rechts schrieb. Er unterbrach sein Diktat und nahm ihr den Block aus der Hand.

»Was schreiben Sie denn da, Fräulein Otterbach? Zeigen Sie mal her!« Er schaute auf den Block und runzelte die Stirn. »Aber das ist ja gar nicht Stenographie!«

Damit war Rose aufgeflogen. Die ganze Firma erfuhr nun, dass Fräulein Otterbach Persisch lernte. Und es dauerte auch nicht lange, bis alle den Grund dafür erfuhren.

Einen Freund zu haben war Ende der fünfziger Jahre selbst im konservativen Bayern natürlich nichts Ungewöhnliches mehr. Doch bei einem persischen Freund sah das schon anders aus. Während Rose fleißig weiter in ihrem Farsibuch lernte und brav die Diktate ihres Chefs notierte, wurde hinter ihrem Rücken munter über ihre orientalische »Bekanntschaft« getratscht.

Eines Tages war es dann so weit: Rose überraschte Taba mit einem persischen Satz wie aus dem Buche!

Taba fiel aus allen Wolken. »Wer hat dir denn das beigebracht?«, fragte er überrascht.

Rose konnte es sich nicht verkneifen, ihren eifersüchtigen Freund auf den Arm zu nehmen. »Herr Professor Hinz«, erklärte sie vielsagend.

Taba stutzte und verstand erst mal gar nichts. Dann erst zeigte ihm Rose nach einer kleinen Kunstpause voller Stolz ihr persisches Lehrbuch. Taba war gerührt über die Mühe, die sie sich gemacht hatte, und strahlte bis über beide Ohren.

Die Sprachbegabung meiner Mutter war schon immer erstaunlich gewesen. Später sollte sie es auf sieben Fremdsprachen bringen. Obwohl ich im Iran geboren bin und meine ersten zwölf Lebensjahre dort verbracht habe, spricht meine Mutter besser Persisch als ich und kann mir bis heute immer weiterhelfen, wenn mir ein Wort nicht einfallen will. Und im Gegensatz zu den meisten Nichtpersern versteht sie sehr gut auch das, was die Iraner zwischen den Zeilen sagen. Das ist oft genug das Gegenteil dessen, was die gesprochenen Worte eigentlich bedeuten.

In jener Zeit, als sie meinen Vater gerade erst kennengelernt hatte und sich mit seiner Kultur und Sprache schrittweise vertraut machte, war meiner Mutter allerdings ein winziges Detail nicht bewusst: Fast niemand spricht im Alltag Persisch wie aus dem Buch – es klang altmodisch und hochgestochen. Schriftfarsi hört man allenfalls bei Nachrichtensprechern oder in Dokumentarfilmen. Es gibt in Farsi einen großen Unterschied zwischen der Art, wie die Sprache geschrieben wird, und der Weise, wie man sie spricht. So wird zum Beispiel der Satz »Guten Tag, mein Name ist Rosemarie« folgendermaßen geschrieben: »*Salam, esme man Rosmarie ast.*« Aber gesprochen wird er »*Salam, esmam Rosmariye.*« Selbst jemand, der keine Ahnung von Persisch hat, sieht, dass das nicht dasselbe ist. Und bei der schlichten Frage »Geht's dir gut?« wird aus »*Ha-le to chub ast?*« das verkürzte »*Halet chube?*« oder sogar ganz einfach nur »*Chubi?*«.

Zudem gibt es viele regionale Eigenheiten. Die Teheraner machen aus einem A häufig ein U, und so wird aus »*Nan*« für »Brot« ganz schnell ein »*Nun*« und aus »*Chane*« für »Haus« ein »*Chune*«. Wer soll das ahnen, wenn es einem keiner sagt?

Schriftpersisch hingegen, zumal kombiniert mit einem ausländischen Akzent, hört sich für die meisten Iraner extrem lustig an. Rose klang damit genauso aus der Zeit gefallen wie jemand, der aus dem vorigen Jahrhundert kommt und dann in einem Monty-Python-Film auftaucht. Das alles wusste Rose damals noch nicht, und sie verstand nicht, weshalb sie jedes Mal für allgemeine Heiterkeit sorgte, wenn sie bei Tabas Freunden und Angehörigen stolz ihre neu gelernten persischen Sätze anbrachte.

Dabei hatte sie noch Glück. Ein beliebter Volkssport unter Iranern ist es nämlich, ahnungslosen Ausländern Schimpfwörter an Stelle von harmlosen persischen Ausdrücken beizubringen. Mein ehemaliger deutscher Schwager stellte sich jahrelang mit »*Man Charram!*« vor, weil wir ihn in dem Glauben gelassen hatten, das hieße »Guten Tag!«. Tatsächlich aber bedeutet es: »Ich bin ein Esel.« Jedes Mal, wenn er so seine angeheirateten iranischen Bekannten und Verwandten begrüßte, erwiderten die nur mit breitem Grinsen »*Bale, schoma cheili charrid!*«, was so viel heißt wie: »Ja, Sie sind ein großer Esel!« Nach einigen Jahren endlich klärte ihn ein mitleidiger Cousin auf.

Inzwischen war es März 1957. Mehrere Monate lang trafen Taba und Rose sich nun schon, und noch immer taten sie es heimlich. Ihrer Mutter erzählte Rose, sie würde nach der Arbeit mit Edel oder einer anderen Freundin dies oder jenes unternehmen. Sie traute sich einfach nicht, ihr ihren ersten Freund vorzustellen.

Taba hingegen war von Beginn an viel sorgloser. Seine Angehörigen und sein großer Bekanntenkreis waren schon sehr bald mit Rose vertraut und gaben ihr die Gelegenheit, sich neben der Sprache auch mit der Mentalität, den Sitten und den Gebräuchen der Iraner zu befassen. Mal diskutierten Tabas Landsleute stundenlang, temperamentvoll gestikulierend, dann wieder lasen sie sich Gedichte vor oder sangen gemeinsam. Ein bunter Haufen war das: neben Tabas Verwandten viele Studenten, aber auch Geschäftsleute und Künstler. Und man wusste nie genau, was einen erwartete, wenn man sich traf.

Die Verwandtschaft kümmerte sich rührend umeinander. Für Rose, die mit ihrer Mutter alleine lebte und nur wenige Angehörige hatte, war dieser Familienzusammenhalt etwas völlig Neues. Es beeindruckte sie sehr, mit welchem Respekt die Familienmitglieder miteinander umgingen, vor allem die Jüngeren mit den Älteren. Aber sie staunte auch darüber, mit welchem Selbstbewusstsein sich iranische Frauen in Gesellschaften zu Wort meldeten und mutig ihre Meinung kundtaten. So was hätte sich Rose nie getraut, und gerade von persischen Frauen hätte sie es nicht erwartet.

Sie selbst saß in Tabas Kreisen oft nur still dabei. Trotzdem genoss sie diese Stunden und versuchte, so viel wie möglich aufzuschnappen. Anfangs verstand sie nur einzelne Worte, aber es wurden mehr und mehr. Immer häufiger fiel ihr auch die eine oder andere Kuriosität auf. Zum Beispiel antwortete Taba, wenn er von seiner Nichte Zohre mit »*Da'i djun*« angesprochen wurde (was »Lieber Onkel« bedeutet), nicht etwa mit »Ja, liebe Zohre«, sondern ebenfalls mit »*Da'i djun*«. Wenn Rose ihn fragte, warum er seine Nichte mit »Lieber Onkel« anspreche, lachte er nur und meinte, das sei halt eine persische Eigenheit …

Woher diese und andere Eigenarten kommen, kann auch ich nicht erklären. Aber ich ertappe mich selbst bei diesen Floskeln. Zu meiner Tochter sage ich durchaus auch mal: »Was ist, mein liebes Mütterchen?«

Und wie romantisch das Persische war! Rose war begeistert von den herzergreifenden Liebesschwüren, die ihr so in noch keiner anderen Sprache begegnet waren. »Lass mich für dich sterben« war da noch geradezu harmlos und diente eher als einfache, freundliche Briefabschlussformel, so wie bei uns »Herzlichst, Ihr …«. Kindern sagte man gerne: »Ich möchte einen Kreis um dich tanzen«, um auszudrücken, wie süß man sie fand.

Die Schimpfworte und Flüche hatten es ebenso in sich. Rose war unangenehm berührt von Ausrufen wie »Möge dich ein endloser Schmerz treffen!« oder, um einiges konkreter, »Möge dich die Syphilis packen!«. Dabei handelte es sich hier nur um die Klassiker der iranischen Beleidigungsrhetorik …

Taba muss zurück

Der Frühling 1957 war einem herrlichen Frühsommer gewichen. Fast ein Dreivierteljahr kannten sie sich jetzt schon. Roses Persischkenntnisse waren inzwischen so gut, dass sie sich in Tabas Sprache leidlich unterhalten konnte. Dafür gab es nach wie vor reichlich Gelegenheit. Sie gingen zusammen ins Kino und in Restaurants, trafen sich mit Tabas Freunden. Besonders gerne gingen sie im Englischen Garten spazieren, wo sich ihre Hände manches Mal wie zufällig berührten. Taba schaute sie dann immer vielsagend an, woraufhin Rose ihren Blick abwendete und spürte, wie ihre Wangen erröteten.

Oft besuchten sie auch den Tierpark. Taba beobachtete dort am liebsten die Mufflons und Steinböcke. Dabei erzählte er Rose von den Wäldern bei Gorgan im Norden des Iran und dem Hochgebirge, wo er gerne jagen ging. Die Jagd war seine große Leidenschaft, was Rose am Anfang ziemlich befremdete. Voller Begeisterung schilderte Taba, wie er in der Steppe Gazellen nachgestellt und sogar schon mal einen Geparden erlegt hatte. Selbst einen Bären hatte er einem Bauern zuliebe erschossen, weil dieser wiederholt dessen Schafe und Ziegen gerissen hatte.

»Glaubst du mir nicht?«, fragte Taba, als er Roses erstaunten Blick sah. Zum Beweis zeigte er ihr bei nächster Gelegenheit ein Foto, auf dem er, lässig eine Zigarette in der Hand und das Gewehr auf der Schulter, neben dem erlegten Bären zu sehen war.

Was sollte Rose dazu sagen? Sicher, das Jagen war eine besonders männliche Domäne, und im Hochgebirge ging es dabei vielleicht noch einigermaßen achtbar und fair zu – allemal fairer jedenfalls, als hoch zu Ross Füchse in die Enge zu treiben. Aber ihr taten die Tiere leid, die Taba erlegt hatte. Nein, seine Freude an der Jagd würde sie wohl nicht mit ihm teilen können.

Da hörte sie ihm doch viel lieber zu, wenn er von seinem Leben auf dem Land erzählte. Taba hatte mit seinem älteren Bruder Schodja vor einigen Jahren in der Nähe von Gorgan im Nordosten Irans Buschland gekauft und in mühevoller Arbeit urbar gemacht. Zu diesem Zweck hatten sie mitten im Nichts eine Siedlung für ihre Tagelöhner gebaut. Diesen Ort tauften sie *Schodja-Abad*, nach dem Namen des älteren Bruders. Dort lebten sie seither und bauten Tabak, Baumwolle und Weizen an. Ständig ging an den vielbeanspruchten Traktoren, Mähdreschern und anderen Geräten etwas kaputt, und es blieb an Taba hängen, sie zu reparieren und in Schuss zu halten, zumal die nächste Werkstatt weit entfernt lag.

Um sich in der Mechanik dieser Maschinen fortzubilden, war Taba nach Deutschland gekommen, nicht, um zu studieren, wie sein Cousin Parwiz behauptet hatte. Bei Krauss-Maffei ging er in die Lehre zum Maschinenbauer.

Maschinen waren Tabas große Leidenschaft. Stundenlang konnte er sie auseinanderbauen und wieder zusammensetzen und darüber grübeln, wie ihr Mechanismus funktionierte. In Zukunft wollte er gerne selber alle möglichen Arten von Maschinen bauen und vor allem neue entwickeln. Ihm schwebte dabei ein ganz besonderer Apparat vor, der ohne äußere Energiezufuhr angetrieben werden und sich ganz eigenständig bewegen sollte. Eines Tages würde er diese Wundermaschine bauen, da war er sich sicher. Es gäbe da nur ein paar Probleme mit den Gesetzmäßigkeiten der Thermophysik, die er noch in den Griff kriegen müsse …

Bedauerlicherweise ist es meinem Vater, wie so vielen anderen großen Forschern vor und nach ihm, dann doch nicht gelungen, das Perpetuum mobile zu bauen.

Rose liebte es, wenn Taba aus seiner Heimat erzählte. Persien hatte sie schon bei ihrem ersten Treffen interessiert, und in ihrer Vorstellung nahm das Land immer konkretere Formen an. Sie las alles, was sie über Persien und seine Geschichte finden konnte. Die Achämeniden, die Sassaniden, Persepolis, die Wüste, die historischen Städte – all das klang für sie wie eine große, spannende, faszinierende fremde Welt. Ob sie das wohl alles irgendwann einmal selbst zu Gesicht bekommen würde?

Einige Wochen später bat Taba sie, ihn auf eine Reise nach Genf zu begleiten. Selbstverständlich, versicherte er ihr, würden sie nicht allein fahren, sondern seine Nichte Zohre als Begleiterin dabeihaben. Zohre wollte die Stadt ihrer Kindheit gerne einmal wieder besuchen.

Rose hatte große Lust mitzufahren, aber sie überlegte, wie sie es anstellen sollte. Die Sache hatte nämlich einen großen Haken: Sie musste ihrer Mutter erklären, warum sie nach Genf fuhr. Und dabei würde sie nicht umhinkommen, Taba endlich ihrer Mutter vorzustellen.

Es war nicht so, dass es Rose prinzipiell verboten war, einen Freund zu haben. Ihre Mutter konnte nur manchmal recht streng sein. Und was wäre, wenn sie Taba nicht mochte?

Zwei Weltkriege und die harte Nachkriegszeit hatten die Menschenkenntnis meiner deutschen Großmutter gut geschärft. Zweimal war sie ausgebombt und einmal ausgeplündert worden. So leicht konnte ihr keiner mehr ein X für ein U vormachen. Wenn sie von jemandem nicht viel hielt, machte sie daraus keinen Hehl – derjenige konnte sich dann warm anziehen. Und Männern begegnete sie grundsätzlich mit einem gesunden Misstrauen.

Nicht ohne Stolz erzählte meine Großmutter gerne die Geschichte, wie sie als junge Frau einmal am Obersalzberg spazieren gegangen war. Es war kurz vor der Machtergreifung durch die Nationalsozialisten, und plötzlich kam niemand anderes als Adolf Hitler ihr entgegen. Sie habe ihn einfach ignoriert, da auch er keine Anstalten gemacht habe, sie zu grüßen. Und gutes Benehmen war Roses Mutter ausgesprochen wichtig! Außerdem sei Hitler unmöglich angezogen gewesen, geradezu »verboten« habe er ausgeschaut in seinen geflickten Knickerbockern und einem alten Lodenmantel.

Kurzum: Meine Oma Thea war eine harte Nuss, die mein Vater erst noch zu knacken hatte. Es half alles nichts. Wollte Rose mit ihm nach Genf fahren, musste sie sich der Situation stellen.

Taba war vorgewarnt und legte sich ganz besonders ins Zeug. Er zog seinen besten Anzug an, setzte seinen elegantesten Hut auf (wie immer leicht schräg) und kaufte einen kleinen, aber feinen Strauß Rosen, weil er wusste, dass meine Großmutter nicht viel von bombastischen Angebersträußen hielt. So wurde er in der Tengstraße vorstellig.

Bei der Begrüßung spielte er den Verwunderten: »Oh, ich wollte eigentlich zu Roses Mutter. Sie hatte mir gar nicht gesagt, dass sie eine ältere Schwester hat.«

Das war natürlich Trick siebzehn, aber es funktionierte. Als Thea ihm leicht verlegen versicherte, dass sie durchaus die Mutter von Rose sei, gratulierte er ihr wortreich zu ihrer wohlgeratenen Tochter. »So eine gute Erziehung ist heutzutage ja keine Selbstverständlichkeit mehr«, lobte er. Dann bedankte er sich überschwänglich für die Einladung.

Nachdem Taba sich zwei Stunden später wieder verabschiedet und sich dabei mehrmals formvollendet verbeugt hatte, sagte Thea zu ihrer Tochter: »Also, der junge Mann hat wirklich tadellose Manieren. Man merkt gleich, dass er aus gutem Hause kommt.«

Tabas Charmeoffensive hatte gewirkt – und Rose durfte tatsächlich mit nach Genf. Wichtiger als die Reise war für sie jedoch der gute Eindruck, den ihre Mutter von ihrem Freund gewonnen hatte. Ihr fiel ein Stein vom Herzen.

Es war Roses erste Auslandsreise überhaupt. Und neben der Aufregung darüber machte sie die Vorstellung nervös, mehrere Tage mit Taba verbringen zu dürfen. Sie konnte sich nicht so recht vorstellen, wie das sein würde. Ob sie auch mal allein mit ihm wäre? Sie hatte dieses Bauchkribbeln, das sie immer spürte, wenn sie ihn traf, und war unsicher, ob sie auch alles richtig machen würde. Taba war mit fast dreißig um einiges älter als sie und hatte bereits Erfahrungen mit Frauen. Sie hingegen war vor der Bekanntschaft mit Taba noch nie mit einem Mann ausgegangen, geschweige denn verreist. Aufgeregt stieg sie an einem sonnigen Morgen mitten im Mai zu Zohre und Taba ins Auto, und sie fuhren los.

Als sie am Abend Genf erreichten, traute sie ihren Augen nicht: So eine Stadt hatte Rose noch nie gesehen: wohlhabend, gepflegt, ganz ohne Kriegsschäden. Die Menschen sprachen Französisch, und Rose hatte viel Gelegenheit, ihre Kenntnisse kräftig aufzupolieren.

Die Tage vergingen wie im Flug. Sie besichtigten die Altstadt, warfen einen Blick auf die Uhren in den traditionsreichen Geschäften und machten ein, zwei Museumsbesuche. Für den berühmten Jet d'Eau, die Wasserfontäne auf dem Genfer See, fing die Saison gerade an. Als passionierte

Schwimmerin ließ Rose sich auch nicht davon abhalten, mit Zohre baden zu gehen, obwohl das Wasser noch sehr kalt war. Allen dreien machte es am meisten Spaß, wenn sie auf der Promenade mit den vielen Leuten aus aller Herren Länder flanieren konnten.

Meiner Mutter fiel allerdings auf, dass Taba in Gegenwart seiner Nichte streng auf die Einhaltung von Sitte und Anstand achtete und sich mit Zärtlichkeitsbekundungen spürbar zurückhielt. Gelegentlich streifte er wie zufällig ihren Arm oder drückte kurz ihre Hand – aber das war schon alles. Selbstverständlich nahm er sich auch ein getrenntes Zimmer in der Pension, während Zohre und Rose sich ein Doppelzimmer teilten.

Eines Abends hielt Rose mit ihrer Verunsicherung nicht mehr hinter dem Berg und gestand Zohre, dass sie nicht wisse, was sie von Tabas distanziertem Benehmen halten solle.

Zohre lächelte. »Mach dir keine Sorgen«, sagte sie. »Taba ist nun mal mein Onkel. Und als solcher ist er eine Respektsperson – ich sieze ihn ja sogar. Aber er ist auch ein Vorbild. Deswegen würde er nie vor mir oder einem anderen Familienmitglied seine Freundin küssen oder Ähnliches.«

»Wie – nie?«, fragte Rose.

»Nein. Das gehört sich im Iran einfach nicht. Das hat was mit Respekt vor den anderen zu tun. Mein Siezen ist übrigens auch kein Zeichen von Distanz oder gar Furcht, sondern einfach ein Ausdruck von Respekt dem Älteren gegenüber. Ältere siezt man bei uns grundsätzlich. Es ist sogar durchaus üblich, dass sich Ehepaare siezen, selbst wenn sie schon Jahrzehnte zusammenleben.«

Das war ihr neu. Aber es erklärte einiges.

Am Nachmittag des letzten Tages blieb Zohre im Hotel zurück, und Taba führte Rose am Seeufer spazieren. Sie setzten sich auf eine Bank und schauten schweigend in den Sonnenuntergang. Taba legte einen Arm um Rose. Dann nahm er ihr Gesicht ganz zart in seine Hände und küsste ihre Lippen.

Rose wusste nicht, wie ihr geschah. Damit hatte sie nicht im mindesten gerechnet.

War Taba nun, nach diesem ersten Kuss, noch derselbe Mann wie zuvor? Und sie dieselbe Frau? Wie sollte es jetzt weitergehen? Was sollte sie tun? Sofort abreisen? Und danach? Rose war höchst aufgewühlt.

Wortlos gingen sie zurück ins Hotel. Aber schon auf der Heimfahrt war Roses Verwirrung einer glücklichen Entspannung gewichen, und sie küssten sich von nun an immer wieder, wenn es niemand sah.

Zurück in München ging erst mal alles seinen üblichen Gang. Rose gewöhnte sich an die spitzzüngigen Bemerkungen ihrer Kolleginnen über ihren ausländischen Freund, Taba lernte fleißig, Maschinen auseinanderzubauen. Und beide trafen sich, sooft es ging.

Bis Rose ihren Freund einige Wochen nach ihrer gemeinsamen Reise vollkommen niedergeschlagen antraf. Er hielt einen Brief in der Hand, der in persischen Lettern verfasst war. Absender war sein Bruder Schodja, mit dem er das Gut bei Gorgan aufgebaut hatte. Schodja forderte Taba darin auf, bitte schön schleunigst nach Persien zurückzukommen. Er wolle jetzt selbst bald mit seiner Familie nach Deutschland, deswegen sei nun Taba an der Reihe, die Stellung bei den Ländereien zu halten.

Für Rose brach eine Welt zusammen. Taba musste weg? Und das sehr bald? Würde sie ihn jemals wiedersehen?

»Kannst du dich nicht einfach weigern?«, fragte sie. »Auch wenn er dein Bruder ist – wer sagt denn, dass du wirklich jetzt schon wieder zurückmusst?«

»Mich weigern? Das ist unmöglich«, erklärte ihr Taba. »Die Ländereien sind unsere Lebensgrundlage. Die kann man nicht einfach einem Verwalter überlassen. Das läuft dort anders als in Deutschland. Einer der Brüder muss unbedingt immer vor Ort sein.«

Dem Willen seines älteren Bruders konnte und wollte Taba sich nicht widersetzen. Das würde sich nicht gehören.

Rose machte in diesem Moment zum ersten Mal Bekanntschaft mit der Kehrseite des vielbeschworenen orientalischen Familienzusammenhalts. Denn so schön es war, mit Respekt und Achtung behandelt zu werden, und so schmeichelhaft es war, von den Jüngeren gesiezt zu werden, so strikt waren die Verhaltensregeln, nach denen jeder seinen festgelegten Platz in der Gemeinschaft einzunehmen hatte. Und dieser Platz bedeutete nicht nur Wärme und Schutz, sondern auch Verpflichtung und Verantwortung. In der familiären Hierarchie stand Taba unter seinem Bruder, da gab es kein Wenn und Aber. Alles hatte seinen Preis, und das bekam jetzt auch Rose zu spüren.

Rose fand keinen Trost und stürzte in tiefe Verzweiflung. Taba ging es nicht anders. An ihrem letzten Abend, mitten im schönsten Frühsommer, spazierten sie noch lange zusammen durch den Englischen Garten und schworen sich ewige Treue. Taba flehte Rose an, ihn im Iran zu besuchen. »Ich schicke dir Geld, und das Flugticket kriegst du auch von mir«, sagte er beschwörend. »Meine Familie würde sich sehr freuen, wenn du kommen würdest.«

Rose zögerte.

Sie müsse keine Angst haben, fuhr er fort, denn sie könne jederzeit wieder zurück. »Aber es wird dir gefallen. Ich zeige dir Persien und Persepolis. Wir können auch nach Ägypten fahren oder nach Indien. Wo du hinwillst.« Und sie könne sich natürlich auch die Ländereien in Schodja-Abad anschauen, dann würde sie dies alles endlich mit eigenen Augen sehen können. Schließlich habe er ihr schon so viel darüber erzählt.

Rose versprach, es sich zu überlegen.

Am nächsten Tag fuhr Taba mit seinem Opel über Jugoslawien und die Türkei nach Hause. Von unterwegs schickte er ihr Postkarten, die verrieten, wie sehr sie ihm jetzt schon fehlte: *Rose, ich denke immer, du bist mit mir im Wagen, und dann spreche ich die ganze Zeit mit meiner Rose.*

Sechs Tage später kam er in Teheran an, gerade noch pünktlich zur Weizenernte – und mit der Aussicht auf einen langen heißen Sommer ohne sie.

Lustlos ging Rose nun jeden Tag zur Firma Hayler und nahm dort weiterhin ihre Diktate auf. Ab und zu traf sie sich mit Edel oder ihren anderen Freundinnen. Fröhlich war sie dabei selten.

Die beiden Liebenden schrieben sich in diesen Sommermonaten endlose Briefe. Er schickte ihr rührende Liebesschwüre, zuerst in seiner leserlichsten, sauber ausgeschriebenen persischen Schrift und dann gleich hinterher, falls sie es doch nicht lesen konnte, zur Sicherheit in der deutschen Übersetzung. Er beschwor sie: *Bite Rose, vergess deine Taba nicht.*

Sie antwortete ihm dann in ihrer schönsten persischen Schrift, geschrieben mit Feder und Federhalter, mit ebenso innigen Liebesschwüren – und erschrak fürchterlich, als er ihr in einem seiner Antwortbriefe erzählte, wie stolz er jedes Mal seiner gesamten Familie die Briefe zeige. Ihr Farsi habe sich prima entwickelt, und alle würden seine deutsche Freundin sehr loben.

In jedem Brief bat Taba darum, sie möge doch zu ihm

kommen. Es sich doch überlegen. Ihm endlich Klarheit verschaffen. Er versprach ihr, dass es ihr gutgehen werde in seiner Heimat und dass sie jederzeit wieder zurück nach Deutschland könne. Rose solle sich während ihres Aufenthalts alles in Ruhe anschauen und überlegen, ob sie sich hier wohl fühlen könne. Sie wisse ja gar nicht, wie schön der persische Himmel sei! *Liebe Rose, bitte komm du zu mir. Ich lasse dich in Persien nicht traurig sein.*

Rose war hin- und hergerissen. Einerseits wollte sie zu Taba und war voller Sehnsucht, Abenteuerlust und Neugier auf das fremde Land. Andererseits war es eine große Entscheidung, ihre Heimat zu verlassen. Und ihre Mutter! Auf was würde sie sich da einlassen? Sie fühlte sich noch viel zu jung, um solch weitreichende Entschlüsse zu fassen.

All ihre Freunde und Verwandten, vor allem aber die Mitarbeiter in der Firma reagierten mit Entsetzen auf ihren vagen Plan, in den Iran zu fahren.

»Da runter? In den Orient?« Ob sie denn nicht wisse, wie die dort mit ihren Frauen umgingen? Dass jeder Orientale einen ganzen Harem habe und dass unschuldige deutsche Frauen regelmäßig entführt und dorthin verkauft würden? Sie kenne diesen Perser doch gar nicht gut genug. Wenn sie erst einmal dort sei und er dann plötzlich sein wahres Gesicht zeige, sei sie ihm schutzlos ausgeliefert.

Rose maß dem ganzen Gerede nicht viel Bedeutung bei. Was hatte das schon mit Taba und ihr zu tun?

Die Wochen vergingen, und Rose konnte sich nicht entscheiden. Sie schrieb Taba von ihren Zweifeln, woraufhin er alles Erdenkliche unternahm, um sie zu überzeugen. So schrieb er: *Liebe Rose, du sollst vor Persien keine Angst haben, weil dein Taba immer bei dir sein wird.*

Und er mobilisierte seine Familie. Zohre, die mittlerweile

wieder in Teheran war, schrieb ihr, sie solle doch endlich kommen, ihr Onkel vermisse sie so schrecklich. Schodja schickte ihr die Einladung für ein Visum, Schamsi besorgte das Flugticket. Von Taba bekam sie eine Ansichtskarte aus Teheran. Auf die Rückseite schrieb er in großen Lettern: *PERSIEN WARTET AUF LIEBE ROSE.*

Der geballte Einsatz von Tabas Familie zeigte schließlich die gewünschte Wirkung. Rose ging ein letztes Mal in sich. Was sollte schon passieren? Sie vertraute Taba ja. Und es war ihr egal, was die anderen sagten – sie kannten ihn doch gar nicht. Und nichts war in Stein gemeißelt. Wenn es ihr im Iran nicht gefiel, reiste sie halt wieder ab. Immer wieder mahnte sie sich, dass es nur ein Besuch bei Taba und seiner Familie sei, keine Auswanderung. Würde sie als Au pair nach England gehen, wäre sie sogar noch länger von zu Hause weg. Und das hatte sie ja ursprünglich sogar mal vorgehabt.

Die Zeit des Bedenkens war vorbei. Rose wusste mit einem Mal genau, was sie tun musste. *Ich komme,* schrieb sie Taba.

Taba war außer sich vor Freude. Er wies sofort seinen Bruder Schamsi an, ihr von Stuttgart aus Geld zu schicken, damit sie sich eine schöne Reisegarderobe zulegen und um ihre Passangelegenheiten kümmern konnte.

Nun galt es, den Plan auch kundzutun. Rose nahm ihren ganzen Mut zusammen und marschierte zu ihrem Chef, um zu kündigen.

Der war erstaunt. »Kündigen? Wollen Sie vielleicht nicht erst mal einfach nur Urlaub nehmen?«, fragte er.

»Nein«, entgegnete sie. »Ich weiß noch nicht genau, wann ich wiederkomme. Es wird ganz sicher länger dauern als vierzehn Tage.«

»Haben Sie sich das gut überlegt?« Ihr Chef sah sie zweifelnd an.

»Sehr gut sogar!« Rose war von ihrem entschlossenen Ton selber überrascht.

Ihr Chef räusperte sich und sagte schließlich in bedauerndem, fast feierlichem Tonfall: »Liebes Fräulein Otterbach, da ich Sie scheinbar nicht überreden kann, bei uns zu bleiben, bleibt mir nichts anderes übrig, als Ihnen für die Zukunft die Daumen zu drücken und Ihnen viel Glück und eine schöne Zeit in Persien zu wünschen. Sollten Sie dort aber in Schwierigkeiten kommen und nicht weiterwissen, können Sie sich darauf verlassen, dass wir Ihnen helfen, soweit wir können. Wir könnten Ihnen bestimmt auch eine Anstellung in Teheran besorgen, im ›Foruschgah-e Ferdousi‹. Gute Leute in der Kaufhausverwaltung suchen die dort sicher. Am besten aber, Sie kommen schnell nach München zurück und fangen wieder bei uns an.«

Rose war gerührt. Man machte sich in ihrer Firma offenbar aufrichtig Sorgen um sie, die jüngste Mitarbeiterin, die nun in so ein völlig unbekanntes Territorium vordrang. Rose bedankte sich und versprach, ihm zu schreiben, sobald sie im Iran angekommen sei.

Weitaus schwieriger war der Abschied von ihrer Mutter. Der stand ihr noch bevor.

Eine kleine Familie

In München gab es für Rose nur sie beide: Ihre Familie war ihre Mutter Thea, die mit vollem Namen Theresia hieß.

Theresia Otterbach kam eigentlich aus dem schwäbischen Herrlingen und wurde 1910 als uneheliches Kind der Köchin Ottilie und eines Schmiedemeisters geboren. Meine streng katholischen Ururgroßeltern hatten eine Hochzeit ihrer Tochter Ottilie mit dem lutherischen Liebsten abgelehnt. Da sollte das Kind lieber ohne Trauschein auf die Welt kommen – das war in ihren Augen die kleinere Schande.

Die rebellische Ottilie hielt es daraufhin nicht mehr lange im Elternhaus, und sie zog wenig später nach Stuttgart, allerdings ohne Theresia. Dort heiratete sie zwar nicht den Vater des Kindes, aber einen anderen der so verpönten Lutherischen. Die kleine Theresia ließ sie in Herrlingen zurück, wo sie wohlbehütet im kleinen Häuschen ihrer Großeltern aufwuchs, die sie lange im Unwissen über ihren Vater ließen und darüber, dass sie ein uneheliches Kind war.

Als Theresia zehn Jahre alt war, holte Ottilie ihre Tochter zu sich nach Stuttgart. Darüber war Theresia alles andere als glücklich. Das Verhältnis zu ihrer leiblichen Mutter war nach so langer Zeit der nur sporadischen Besuche nicht besonders herzlich, und auch ihre beiden Stiefgeschwister, die ihre Mutter in der Zwischenzeit auf die Welt gebracht hatte, waren ihr fremd. Viel lieber wäre sie bei ihren Großeltern geblieben, im beschaulichen Herrlingen, am Rande der Schwäbischen Alb, wo Lauter und Blau zusammenfließen.

Theresia war noch nicht einmal einen Monat in Stuttgart, als ihre Mutter tödlich verunglückte. Ottilie fiel auf der Straße ein loser Dachziegelstein auf den Kopf. Zunächst sah es nach einem harmlosen Unfall aus, und es hatte den Anschein, als habe sie noch mal Glück gehabt. Nach einer Woche aber konnte sie plötzlich nicht mehr sprechen. Sie wurde ins Krankenhaus gebracht, wo man ihr aber nicht mehr helfen konnte.

So stand Theresias Stiefvater plötzlich alleine da. Seine Familie beeilte sich, möglichst rasch eine neue Frau für ihn zu finden, damit die drei kleinen Kinder nicht mutterlos blieben. Die Wahl fiel auf Marie, eine junge Haushaltshilfe, die bis dahin bei einer Filmschauspielerin in Stellung gewesen war. Marie entpuppte sich schnell als böse Stiefmutter wie aus einem schaurigen Märchen. Thea musste nach der Schule die Einkäufe erledigen, putzen und für die Geschwister kochen, während Marie den ganzen Tag auf dem grünen Diwan lag, Pralinen naschte und mit Ei verquirlten Rotwein trank. Der überforderte Stiefvater bekam von alledem angeblich nichts mit.

Zwei Jahre dauerte dieses Martyrium, bis endlich Theresias Tante Paula ein Machtwort sprach und das unterernährte Kind zurück zu den Großeltern nach Herrlingen holte. Ihre Stiefeltern hat sie nie wiedergesehen.

Das Schicksal rächte sich übrigens später an Marie: Ihre eigenen Töchter schlossen sie in der Wohnung ein und ließen sie fast verhungern. Vom Fenster aus klagte sie den Nachbarn ihr Leid, die ihr dann manchmal aus lauter Mitgefühl Essen an Seilen herunterließen. Auch das hätte aus einem bösen Märchen stammen können.

Nach dem Tod der Großeltern zog die inzwischen 23-jährige Thea, wie sie nun genannt wurde, nach Ulm zu ihrer eleganten Tante Paula, einer erfolgreichen Hutmacherin. Unter ihrer Obhut begann sie eine kaufmännische Lehre im Betrieb von Paulas Verlobtem Otto. Dessen Interesse an Thea war ungewöhnlich groß, und schon bald tuschelte man über die beiden. Jedenfalls gehörte es sich ganz und gar nicht, dass er sie so oft in seinem Auto auf Spritztouren mitnahm.

Auf einer dieser Touren passierte das Unglück. Auf einer Landstraße in der Nähe des Bodensees kam ihnen nach einer Kurve plötzlich ein Pulk Fahrradfahrer entgegen. Otto musste ausweichen und fuhr gegen den einzigen Baum weit und breit. Er war auf der Stelle tot. Thea hatte einen Schädelbasisbruch und trug schwere Verletzungen an den Armnerven davon, so dass ihr Arm von da an halb gelähmt war. Die nächsten Monate verbrachte sie in Krankenhäusern am Bodensee und in München.

Theas Leben wurde dadurch natürlich nicht leichter. Und kaum war sie zurück in Ulm, tratschten die Leute wieder über sie und mutmaßten, was sie wohl mit dem Verlobten ihrer Tante zu schaffen gehabt habe und dass so was eben von so was komme. Allein Tante Paula hielt fest zu ihr.

Thea beschloss, ihrer Heimat den Rücken zu kehren und in München ein neues Leben zu beginnen. Die bayerische Hauptstadt gefiel ihr gut. Das Leben hatte hier mehr Leichtigkeit, fand sie, nicht so eingeengt wie in Schwaben. So ähnlich stellte sie sich die berühmte Dolce Vita in Italien vor.

Sie fand eine Stelle im städtischen Versorgungsamt und trat einem Chor bei. Sie hatte eine schöne Stimme und war eine begeisterte Sängerin, und schon nach kurzer Zeit brachte Thea es auf eine stattliche Anzahl von Verehrern. Kein Wunder, sie war eine attraktive junge Frau mit dunklem lockigem Haar und großen schwarzen Augen.

Als man das Jahr 1936 schrieb, lernte sie im Chor Walter kennen, einen charmanten Maschinenbauer aus Westfalen, der gerade auf dem Fliegerhorst in Augsburg eine Ausbildung zum Bomberpiloten machte. Walter war vier Jahre jünger als sie, was sie aber nicht störte. Thea gefiel seine sportliche Figur, sein selbstbewusstes, reifes Auftreten und auch, wie er ihr mit seiner warmen, voluminösen Bassstimme vom Fliegen erzählte und davon, wie er irgendwann einmal die ganze Welt umrunden wolle.

Die beiden begannen eine leidenschaftliche Affäre. Und plötzlich war Thea schwanger.

Ihre »anderen Umstände« kamen Walter allerdings gar nicht gelegen. Ihn zog es schließlich weg, in die weite Welt, genau gesagt nach Venezuela. Er hatte nämlich gerade das Angebot bekommen, in Caracas eine Papierfabrik aufzubauen. Da wollte er nun hin – allerdings nicht mit Thea, sondern mit Anni, der Schwester eines Kameraden.

Die Trennung folgte per Brief. Den Schneid, es Thea persönlich zu sagen, hatte Walter nicht. Um dem Ganzen die Krone aufzusetzen, leugnete er zudem die Vaterschaft und behauptete, meine Großmutter habe gleichzeitig mehrere Liebhaber gehabt.

Das Gericht, vor das Thea ihren ehemals geliebten Walter schließlich zerrte, schenkte ihm wenig Glauben. Es verdonnerte ihn zu Alimenten und einem vorläufigen Ausreiseverbot, das erst aufgehoben wurde, als seine Schwester für ihn eine Bürgschaft übernahm.

Rosemarie wurde am 23. November 1937 geboren. Wenige Monate danach wanderte Walter nach Venezuela aus. Weder er noch seine Familie meldeten sich je bei Thea und erkundigten sich, wie es dem Kind ginge. Thea war ganz auf sich gestellt, und da sie Geld verdienen musste, war sie gezwungen, Rosemarie an eine Tagesmutter abzugeben.

Als Folge dieser bitteren Enttäuschung wollte meine Großmutter nie mehr etwas von Männern wissen. Ihrer einzigen Tochter erzählte sie später aus Scham über die ganze Angelegenheit, ihr Vater sei als Kampfflieger über England abgeschossen worden. Und so wuchs die kleine Rosemie, wie sie von ihrer Mutter genannt wurde, in dem festen Glauben auf, ihr Vater sei ein gefallener Kriegsheld.

Der Zweite Weltkrieg brach irgendwann auch über Bayern herein, und es war abzusehen, dass selbst München das Ziel von Luftangriffen werden würde. Thea entschloss sich, ihre nun vierjährige Tochter aufs Land zu schicken. Und so landete Rosemie 1941 im Hänsel-und-Gretel-Heim in Oberammergau, einem hübschen Haus mit der für Oberbayern typischen Lüftlmalerei an der Außenfassade. So verbrachte Rosemie ihre Kindheit am Fuße der Alpen und bekam vom Zweiten Weltkrieg zum Glück so gut wie nichts mit.

Mit dem Tod kam sie dort trotzdem zum ersten Mal in ihrem Leben in Berührung. Eine junge Lehrerin war von ihrem Fahrrad von deutschen Soldaten heruntergeschossen worden, weil sie auf deren »Halt«-Rufe nicht reagiert hatte und einfach weitergeradelt war. Die Bestürzung im Heim, aber auch bei der Militärleitung war groß. Die Lehrerin bekam ein Staatsbegräbnis. Man bahrte sie vor aller Augen auf, und die Kinder mussten sich um sie herum aufstellen. Dieser Anblick der jungen Frau, die seltsam steif in ihrem geblümten Sommerkleid und mit kunstvoll geflochtenem Haar dalag, durch das der Wind strich, mit der Militärkapelle und der riesigen, auf Halbmast wehenden Hakenkreuz-Fahne daneben, war Rosemarie damals unverständlich – vergessen hat sie ihn nie.

Aus diesem Heim, das heute noch existiert und sich äußerlich kaum verändert hat, stammen die ersten Kindheitserinnerungen meiner Mutter. Erst spät ist mir klargeworden, dass sie so gut wie ihre gesamte Kindheit in Heimen verbracht hat. Der Krieg war schon drei Jahre vorbei, als sie 1948 zurück zu ihrer Mutter Thea nach München zog. Natürlich frage ich mich heute, ob dieser lange Aufenthalt im Heim unbedingt sein musste und ob meine Oma sie nicht wenigstens gleich nach Kriegsende hätte zurückholen können. Allerdings kann ich mir kaum vorstellen, wie es gewesen sein muss, in den allerersten, bitteren Nachkriegsjahren als alleinerziehende Mutter in der zerbombten Stadt über die Runden zu kommen. Im Heim war meine Mutter jedenfalls behütet; in München hätte sie schon im Volksschulalter als Schlüsselkind alleine zur Schule und nach Hause gehen und die Nachmittage alleine verbringen müssen.

Als Rose mit sechs Jahren eingeschult wurde, wechselte sie vom Hänsel-und-Gretel-Heim in ein neues Haus nach Bairawies, das von der Nichte des damaligen Gauleiters geleitet wurde. Diese verwandtschaftlichen Beziehungen ermöglichten es der Heimleiterin, die Kinder stets mit reichlich Lebensmitteln zu versorgen. An Ostern durfte sogar jedes Kind im nahe gelegenen Wäldchen ein Osternest suchen und fand darin allerhand Leckereien, und das zu einer Zeit, als die Menschen in der Stadt längst schon hungern mussten.

Als die Amerikaner 1945 in den Ort einmarschierten, geriet die Heimleiterin in Panik und verfrachtete die Kinder mit Bussen in ein anderes Heim am Tegernsee. Da fast alle Erzieher in den Nachkriegswirren getürmt waren, übergab die überforderte Heimleitung einfach jedem älteren Kind die Verantwortung für ein jüngeres. Ein folgenschwerer Fehler. Denn die größeren Kinder nutzen ihre vermeintliche Macht und das Fehlen jeglicher Kontrolle, um die kleineren Kinder zu schikanieren und zu terrorisieren. Rosemarie hatte ebenfalls ein älteres Kind als »Betreuer« an der Seite und musste sich einiges gefallen lassen. Einmal wurde sie sogar schwer verletzt: Man hatte ihr, absichtlich oder nicht, einen Finger in einer Schranktür eingeklemmt. Davon erzählte sie ihrer Mutter Thea jedoch nichts, die es trotz der schweren Zeiten wenigstens regelmäßig schaffte, sie zu besuchen und ihr Essen mitzubringen. Thea erfuhr auch nichts darüber, dass Rose das mitgebrachte Essen gleich nach

Abreise der Mutter wieder bei den älteren Kindern abgeben musste. Sie verlor auch kein Wort über ihre Pilzvergiftung, die sie sich eingefangen hatte, als die Kinder, sich selbst überlassen, im Wald nach Essbarem gesucht hatten.

Erst nach einigen Monaten gab es endlich eine neue Heimleitung, die Ordnung in das Chaos brachte. Die Erzieherinnen waren jetzt englische Fräuleins, sogenannte Matres, Nonnen in schwarzer Tracht und schwarzem Halbschleier, unter dem eine weiße Haube hervorlugte. Sie waren gebildete, fromme Frauen, deren Glaube und Tatkraft besonders am Anfang starken Eindruck auf Rose machten.

Während all der Jahre hatte sie immer an Heimweh gelitten und sich nichts sehnlicher gewünscht, als zu ihrer Mutter zurückzukehren. Als sie mit elf Jahren endlich nach Hause durfte, um in München das Gymnasium zu besuchen, war die Umstellung – heraus aus dem behüteten Heimleben, hinein in die Selbständigkeit eines Schlüsselkindes – allerdings gewaltig. In den langen Stunden, die meine Mutter nach der Schule in der Wohnung auf meine Oma wartete, fühlte sie sich anfangs oft allein. Sie musste erst lernen, sich in der großen Stadt zurechtzufinden. Und auch in der Oberschule, in der die Schüler mit Nachnamen angesprochen wurden, gewöhnte sie sich nur langsam an die strengen Regeln und die unpersönliche Atmosphäre.

Mutter und Tochter bewohnten einen dunkelbraun tapezierten Raum zur Untermiete, der einst als großes Herrenzimmer einer vormals feinen Parterre-Wohnung genutzt worden war. In dem Haus in der Ansbacher Straße in Schwabing gab es allerhand Verbote; am liebsten hätten es die Vermieter gehabt, wenn die beiden Untermieterinnen möglichst unsichtbar gewesen wären. Nur einmal in der Woche war es ihnen erlaubt, die Badewanne zu benutzen und im Bad Wäsche zu waschen. Die Küche durften sie gar nicht erst betreten, dort residierte die Ehefrau des Vermieters mit ihrem Mann und drei kleinen Kindern. Kochen musste Thea in dem Zimmer, in dem sie auch schliefen.

Immerhin freundete Rose sich bald mit den Kindern aus der Nachbarschaft an. Christa und Manfred wohnten mit ihrer Familie in der Hohenzollernstraße gleich schräg gegenüber. Von Roses Fenster aus konnte man deren schöne Altbauwohnung gut sehen, und die Kinder verabredeten sich mit Handzeichen, wenn sie sich auf der Straße treffen wollten, um »Fangermandl«, Völkerball oder »Versteckstel« zu spielen. Die Kriegsruinen zwischen den wenigen stehengebliebenen Häusern waren der reinste Abenteuerspielplatz für die Kinder.

Oft aßen Christa und Manfred das aufgewärmte Essen, das Roses Mutter täglich auf einer Anrichte für sie abstellte. Rose machte sich meist lieber über das Kakaopulver mit Zucker her und hatte selten Lust auf die aufgewärmten Speisen. Sie wusste nur zu gut, dass ihre Mutter sich über solche ungesunde »Schleckigkeit« ärgerte, aber die Verführung war einfach zu groß. »Hunger hat man immer«, pflegte Manfred hingegen zu sagen und langte ordentlich zu.

Die Kinder säten auf den Schutthügeln Gras an und stellten sich vor, das kleine Stückchen Grün sei Hawaii. Gerne besuchten sie auch Herta und deren kleine Schwester Christa in der Bauerstraße. Die hatten nämlich einen uralten Plattenspieler, auf dem sie Hawaii-Platten wie *Lebe wohl, du schwarze Rose, schwarze Rose aus Hawaii* hören konnten. So träumten sie sich vom zerbombten München in die Südsee.

Meine Großmutter arbeitete jeden Tag, und die Samstagnachmittage vergingen gewöhnlich mit Hausputz, Wäsche oder Näh- und Flickarbeiten. Aber am Sonntag war alles anders – da ging es ins Grüne, raus an die frische Luft. Bei schönem Wetter liefen sie zu Fuß in den Luitpoldpark oder den Englischen Garten, und wenn sie besonders unternehmungslustig waren, sogar bis zum Aumeister, eine Wirtschaft mit Biergarten im Norden Münchens am Rande des Englischen Gartens. Manchmal fuhren sie auch mit der Straßenbahn nach Großhesselohe im Süden der Stadt. Von dort ging es weiter zu Fuß nach Grünwald. Auf dem Weg dorthin kam man an einer Römerschanze vorbei, was Rose in ihrer Phantasie zu den alten Römern führte, die hier vor zweitausend Jahren einmal geherrscht hatten. Später, als sie sich Räder leisten konnten, fuhren sie oft Richtung Süden bis in die Berge. Gerne radelten sie auch ins Mühltal oder zum Baden nach Possenhofen am Starnberger See. Ja, Thea liebte die Natur – ein Charakterzug, den sie glücklicherweise an meine Mutter vererbt hat.

Rose wuchs zu einem hübschen Madl mit langen dunkelblonden Zöpfen heran. Und irgendwann begann sie, Fragen über ihren Vater zu stellen. Schon länger hatte sie den Verdacht, dass meine Oma ihr etwas verheimlichte. Jedes Mal reagierte Thea peinlich berührt und wich allen Fragen aus. Am liebsten wollte sie gar nicht über das Thema sprechen.

Als Rose fünfzehn Jahre alt war, ergriff sie eines Tages, als ihre Mutter nicht im Haus war, die Gelegenheit und schnüffelte in Dokumenten, die im Keller deponiert waren. Dabei stieß sie auf ein Schreiben des deutschen Konsulats in Caracas. Darin ging es um den Aufenthaltsort eines Mannes – *ihres* Vaters!

Rose blieb die Luft weg. Hatte ihre Mutter sich nicht aus der Nase ziehen lassen, dass ihr Vater vor seinem verhängnisvollen Abschuss als Flieger geplant hatte, nach Venezuela auszuwandern?

Das Datum war vollkommen verwirrend. Der Brief war nach Kriegsende datiert. Plötzlich wurde ihr schlagartig klar: Ihr Vater war gar nicht tot. Ihr Vater lebte!

Er war getürmt, abgehauen, hatte sich aus dem Staub gemacht. Und er wollte, wie es schien, nichts von seiner Tochter wissen.

Mit zitternden Händen las sie weitere Dokumente. Dann ging sie wieder hinauf in die Wohnung.

»Du hast mich angelogen!«, schrie sie ihre Mutter an, als Thea endlich durch die Tür kam.

»Was meinst du?« Thea war überrumpelt.

»Mein Vater ist gar nicht tot!« Rose machte eine kurze Pause und schaute ihrer Mutter fest in die Augen. »Er lebt in Caracas! Ich weiß Bescheid!«

Thea brauchte einen kurzen Moment, um sich zu fassen, und entgegnete dann in erstaunlicher Ruhe: »Hör zu, Rosemie, das geschah nur zu deinem Schutz. Dein Vater hat sich schlecht benommen und mich sehr gekränkt. Ich will nie wieder etwas mit ihm zu tun haben und auch nicht mehr darüber sprechen. Und im Übrigen: Was interessiert dich das überhaupt?«

Damit war das Thema für meine Oma erledigt, und sie ging auch in Zukunft allen weiteren Gesprächen darüber aus dem Weg.

Später fand Rose ein Schreiben einer gewissen Elfriede, der Schwester ihres Vaters, die in all den Jahren in seinem Auftrag die Alimente bezahlt hatte. Der Ton war frappierend: *Fräulein Otterbach! Mit diesem Monat sind die Alimentezahlungen für Ihre Tochter Rosemarie beendet! Elfriede K.*

Keine Begrüßung, keine Erkundigung nach dem Kind – nichts. Nein, in dieser Familie war sie ganz offensichtlich nicht willkommen.

Nur durch einen Zufall sollte meine Mutter ihrem Vater zweiundvierzig Jahre später, im Alter von siebenundfünfzig, doch noch begegnen. Sie lernte den Bekannten einer Jugendfreundin kennen, der in Caracas ein Uhrengeschäft besaß. Aus einer Laune heraus fragte sie ihn, ob er nicht ihren Vater kenne, der ebenfalls in Caracas lebe. Dem Uhrenhändler sagte der Name zwar nichts, aber er begann, Nachforschungen anzustellen.

Mehr als zwei Jahre später, als Rose schon gar nicht mehr damit gerechnet hatte, bekam sie ein Fax: *Por fin! Ich habe Ihren Vater gefunden!*

Meine Mutter fuhr daraufhin kurzerhand nach Venezuela und besuchte ihren Vater. Genau genommen überraschte sie ihn in seiner Fabrik. Er reagierte zunächst abweisend, aber Rose ließ nicht locker. Schließlich ging er mit ihr in ein Restaurant, damit sie sich unterhalten konnten.

Walter hatte in Caracas eine beachtliche Karriere gemacht und besaß nicht nur eine Villa in der Hauptstadt und eine am Meer, sondern auch zwei florierende Fabriken, eine Segeljacht, ein Haus in Florida und weiß der Himmel was noch alles. Er hatte dreimal geheiratet und vier weitere Kinder bekommen. Er bestritt sogar eine wöchentliche Sendung im Radio, wo er deutsche Volkslieder zum Besten gab ... Was Rose einen gehörigen Stich versetzte, war die Erkenntnis, dass er sich in all den Jahren nach dem Krieg durchaus immer wieder in Deutschland und sogar in München aufgehalten hatte. Warum nur hatte er nicht den kleinsten Versuch unternommen, etwas über sie, seine älteste Tochter, zu erfahren, geschweige denn mit ihr Kontakt aufzunehmen?

Zum Abschied taute Walter sogar richtig auf und gestand seiner Tochter ein, Fehler gemacht zu haben. Bald darauf erkrankte er an Alzheimer, wurde von seiner dritten Frau kurzerhand entmündigt und in ein Altersheim abgeschoben, während sie seine Fabriken und Villen verkaufte und auf Nimmerwiedersehen verschwand.

Das große Abenteuer

Das Gespräch mit ihrer Mutter zögerte Rose so lange wie möglich hinaus. Aber kurz vor Weihnachten 1957 war es allerhöchste Zeit: Sie musste ihr endlich schonend beibringen, dass sie Taba im Iran besuchen wollte. Und zwar schon Mitte Januar. Ihre große Reise stand unmittelbar bevor.

Rose tat alles, um ihre Mutter zu beruhigen. Nein, sie könne noch nicht genau sagen, für wie lange sie dort bleiben werde. Ein oder zwei Monate vielleicht, man wolle erst mal schauen.

Ach, die Firma habe ganz rührend reagiert, und sie könne jederzeit wieder dort anfangen. Ja, sie habe gekündigt.

Ja, natürlich, sie würde bei Tabas älterer Schwester wohnen. Schließlich müsse man den Anstand wahren. Keine Sorge.

Klar kenne sie das Land nicht. Aber Taba würde es ihr zeigen, all die archäologischen Sehenswürdigkeiten. Persepolis! Isfahan! Davon habe sie schon immer geträumt.

Thea wusste, dass man Verliebte nicht aufhalten kann. Und das Fernweh ihrer Tochter kannte sie zu Genüge. »Ja mei – wenn du unbedingt willst, dann besuch ihn halt«, lautete schließlich seufzend ihre Antwort. Und dann – wie in einer Vorahnung: »Aber nicht, dass du ihn dort heiratest!«

Rose war entrüstet: »Wie stellst du dir das vor! So schnell geht das doch eh nicht! Wie kommst du bloß darauf!«

Ja, wie kam meine Großmutter nur darauf? Wahrscheinlich deswegen, weil Rose ihr erst neulich einen charmanten Mann vorgestellt hatte, dem sie nun in sein fünftausend Kilometer entferntes Heimatland hinterherreiste. Und auch deswegen, weil sie sich nicht auf ein Rückreisedatum festnageln lassen wollte.

Noch heute behauptet meine Mutter allen Ernstes, es sei nicht klar gewesen, dass sie meinen Vater heiraten und im Iran bleiben würde. Aber mit dieser Auffassung steht sie in der Verwandtschaft ziemlich alleine da.

Thea trug die Pläne ihrer Tochter mit bemerkenswerter Fassung und gab Rose für die große Reise ihren Segen.

Davor aber wurde sie noch komplett neu eingekleidet. Taba hatte ihr tausend Mark schicken lassen und ihr eine Zugfahrt nach Stuttgart ermöglicht, wo die damalige Freundin von Schamsi, Charlotte, als Mannequin arbeitete. Sie sollte Rose helfen, eine schicke Reisegarderobe zusammenzustellen. Schließlich sollte sie im Iran einen guten Eindruck machen.

Rose fuhr also nach Stuttgart und wurde dort von Charlotte in alle feinen Geschäfte der Stadt geführt – in die Art Läden, die sie noch nie zuvor von innen gesehen hatte und wo ihr nun eine damenhafte Garderobe verpasst wurde. Damenhaft war damals sehr aktuell. Egal ob jung oder alt, für alle gab es die gleiche mondäne Mode. Charlotte, ganz in ihrem Element, suchte für Rose unter anderem ein tailliertes dunkelblaues Etuikleid samt Jäckchen und einen schlichten grauen Flanellmantel aus. Außerdem musste sie sich, da duldete Charlotte keinen Widerspruch, die Haare beim Friseur kürzer schneiden lassen und, als wäre das für sie nicht schon schlimm genug gewesen, ihre dunkelblonden Haare rötlich färben.

Rose fühlte sich in den strengen, dunklen und einfarbigen Kleidern äußerst unwohl. Das entsprach überhaupt nicht ihrem eigenen Stil. Und ihre schönen Haare! Aber sie traute sich nicht so recht, der eleganten Charlotte zu widersprechen, die mit ihrem Werk vollkommen zufrieden war.

Zurück zu Hause war die Reaktion meiner Oma unmissverständlich. »So ein Schmarrn!« Thea schlug die Hände über dem Kopf zusammen, als sie ihre Tochter sah. Und über die Preise der Kleider konnte sie nur noch ihren Lockenkopf schütteln. »Da hätten wir lieber hier zum Loden-Frey oder zu C&A gehen und viel schönere und praktischere Sachen kaufen sollen!« Ob man ihr denn nicht zugetraut habe, ihr Kind selber einzukleiden?

Rose war verunsichert. Wieder kamen in ihr Zweifel an der Reise auf. Was, wenn Tabas Familie nun piekfein und stocksteif war und eine elegante, damenhafte Freundin erwartete? Solche Kreise kannte Rose aus München nicht, und nun hatte sie Angst, in Persien nicht akzeptiert zu werden – und vor allem, dass sie sich dort gar nicht wohl fühlen würde. Worauf hatte sie sich bloß eingelassen? Und plötzlich fragte sie sich, ob sie ihre Mutter überhaupt alleine lassen konnte. All die Jahre hatte sie sich für sie aufgeopfert – und außer ihrer Tochter hatte sie doch niemanden!

Nun waren aber freilich schon alle Vorbereitungen für die Reise getroffen, und meine unentschlossene Mutter hatte keine andere Wahl mehr. Sie biss die Zähne zusammen und packte ihren Koffer.

Am Mittag des 15. Januar 1958, war es dann so weit. Rose stand am Flughafen Riem. Sie versuchte ihre Aufregung zu verbergen und gefasst zu wirken. In der einen Hand hielt sie ihr Lufthansa-Ticket, in der anderen den guten Lederkoffer ihrer Mutter. Ihre rot gefärbten Haare hatte sie unter einer schräg aufgesetzten Baskenmütze versteckt.

Zum Abschied waren einige Freundinnen und ehemalige Kollegen zum Flughafen gekommen – und natürlich ihre Mutter. Sie tat Rose unendlich leid, wie sie so dastand, den Tränen nah, und ihre Tochter ins Ungewisse verabschiedete.

Hinterm Abflugschalter drehte sich Rose noch einmal um und winkte ihrer Mutter und den anderen zu. Plötzlich war sie keine abenteuerlustige Weltenbummlerin mehr, sondern fühlte sich wie ein Kind, sie war aufgeregt und wäre am liebsten umgekehrt. Es kam einfach so viel zusammen: der Abschied von der Mutter; die Vorfreude, gepaart mit Ungewissheit über das, was sie erwartete; das Wiedersehen mit Taba in Teheran; der erste Flug ihres Lebens; ihre erste Reise allein – ins Ausland! Abgesehen von kurzen Ausflügen nach Österreich und in die Schweiz war sie doch nie wirklich weg gewesen.

Damals gab es nur wenige Flugverbindungen in den Iran. Die Reise in einer Lockheed Super Constellation der Lufthansa, einer großen Propellermaschine, dauerte rund fünfzehn Stunden und damit etwa dreimal so lange wie heute, und man machte mehrere Zwischenstopps. Die anderen Passagiere, hauptsächlich Geschäftsreisende und fast ausnahmslos Männer, waren wesentlich gelassener als Rose und wunderten sich vermutlich darüber, was ein so junges Mädchen allein in einem Flieger nach Teheran machte.

Neben ihr hatte sich ein beleibter, schwitzender Geschäftsmann breit gemacht, der sie von Anfang an unverhohlen musterte und im Gegensatz zu ihr mit großem Appetit das Bordessen verspeiste, das ihnen von den freundlichen Stewardessen gereicht wurde. Rose war furchtbar angespannt, klammerte sich an ihrem Persischlehrbuch fest und versuchte, sich mit Vokabellernen abzulenken.

Nach einer Weile wandte sich ihr der Dicke zu. »Sagen Sie mal, junge Frau, jetzt muss ich Sie doch mal fragen: Was macht denn ein hübsches Fräulein wie Sie hier so ganz allein in einem Flieger in den Orient?«

Rose hatte nicht sonderlich viel Lust, sich mit ihm zu unterhalten, aber sie konnte dem Gespräch ja nun mal schlecht aus dem Weg gehen und wollte auch nicht unhöflich sein.

»Ich fliege nach Teheran. Ich besuche dort meinen Freund.«

»Ach, Ihr Herr Freund ist dort geschäftlich unterwegs? Teheran ist ja stark im Kommen. Für welche Firma arbeitet er denn?«

»Nein, mein Freund ist Iraner. Ich besuche ihn und seine Familie.«

Er starrte sie entsetzt an.

»Was? Ein Iraner?« Die Augenbrauen des Mannes schnellten in die Höhe. »Na, Sie trauen sich ja was. Hören Sie, ich habe viel geschäftlich in Istanbul zu tun. Man hört die unschönsten Geschichten, wie die ihre Frauen behandeln. Ich habe von einer Deutschen gehört, der man den Pass weggenommen hat, so dass sie nicht mehr ausreisen konnte, und schließlich ist sie in einen Harem nach Saudi-Arabien verschleppt worden. Danach hat man nie wieder von ihr gehört. Ja, Donnerwetter, Sie trauen sich was. Sie trauen sich was!« Er lachte.

Blödmann, dachte Rose und vergrub sich in ihr Buch. Sie hatte wirklich keine Lust auf eine weitere Unterhaltung.

Bald darauf schlief der Mann ein, und sein Schnarchen übertönte sogar das Geräusch der viermotorigen Maschine.

An Schlaf war nun beim besten Willen nicht mehr zu denken. Immer wieder schlug Rose den gemusterten Vorhang beiseite und spähte aus dem Fenster. Aber es war inzwischen Nacht und bewölkt, und sie war enttäuscht darüber, dass sie außer ein paar vereinzelten kleinen Lichtern am Boden kaum etwas sah.

Zum Glück stieg der unangenehme Mensch beim Zwischenstopp in Beirut aus, und der Platz neben ihr blieb anschließend leer. Sie machte es sich so gut es ging gemütlich und lauschte dem beruhigenden, eintönigen Brummen der Motoren.

Und dann, irgendwo zwischen Beirut und Bagdad, wo schon die Wüste unter ihnen sein musste, drehte sich das Flugzeug plötzlich auf die Seite. Rose blickte geradewegs aus dem kleinen Guckfenster in einen Sternenhimmel, wie sie ihn noch nie gesehen hatte: Millionen von Lichtern und einige davon so groß wie Bierfilzl – das mussten Planeten sein, oder? Sie fühlte sich kurz wie im Traum. Und spätestens am frühen Morgen, als sie in der ersten Morgenröte über das persische Hochland flogen und Rose unter sich die weite Landschaft mit breiten, öden Hochtälern, schneebedeckten Bergen und blinkenden Salzseen erblickte, hatte sie keine Angst mehr.

II

NEULAND

Wo *bitte ist der Damavand?*

ALS DIE LUFTHANSA-MASCHINE endlich auf der Landebahn des Mehrabad-Flughafens im Westen Teherans aufsetzte, war es früher Morgen. Rose streckte sich beim Aufstehen, um den langen Flug, der ihr ganz schön in den Knochen steckte, ein wenig abzuschütteln.

Etwas benommen blieb sie am Ausstieg oberhalb der Treppe stehen. Ihre Augen wurden von der Sonne geblendet, und sie versuchte, sich an das gleißende Tageslicht zu gewöhnen. Sie wusste zwar, dass Teheran in einer Höhe zwischen 1200 und 1700 Metern und etliche Breitengrade südlicher als München lag, aber das viel intensivere Strahlen des Lichts überraschte sie doch sehr.

Rose blickte nach oben. Das war er also, der tief azurblaue persische Himmel, von dem ihr Taba in seinen Briefen erzählt hatte.

Sie stieg die Treppe hinunter und betrat nun zum ersten Mal iranischen Boden. Während die anderen Fluggäste geschäftig an ihr vorbeieilten, blieb sie andächtig stehen, sog die trockene, dünne Luft ein, die hier am Flughafen freilich nach Kerosin roch, und versuchte, alles Fremde einzufangen. Im Norden konnte sie die deutlichen Konturen der schneebedeckten hohen Gipfel des Elburs-Gebirges sehen, an dessen Fuß Teheran lag.

Vergeblich versuchte sie, unter all den Gipfeln den sagenumwobenen Berg Damavand auszumachen. Es handelte sich dabei, so hatte sie in einem ihrer Bücher gelesen, um einen erloschenen Vulkan, der mit seiner Höhe von 5671 Metern der größte Berg Irans und des gesamten Nahen Ostens war. Zudem war er einer der höchsten frei stehenden Berge der Welt.

Während Roses Blick den Damavand suchte, hatte sie plötzlich den Eindruck, als würde sie Stimmen hören, die ihren Namen riefen. Damals war der Mehrabad-Flughafen noch viel kleiner als heute, man stieg vom Flugzeug direkt auf die Rollbahn und ging dann zu Fuß zum Flughafenterminal. Hinter einer Absperrung entdeckte sie eine beachtliche Menschentraube. Es sah fast so aus, als würden sie allesamt in ihre Richtung winken.

Rose blieb stehen und blickte sich um. Sie konnte doch unmöglich gemeint sein. Oder etwa doch? Waren all diese Menschen ihretwegen hier?

Immer deutlicher wurden nun die Rufe. Ja, ohne Zweifel: »Rose, Rose!«, lauteten sie. In ihr stieg eine gewisse Panik hoch. Unter lauter Fremden hatte sie sich noch nie wohl gefühlt, und gerade jetzt fühlte sie sich müde, wie gerädert, und ihre Frisur saß nach dem langen Flug schon längst nicht mehr gut. Dieser vielköpfige Empfang passte ihr gar nicht.

Rose reagierte so, wie sie meistens auf unangenehme Situationen reagiert: mit Verdrängung. Sie drehte sich um und schaute sich noch einmal interessiert das Elburs-Gebirge an. Wo war denn jetzt dieser Damavand? Herrgott noch mal, wieso konnte man den bloß nirgends sehen?

Sie ließ sich Zeit.

Mit einem Mal hörte sie eine vertraute Stimme: »Meine Rose, da bist du ja endlich!«

Da stand er nun neben ihr: Taba. Und sie wusste überhaupt nicht mehr, warum sie jemals an der Reise gezweifelt hatte.

Taba sah noch genauso gut aus wie vor einem halben Jahr bei ihrem Abschied. Nur ein wenig magerer und noch braungebrannter als in München war er. Sie fielen sich in die Arme. Dann wandten sie sich dem Ausgang zu.

»Rose, komm! Meine Familie wartet auf dich. Sie freuen sich schon so, dich zu sehen! Komm!«

Mein Vater hatte vierzig seiner engsten Familienmitglieder und Freunde mitgebracht. Vierzig!

Im Iran ist es Sitte, jemanden, der zu einer weiten Reise aufbricht oder aus dem Ausland, aus der Fremde, aus *Farang*, zurückkommt, von einer großen Schar Verwandter, Freunde und Bekannter am Flughafen verabschieden oder begrüßen zu lassen. Je größer die Zahl, desto höher der Status des Reisenden. Da machten alle gerne mit, wenn sie es nur irgendwie einrichten konnten. Es war jedes Mal ein kleines Spektakel, das man sich nicht entgehen lassen wollte. Viel geflogen wurde damals ja noch nicht. Später, als man sich an die Weltreiserei der Leute gewöhnt hatte, wurden die Empfangskomitees merklich kleiner.

Für Rose, die aus einem Zwei-Personen-Haushalt kam, mit wenig Verwandtschaft und einem überschaubaren Freundeskreis, war es eine Herausforderung, plötzlich mit so vielen Leuten konfrontiert zu sein. Ihr Unbehagen drohte sogar ihre Wiedersehensfreude mit Taba zu überschatten. Unversehens sah sie sich umringt von einem Pulk ihr völlig unbekannter Menschen. Taba beeilte sich, ihr seine Familie vorzustellen:

»Sieh, das ist mein ältester Bruder Zia. Und das hier seine Frau Houri. Die Kleine ist Helis Schwester Goli, und das ist Houris Sohn Ali... Schau mal, und hier ist Zohre!«

Endlich jemand, den sie kannte. Zohre küsste Rose auf beide Wangen und umarmte sie.

»Siehst du«, sagte sie, »ich wusste, dass du kommst!«

Taba fuhr indessen unverdrossen fort. »Und das hier ist Zohres Mutter, meine Schwester Forugh. Und hier ist ihr Mann Habibollah, und das da sind Rokhi und Reza. Das Baby ist unsere kleine Setareh, der Name bedeutet ›Stern‹. Und hier sind noch meine Cousins …«

Es folgten noch etliche fremde Namen und Gesichter. Rose hatte aber längst aufgegeben, sich alle zu merken, ihr schwirrte der Kopf. Alle umarmten sie herzlich und küssten sie auf beide Wangen. Manche wussten, dass sie dabei war, Persisch zu lernen, und erwarteten nun eine Begrüßung. Das Einzige, was Rose herausbrachte, war aber: »*Pas kuh-e Damavand kodscha ast?* – Aber wo ist denn jetzt der Berg Damavand?« In feinstem Schriftpersisch, versteht sich.

Das war nun eine recht ungewöhnliche Begrüßung und wurde von der Menge nach kurzem Stutzen mit entsprechender Heiterkeit quittiert: Ein deutsches Mädchen, mutterseelenallein in Teheran, die als Erstes wie eine Forschungsreisende nach dem Berg Damavand fragt und auch noch Persisch wie aus dem Buche spricht! Das war ein Ereignis, von dem man sich in der Familie noch zwanzig Jahre später erzählte.

Rose wusste natürlich noch nicht, dass ihr Schriftpersisch die Familie an Tabas damals schon verstorbenen Vater Mir Sadreddin erinnerte. Der hatte nämlich als Einziger im Verwandten- und Bekanntenkreis tatsächlich noch wie gedruckt gesprochen, allen Sprachmoden zum Trotz. Dass das deutsche Mädchen so sprach wie er, schien den anderen ein gutes Zeichen.

Das waren sie also, Tabas Verwandte. Herzlich waren sie und unverkrampft. Und viele – sehr viele …

Ankunft im Stadthaus

Bald darauf fuhr ein gutgelaunter Konvoi durch den schönen sonnigen Morgen Richtung Teheraner Innenstadt. Die Straßen waren von Platanenbäumen gesäumt und die Häuser hinter den Alleen fast alle aus hellen, lehmfarbenen Klinkersteinen gebaut. Ihre Farbe unterschied sich nur geringfügig von dem Lehmboden, den man überall sah und der sich auffällig gegen den blauen Himmel abhob. Da die Häuser nur zwei oder drei Stockwerke hatten, wirkte Teheran gar nicht wie eine Großstadt, eher wie ein sehr groß geratenes Dorf, das sich bis zu den Bergen hin in die Länge zog.

Sie fuhren zum Stadthaus von Tabas Schwester Forugh. Hier sollte Rose die ersten zwei Wochen ihrer Reise zubringen und sich in aller Ruhe akklimatisieren. Erst dann würden sie in den Norden fahren, um Tabas Ländereien zu besuchen. Taba selbst wollte schon eine Woche früher dorthin aufbrechen, um alles für ihre Ankunft vorzubereiten.

Forughs Haus lag am nördlichen Rand des Zentrums unweit der alten Schemiran-Straße. Es war der Winterwohnsitz ihrer Familie und Dreh- und Angelpunkt der gesamten Großfamilie, die sich dort oft und gerne traf.

Taba erzählte Rose, dass es im Sommer in Teherans Innenstadt manchmal so heiß werde, dass der Asphalt Blasen warf und man auf dem Kotflügel eines Autos Spiegeleier braten könne. Die Familie ziehe dann gerne in ihr altes Haus in Schemiran um, einem ruhigen, grünen Vorort von Teheran, ungefähr fünfzehn Kilometer weiter nördlich und einige Hundert Meter höher gelegen. »Schemiran liegt direkt am Fuß der Berge, die Luft ist dort kühler und klarer«, erzählte er und beschrieb, wie sie diese Tage meistens in ih-

73

rem großen Garten verbrachten, umgeben von alten Platanen und Kiefern, bis die Temperaturen in der Innenstadt
wieder erträglicher wurden. Jetzt, Mitte Januar, konnte sich
Rose nicht so recht vorstellen, dass es hier im Sommer tatsächlich dermaßen heiß sein konnte. Die Temperaturen waren milder als zu Hause, aber doch empfindlich kalt.

Gleich nach der Ankunft bei Forugh wurde Rose in den
großen Wohnraum geführt, den Salon, wo Tee aus silbernen
Teeglashaltern, *Schirinis* (persische Süßigkeiten) und frisches
Obst gereicht wurden. Sie staunte über die wunderschönen
Teppiche, die überall im Haus lagen. Schon als Kind hatte
sie Perserteppiche geliebt und ihre Muster stundenlang bei
ihrer Tante in Ulm studiert. Aber solche Prachtexemplare,
riesengroß und fein geknüpft, in so vielen verschiedenen
Farben und Mustern wie hier, hatte sie noch nie gesehen.

Es würde Spaß machen, alles darüber zu lernen – doch
jetzt überfiel sie schlagartig eine bleierne Müdigkeit. Forugh
führte sie in ihr Zimmer im ersten Stock, damit sie sich aus-
ruhen konnte. Rose streckte sich auf ihrem frisch gemach-
ten Bett aus, freute sich über ihr eigenes, großes Zimmer,
den schönen dunkelroten Teppich und den hübsch verzierten Nachttisch, auf dem sogar ein kleines Radio stand.
Dann sank sie erschöpft in einen tiefen Schlaf.

Eine große Familie

In den nächsten Tagen hatte Rose ausgiebig Gelegenheit,
Tabas Angehörige besser kennenzulernen – oder immerhin
einige von ihnen.

Da war zuallererst Forugh, seine ältere Schwester, eine liebe Seele mit sanften, fast traurigen Augen. Sie hielt mit ihrer warmherzigen Art und ihrem gesunden Menschenverstand die Familie zusammen und wurde von allen, vor allem von ihren Brüdern, geachtet und geehrt. Zudem war sie eine hervorragende Köchin. Und nicht zuletzt war sie die liebende Gattin ihres Mannes Habibollah, der als Anwalt arbeitete und eine wohltuend freundliche, diplomatische Art hatte. Die beiden galten im Familien- und Bekanntenkreis als leuchtendes Vorbild für eine liebevolle Ehe. Sie passten auch perfekt zusammen. Wenn mit Forugh mal wieder ihr Temperament durchging, schaffte nur Habibollah es, sie zu beruhigen. Umgekehrt war sie seine engste Beraterin.

Die beiden hatten vier Kinder, deren Älteste, Zohre, Rose ja bereits aus München kannte. Dann gab es noch die jüngere Schwester Rokhsare, Reza, den einzigen Sohn, und das Baby Setareh, das dichtbewimperte, strahlend grüne Augen hatte – im Iran eine große Besonderheit.

Forugh verehrte ihre Namensvetterin, die Dichterin Forugh Farrochsad, und schrieb selber gerne Gedichte. Rose hoffte, irgendwann so gut Persisch zu verstehen, um diese Gedichte auch mal lesen zu können.

Zur Familie gehörte auch Belqueys, eine Hausangestellte biblischen Alters, die seit vielen Jahren bei der Familie Tabatabai lebte und als junge Frau schon die Hochzeit von Tabas Eltern miterlebt hatte. Damals wohnte die Familie noch in Qom, einer Stadt südlich von Teheran, und Belqueys' Vater Baba war ihr Gärtner gewesen.

Zia, der älteste Bruder der Familie, war Ende vierzig. Er strahlte eine große Gelassenheit aus, hatte immer ein Lächeln auf den Lippen und den gleichen Schalk in den Augen, der Rose auch an Taba so gut gefiel. Noch Jahre nach ihrer Ankunft nahm er sie gerne auf den Arm, indem er sie auf Schriftpersisch anredete: »*Rose, aya hale schoma chub ast?* – Rose, geht es Ihnen gut?« Rose versuchte all die Jahre vergeblich, ihm diesen Unfug auszutreiben.

Zias schöne, leicht schräg stehende Augen hatten alle seine Kinder geerbt, auch seine älteste Tochter Heli aus erster Ehe, die Rose ebenfalls schon aus München kannte. Mittlerweile war Zia mit seiner bildschönen Cousine Houri verheiratet, mit der er auch eine gemeinsame Tochter hatte, die kleine Goli.

Schließlich traf Rose auch endlich auf Schodja, Tabas zwölf Jahre älteren Bruder, mit dem er Schodja-Abad aufgebaut hatte, ebenso dessen Frau Malih und ihre Kinder. Schodja war eine imposante Erscheinung und hatte eine selbstverständliche Autorität. Auf Rose wirkte er wie der geborene Chef.

Die ganze Familie war außerordentlich gespannt gewesen, endlich das *Dochtar-e Almani,* das »deutsche Mädchen«, kennenzulernen, das ihrem Taba das Herz gestohlen und ihn dann so lange hatte zappeln lassen. Immer wieder hörte sie von seinen Verwandten, wie er von ihr geschwärmt habe: Sie sei anders als all die anderen, seine Rose. Und wie sie dementsprechend mit ihm gefiebert hätten, ob sie zu ihm kommen würde.

Rose hingegen war erst einmal nur froh, dass sie so herzlich im Kreise der Familie aufgenommen wurde und sich wenigstens schon ein paar Namen merken konnte. Steif und hochnäsig war hier jedenfalls niemand – ganz im Gegenteil. Das war sie also, die berühmte persische Gastfreundschaft. Hier fühlte sie sich vom ersten Augenblick an wohl.

Ta'arof und Fettnäpfchen

Rose lernte in den darauffolgenden Tagen immer mehr von Tabas Freunden und Bekannten kennen, die nicht zum Flughafen gekommen waren. Sie ließen es sich nämlich nicht nehmen, zu Hause bei Forugh vorbeizuschauen, um die junge Dame aus Deutschland willkommen zu heißen und unauffällig, aber doch neugierig zu beäugen.

Im Klartext hieß das für Rose: jeden Tag Besuche, Besuche und noch mehr Besuche. Sie brauchte nicht lange, um zu verstehen, nach welchem Muster sie abliefen. Im Salon wurden mit vereinten Kräften alle Sessel und Stühle an den Wänden entlang aufgereiht, um möglichst viele Sitzgelegenheiten zu schaffen, denn der Besuch kam gerne auch mal zu zwanzigst. Dazwischen wurden kleine Tischchen gruppiert, auf denen sich Süßigkeiten, Pistazien und große Schalen mit Obst und Gürkchen türmten. Als Ehrengast musste Rose sich quasi ans Kopfende der Runde gegenüber der Tür setzen und – so gut es eben in ihrem bruchstückhaften Persisch ging – Konversation betreiben. Währenddessen wirbelten Forugh, ihre Töchter und die Angestellten um alle herum und reichten pausenlos Tee, Süßigkeiten und Obst nach.

Rose war der große Aufwand peinlich, wie überhaupt die ganze Aufregung, die wegen ihr herrschte. »Das ist ganz normal im Iran«, versicherte ihr Taba. Seine Schwester würde ihr Gesicht verlieren, wenn Rose sich weigerte, die darin zur Schau kommende Gastfreundschaft anzunehmen.

Also trank Rose den starken Tee, der mit viel Zucker gereicht wurde, und beantwortete artig die freundlichen Nachfragen nach ihrem Befinden und dem ihrer Familie, obwohl sie von all dem Tee schon Herzrasen hatte. Schnell lernte sie, besser nur gelegentlich daran zu nippen, weil ihr Teeglas sonst gleich wieder nachgefüllt wurde.

Rose fiel auf, dass die Gäste irritiert darüber waren, dass sie ganz allein angereist war, ohne männlichen Verwandten – ohne den Vater oder wenigstens einen Onkel oder Cousin. Instinktiv hatte sie beschlossen, auf die alte Version ihrer Mutter zurückzugreifen, wonach ihr Vater im Krieg gefallen sei. Das löste bei allen Gästen großes Bedauern aus. Man könne diese Engländer sowieso nicht ausstehen, hieß es dann, sie hätten nur selten Gutes gebracht, und wie schade es sei, dass Deutschland den Krieg verloren habe ... Auch in Persien hätten die Engländer nur Unglück angerichtet, wurde ihr erzählt. Sie hätten das Land besetzt und Persiens kostbares Öl ausgebeutet.

Rose bekam bei diesen Vorwürfen ein schlechtes Gewissen, denn solche Schimpftiraden gegen die Engländer wollte sie mit ihrer Notlüge eigentlich nicht hervorrufen. Aber zu widersprechen oder zurückzurudern traute sie sich dann doch nicht. Also lächelte sie immer nur höflich und sagte vorsichtshalber nicht viel dazu. Lieber wechselte sie bei der nächsten Gelegenheit das Thema und ließ sich dazu animieren, ihre persischen Sätze aus dem Lehrbuch zum Besten zu geben und damit zur guten Laune der Gäste beizutragen.

Schnell sollte Rose herausfinden, dass es mit all den Besuchen nicht getan war. Auf jeden Besuch folgte nach persischer Sitte nämlich eine Einladung, bei der der Gast wiederum seine eigene Gastfreundschaft unter Beweis stellen wollte und die man unmöglich ablehnen durfte.

Rose, für die alles hier ungewohnt war und die große Schwierigkeiten hatte, sich all die fremden Namen und Gesichter zu merken, war nach drei Tagen vollkommen erschöpft. Sie gab sich Mühe, sich nichts anmerken zu lassen, weil sie einen guten Eindruck machen wollte und auch, weil sie für all das Wohlwollen, das man ihr entgegenbrachte, zutiefst dankbar war.

Manchmal stieß sie aber an ihre Grenzen. Bei einer der Teegesellschaften bemerkte eine Bekannte der Familie, Roses Gesicht sähe aus wie der Vollmond, und lächelte sie dabei an, kopfnickend, mit großen Augen, als würde sie auf eine Antwort warten.

Ein Vollmondgesicht? Rose wusste, dass sie eine eher rundliche Kopfform hatte, und weiß Gott, sie war nicht begeistert darüber. Aber musste man ihr das so frech unter die Nase reiben? Hatte sie etwa so zugenommen?

Sie drehte sich zu Taba und flüsterte:

»Warum sagt deine Bekannte, ich sei dick und hätte ein Vollmondgesicht?«

Taba lachte laut auf. »Das heißt, du bist schön! Schön wie der Mond! In Persien vergleicht man alles Schöne mit dem Mond!«, erklärte er ihr auf Deutsch.

»Oh!«, entfuhr es Rose, denn mit Komplimenten konnte sie noch schlechter umgehen als mit Kritik. »Nein, ich bin doch überhaupt nicht schön!«, entgegnete sie der Frau.

Ihre Antwort schien hier unangemessen und verwirrte die Bekannte merklich. »Doch! Sie sind so schön wie der Mond am vierzehnten Tag!«, erwiderte diese.

»Nein«, stammelte Rose abermals, jetzt völlig hilflos. »Ich bin gar nicht so schön. Und etwas schlanker wäre ich auch gerne.«

Das Gespräch endete abrupt. Irgendetwas lief hier komplett schief, nur konnte Rose beim besten Willen nicht ausmachen, was es war. In Deutschland war es doch angemessen, ein Kompliment eher verhalten zu erwidern.

Später am Abend vertraute sie sich Zohre an, die ihr erklärte, dass sie sich in einem persischen Verwirrspiel verheddert hatte. Es gab sogar eine Bezeichnung für dieses seltsame Ritual: *Ta'arof.*

»Das ist ein uraltes persisches Spiel, in dem wir uns Höflichkeiten, nun ja, anbieten. Wie eine Art Ballspiel. Wenn dir einer ein Kompliment zuwirft, dann musst du ihm einfach ein noch größeres zurückwerfen.«

»Aha. Und was hätte ich zum Beispiel sagen müssen?«

»Na, so was wie: ›Ihre Augen sind es, die schön sind, und nur deswegen sehen Sie mich als schön an.‹. Oder: ›Mit Ihrer Schönheit kann sich niemand auf der Welt vergleichen.‹. Oder: ›Es ist doch Ihre Schönheit, die Gesprächsstoff Nummer eins ist, nicht meine.‹«

Jetzt endlich verstand Rose. Nun gut, dieses Spiel zu spielen würde ihr nicht schwerfallen.

Meine Mutter hatte an diesem Tag nähere Bekanntschaft mit einer der wichtigsten Eigenheiten der iranischen Mentalität gemacht. *Ta'arof* ist tückisch und hat viele Spielarten, wie Rose in den folgenden Jahren noch merken sollte. Für Ausländer sind diese Höflichkeitsrituale ein nicht enden wollender Quell für Fettnäpfchen. Sie hatte ja schon in München einige erstaunliche Verhaltensformen der Iraner kennengelernt. Wie überrascht sie beim ersten Treffen mit Tabas Freundeskreis doch gewesen war, als sich beim Eintritt eines Besuchers alle Anwesenden von ihren Sitzen erhoben, und das auch jedes Mal, wenn einer der bereits Anwesenden nur kurz den Raum verließ und anschließend wiederkehrte. Eine Ausnahme bildeten lediglich alte oder gebrechliche Leute, die sich nur andeutungsweise erhoben. Rose empfand dieses Höflichkeitsritual als kreislauffördernde Abwechslung zum vielen Sitzen. Der Eintretende musste sich übrigens schleunigst in alle Richtungen verbeugen, die Hand aufs Herz legen und sich so schnell wie möglich setzen. Auch die freundliche Aufforderung »*Befarmaid!*« gefiel ihr ausgesprochen gut. Es wurde eines der ersten persischen Worte, die sie lernte. »*Befarmaid!*« passte zu so vielen Gelegenheiten und hatte mehrere kontextabhängige Bedeutungen, etwa »*Bitte treten Sie herein!*«, »*Bitte greifen Sie zu!*«, »*Nach Ihnen bitte!*« – und noch vieles anderes mehr.

Zohre bemühte sich, dem deutschen Neuling noch weitere Einführungen für »Iran-Anfänger« zu geben, um ihr den einen oder anderen Fauxpas zu ersparen. Bei *Ta'arof* handele es sich nämlich um ein komplexes System, das weit über den Austausch von Komplimenten hinausgehe. Schon bald rauchte Rose der Kopf.

»Mit *Ta'arof* bekommt man es auch zu tun, wenn man etwas zu essen angeboten bekommt«, erklärte Zohre. »Bei uns greift man niemals sofort freudig zu, sondern frühestens nach dreimaliger Aufforderung.«

»Warum das denn?«, fragte Rose.

»Es geht einfach um das gegenseitige Beharren des Anbietens und Ablehnens. Wir nennen es ›*Esrar*‹.«

Das war zwar keine wirklich befriedigende Antwort, aber Zohre fuhr bereits fort mit ihren Erklärungen:

»*Ta'arof* begegnest du auch, wenn du mal ein schönes Schmuckstück an einer Frau bewunderst. Sie wird es dir ohne mit der Wimper zu zucken als Geschenk anbieten. Das ist aber nicht ernst gemeint, Rose! Du darfst es auf keinen Fall annehmen! Das verletzt die Spielregeln und zieht heimliche Verwünschungen nach sich. Die korrekte Antwort muss lauten: ›Nein, tausend Dank, aber nur an Ihnen sieht dieses Schmuckstück schön aus.‹«

Zohre blickte Rose erwartungsvoll an, der mittlerweile ein noch größeres Fragezeichen auf der Stirn stand. Das war doch alles unlogisch!

Anschließend übten sie zusammen den richtigen Umgang mit den Floskeln, indem Zohre meiner Mutter einen Klassiker aus dem persischen Alltag vorgab:

Ehepaar A besucht B. Unangekündigt.

B: »Bah bah, tschah tschah (persische Ausrufe der Freude). *Herzlich willkommen! Wie schön, dass Sie uns besuchen, Sie bringen Freude und Ehre für uns, möge Ihr Fuß auf mein Auge treten. Ich bin ganz Ihr Diener, treten Sie ein in unser unwertes Haus. Bitte setzen Sie sich doch hier oben auf den Ehrenplatz, gleich kommt der Tee.«*

A: »Aber nein. Bemühen Sie sich nicht. Auf gar keinen Fall. Wir wollen gleich wieder gehen.«

B: »Das kommt überhaupt nicht in Frage. Der Tee ist bereits fertig. Bitte nehmen Sie hier Platz. Meine Tochter bringt ihn in einer Sekunde.«

A: »Wir haben gerade erst Tee getrunken. Vielen Dank. Es ist wirklich nicht nötig. Wir sind auf dem Sprung und wollen Ihnen keine Mühen machen. Wir wollten uns nur kurz nach Ihrem Wohlbefinden und dem Ihrer Familie erkundigen.«

B: »Bitte machen Sie uns nicht unglücklich. Das kommt überhaupt nicht in Frage. Ich bestehe darauf. Ich bin der Staub unter Ihren Füßen. Nur einen kleinen Tee, bitte. Meine alte Mutter ist sonst ganz traurig, wenn Sie gleich gehen. Bitte bleiben Sie zum Tee, zum Abendessen und über Nacht und überhaupt einige Tage. Sonst sind wir alle untröstlich. Natürlich ist unser Haus Ihrer nicht wert.«

A: »Na gut, wenn Sie meinen, aber bitte nur ein kleines

Gläschen Tee. Wir wollen überhaupt keine Umstände ver-
ursachen.«

Daraufhin tischen die Tochter und andere Frauen des
Hauses Tee, Gebäck, Obst und später mindestens drei
Gänge Abendessen auf.

In Roses Ohren klang das zwar alles irgendwie schön, aber
auch wahnsinnig anstrengend. Zohre versicherte ihr, dass
die Begeisterung, die einem von iranischen Gastgebern entgegengebracht wird, wirklich aufrichtig sei, auch unabhängig vom geforderten Ritual. Mehr als das! Niemand solle
etwa den Fehler machen, das Essen, das ihm von der Hausfrau angeboten werde, nicht anzurühren. Sie wäre tödlich
beleidigt. Iraner lieben es, Gäste zu haben, und bewirten sie
gerne.

»Wo ist denn dann aber jetzt genau die Grenze zum
Ta'arof?«, wollte Rose wissen. Noch immer war ihr das
Ganze nicht vollends klar.

»Schwer zu sagen«, meinte Zohre. »Folg deinem Herzen.
Und versuche vor allem, schnell zu lernen und zwischen
den Zeilen zu lesen. Das ist bei uns noch viel wichtiger als
bei euch! Ich fürchte, der Rest ist Glückssache.«

Sie hielt kurz inne, dann fuhr sie fort. »Jedenfalls gibt es
aufgrund dieser vielen ungeschriebenen Gesetze häufig
Missverständnisse mit Ausländern. Aber das gilt auch umgekehrt. Ich habe mich zum Beispiel in Deutschland sehr
schwer mit eurer direkten Art getan. Auch ich musste mühsam lernen, dass meine deutschen Freunde nun mal anders
denken und handeln und dass man dort erstens direkt sagen muss, was man möchte, und zweitens nicht beleidigt
sein darf, wenn der andere es einem nicht von selbst anbie-
tet.«

Zu Tisch bei den Tabatabais

Ein paar Tage war Rose nun schon bei Forugh zu Gast und fühlte sich hier immer mehr wie zu Hause. Sie genoss es, so lange schlafen zu können, wie sie wollte. Seit sie sich erinnern konnte, hatte sie immer früh aufstehen müssen, ob für die Schule, wegen der Arbeit oder um ihrer Mutter im Haushalt zu helfen. Schlafen war für sie ein süßer Luxus, und sie war dankbar, dass ihr spätes Aufstehen ihren Gastgebern nichts auszumachen schien und sie sich sogar freuten, dass sie sich erholte.

Interessiert beobachtete Rose den Alltag der Familie und stellte fest, dass vieles anders lief als zu Hause in Schwabing. Wenn sie am Vormittag aus ihrem Zimmer kam, duftete es schon im ganzen Haus nach dem Mittagessen. Forugh hatte oft bereits am Morgen angefangen, die Speisen vorzubereiten. Rose setzte sich dann gerne mit einer Tasse Tee zu ihr in die Küche und schaute ihr dabei zu, wie sie Berge von Kräutern und Gemüse putzte, die fremdartig dufteten. Der Reis wurde aufwendig ausgelesen und dafür zunächst auf einem großen Tablett ausgebreitet und gründlich von kleinen Steinchen und schwarzen Reiskörnern befreit – jemand könnte sich ja sonst einen Zahn ausbeißen! Rose war fasziniert davon, wie sorgsam Forugh den Reis zubereitete. Er wurde mehrfach ausgewaschen und dann in einem riesigen Blechtopf vorgekocht, bis er, wie man heute sagen würde, *al dente* war. Nachdem das Wasser abgegossen war, schichtete sie ihn im Topf kunstvoll zu einer Pyramide auf. Den Deckel schlug sie nun in ein Tuch ein und dämpfte den Reis auf ganz kleiner Flamme, bis er gar war. Dabei entstand am Boden des Topfes eine Art goldene Reiskruste, »*Tahdig*« genannt, die Rose besonders lieben lernte. Manchmal legte Forugh zusätzlich Kartoffelscheiben auf den Topfboden, die dann mit dem *Tahdig* zu einer festen Kruste zusammenbackten. In den anderen Töpfen bereitete Forugh köstliche Soßen und Eintöpfe zu, die ebenfalls auf kleiner Flamme viele Stunden vor sich hin köchelten und für die sie stets frische Zutaten benutzte.

Forugh war eine phantastische Köchin. Sie erzählte Rose, sie habe das Kochen von ihrer verstorbenen Mutter gelernt. »Sie war eine wahre Meisterin. Sie hat sogar die zeitaufwendigen Süßigkeiten für das persische Neujahrsfest selber vorbereitet – in ihrer rußgeschwärzten Küche mit Holzofen!«

Früher habe sie besonders gerne mit ihrer kleinen Schwester Tal'at zusammen gekocht. Tal'at war zwei Jahre jünger, und die beiden waren als Kinder und junge Frauen auch außerhalb der Küche unzertrennlich gewesen. Später hatten sie sogar zwei Brüder geheiratet, Habibollah und Morteza. Und ziemlich bald hätten sie beide ihr erstes Kind erwartet. »Es war wie im Märchen: unser Leben mit den Brüdern, die zeitgleiche Schwangerschaft … Doch dann gab es bei der Geburt von Tal'ats Kind schwere Komplikationen. Sie hätte dringend ein Antibiotikum gebraucht, das aber nicht vor Ort war. Es kam viel zu spät im Krankenhaus an. Tal'at und ihr kleiner Sohn sind beide …«

Forugh konnte plötzlich nicht mehr weiterreden, und Rose sah, dass ihr Tränen die Wangen hinunterkullerten. Nach all der langen Zeit, es mussten mittlerweile bald achtzehn Jahre her sein, konnte sie immer noch nicht darüber sprechen, ohne von den schmerzvollen Erinnerungen eingeholt zu werden.

Rose nahm Forugh in den Arm und kämpfte ebenfalls mit den Tränen.

Zweimal am Tag kam die Familie zum Essen zusammen: mittags gegen vierzehn Uhr sowie zu einem späten Dinner, das nicht vor einundzwanzig Uhr stattfand. Ganz offensichtlich spielte sich das gesamte gesellschaftliche Leben einer persischen Familie rund um den Esstisch ab, und das ganz unabhängig davon, ob man Gäste erwartete oder nicht. Forugh kochte grundsätzlich dreimal so viel, wie nötig gewesen wäre. Es könnten ja unvorhergesehene Gäste vorbeikommen – was tatsächlich häufig passierte.

Stundenlang saß man nach dem reichhaltigen Mahl zusammen, das stets aus mehreren Gängen bestand, die alle gleichzeitig angerichtet wurden und von denen sich jeder selbst nahm. Die Tischgespräche waren lebhaft, oft geistreich, auch humorvoll, und gingen kreuz und quer durch den Raum. Mal wurde politisiert, mal philosophiert, meistens ging es aber um familiäre Angelegenheiten.

Rose staunte immer wieder über die Vielfalt der Speisen, die Forugh in ihrer Küche zauberte: raffinierte Kräutersuppen mit Bohnen, deftiger Eintopf mit Fleisch, das sogenannte *Ab-guscht,* Vorspeisen aus Spinat und Joghurt oder Auberginenpaste mit Molke, Pfannkuchen aus Eiern und mit Kräutern vermengt, von denen Rose noch nie gehört hatte, köstliches *Tschelo kabab* aus aufgespießtem Lammfleisch oder auch *Djudje kabab,* ein in Safran eingelegtes und gegrilltes Stubenküken.

Und dann erst die verschiedenen Reisspezialitäten mit Kräutern, Orangen, Sauerkirschen oder Linsen und spezielle Ragouts, die man mit weißem Reis aß. Besonders angetan war Rose von *Fessendjan,* einem Ragout aus Wachtel- oder Entenfleisch mit geriebenen Walnüssen und Granatapfelsirup. Auch das *Ghorme Sabzi* mochte sie gern, eine kräftige Kräutersoße mit getrockneten Schiraz-Limetten und zartem Lammfleisch. Am liebsten hätte sie rund um die Uhr nur gegessen.

Nach kurzer Zeit bei Tabas Familie hatte sie das Gefühl, mindestens fünf Kilo zugenommen zu haben. Zwar hielt sie sich streng an die neu erlernten *Ta'arof*-Regeln und lehnte stets erst dreimal ab, bevor sie zugriff, aber schließlich aß man ja trotzdem immer etwas. Zu verführerisch waren all die exotischen Gerichte, und kaum hatte sie ihren Teller nach deutscher Sitte leer gegessen, schichtete ihr Forugh gleich wieder die nächste Köstlichkeit auf – trotz ihrer *Ta'arof*-Proteste.

Taba konnte es sich nicht verkneifen, sie auf den Arm zu nehmen: »Meine Rose isst wie ein Spatz! Das Mehrfache ihres Körpergewichts!«

Rose fand das überhaupt nicht lustig. »Was soll ich denn tun? *Deine* Nichte hat mir doch beigebracht, die Gastgeberin nicht zu beleidigen – ich darf das angebotene Essen gar nicht ablehnen! Und wenn es dann schon auf dem Teller liegt, esse ich es eben. Es ist ja auch meistens köstlich.«

Taba lachte. »Du kannst essen, so viel du willst, meine Liebe. Es ist nur so: Im Gegensatz zur deutschen Sitte gilt es hier nicht als unhöflich, etwas übrigzulassen. Im Gegenteil: Ein leerer Teller ist für eine persische Gastgeberin immer ein sicheres Zeichen dafür, dass der Gast noch hungrig ist. Sie *muss* dann noch nachlegen.«

Rose hätte also essen können, bis sie platzte – die treusorgenden Perser hätten ihren Teller immer aufs Neue gefüllt.

Das Dessert aus frischem Obst und einer Tasse Tee reichte Forugh oft im sogenannten *Korsi*-Zimmer, einer Art zweitem Wohnzimmer. Die orientalische Besonderheit des *Korsi* ähnelte entfernt einem deutschen Kaminzimmer. Das *Korsi* war ein großer Tisch mit kurzen Beinen, um den herum lauter Sitzkissen, sogenannte *Poschti,* gruppiert waren. Über den Tisch wurde eine weit über den Boden reichende, zumeist wattierte Decke gebreitet, die wiederum mit einem Tischtuch bedeckt wurde. Unter dem Tisch glimmte ein Holzkohlefeuer in einem speziellen Becken. Die ausgestrahlte Wärme konnte durch die Decke nicht entweichen und wärmte die Beine, die man gemütlich unter den Tisch ausgestreckt hatte. Den Rücken kuschelte man an die *Poschti.*

Ein *Korsi* wurde im kalten Winter in einem eigenen Zimmer aufgebaut. Rose fand, dass es eigentlich keinen besseren Ort gab, um mit vollgeschlagenem Bauch ein wenig vor sich hin zu dösen. Viele Stunden verbrachte sie am *Korsi* und sah dabei zu, wie die anderen sich bei Backgammon oder beim Kartenspiel die Zeit vertrieben, Tee tranken oder ein Nickerchen hielten. Manchmal wurde auf dem *Korsi* auch das Baby Setareh gewickelt. Es war so gemütlich, dass Rose häufig einschlief, inmitten des Schnarchens der anderen.

Taba nannte das Korsi-Zimmer »*Tanbal-Chaneh*«, wörtlich am besten mit »Faulenzer-Zimmer« zu übersetzen. Damit hatte er sicher recht, denn saß man erst einmal da, hatte man so schnell keine Lust mehr, aufzustehen.

Teheraner Stadtbummel

Sooft es ging, begab sich Rose raus auf die Straße und erkundete die Gegend. Schon bald sollte es weiter aufs Land gehen, und daher wollte sie vorher noch so viel wie möglich von Teheran sehen.

Forughs Haus lag in einer lebhaften Gegend. Neben unzähligen Autos, Motorrädern und fliegenden Händlern sah sie dort auch Esel, die vollbepackte Karren hinter sich herzogen. Bis zu den Zentren der Stadt – der Ferdousi-Straße, der Manutschehri-Straße, der Tacht-e-Djamschid, der Schahstraße oder sogar bis zum Bazar – war es nicht weit, Rose konnte günstig mit dem Bus oder dem Taxi dorthin fahren.

Natürlich fiel Rose überall auf, wo sie auftauchte. Sie war mindestens einen Kopf größer als die meisten iranischen Männer, ganz zu schweigen von den Frauen. Zudem war sie ohne Begleitung unterwegs, ein Umstand, der hier als nicht ganz so schicklich angesehen war. Sie wunderte sich zwar darüber, wenn ihr öfter irgendetwas hinterhergerufen wurde, machte sich aber anfangs nicht viel daraus, weil sie den Inhalt noch nicht verstand.

Weder Zohre noch Taba hatten wirklich Lust, Rose zu begleiten. Wenn sie nicht gerade selber etwas in der Stadt zu erledigen hatten, sahen sie einfach keinen Sinn darin, in den schmutzigen, lärmenden Straßen Teherans spazieren zu gehen. Die Tabatabais gehörten zu Roses Glück zu den liberalen Familien im Iran, außerdem wusste Taba, dass Teheran im Großen und Ganzen eine sichere Stadt war, und so versuchte er deshalb erst gar nicht, seiner unternehmungslustigen Freundin ihre langen Spaziergänge auszureden.

Er hätte es vermutlich auch nicht geschafft. Rose war viel zu neugierig auf das Leben da draußen, um die Tage gänzlich im Haus zu verbringen. Rasch arrangierte sie sich deshalb mit dem Gepfeife und Gezische der Teheraner Männer. Diesen seltsamen Bekundungen konnte sie nur selten ausweichen, denn die Männer fühlten sich offenbar durch die bloße Anwesenheit einer Frau, die alleine unterwegs war, noch dazu als Ausländerin, dazu provoziert, dumme

Sprüche zu klopfen. Das ahnte Rose jedenfalls – verstehen konnte sie es zum Glück noch nicht.

Ungleich spannender als die pfeifenden Männer war das Bild, das sich Rose im Teheraner Straßenverkehr bot: Die Verkehrspolizisten hatten hier nämlich definitiv mehr zu tun als in München. Sie mussten den Verkehr ebenso für Straßenkreuzer amerikanischer Bauart regeln wie für die schwerbeladenen Lastenträger – Männer, die auf ihren Rücken oft gleich mehrere Teppiche oder Kisten trugen. Zwischendrin sah man auch Esel und gelegentlich sogar noch einen Hirten mit seiner Schafherde. Und im Hintergrund sah man stets das Elburs-Gebirge mit dem majestätischen Damavand.

Vor allem in den ersten Tagen erschien Rose alles so unwirklich: das Panorama, das Licht, die Gerüche. Nein, hier war nichts wie in Schwabing.

Besonders freute sie sich, wenn sie eine Kamelkarawane sah, was immer wieder mal vorkam. Sie mochte den dunklen Klang ihrer Glocken, und der majestätische Gang der Tiere versetzte sie in ihrer Phantasie in die Wüste. Die Wüste, das war etwas, wonach sie sich sehnte: Sie wollte unbedingt einmal diese großartige Einsamkeit und Weite spüren und in der Nacht einen funkelnden Sternenhimmel erleben.

Was Rose in Teheran zunächst etwas überforderte, waren all die singenden Derwische und Bettler, die sie um Almosen baten. Anfangs gab Rose noch jedem mitleidig eine Münze und freute sich, wenn ihr die Beschenkten in blumenreicher Sprache Segnungen und ein langes Leben wünschten. Bald musste sie aber erkennen, dass es einfach zu viele waren, um jedem etwas geben zu können.

Auf dem Bazar und in den Einkaufsstraßen bewegten sich

ganz unterschiedliche Frauen. Sie begegnete eleganten, unverschleierten Iranerinnen in figurbetonenden Kostümen, Mänteln der neuesten Pariser Mode und auf hochhackigen Pumps. Aber sie sah auch Frauen im schwarzen oder hellen, kleingeblümten Tschador, dem traditionellen bodenlangen Schleiertuch.

Meistens schienen aber die Männer für die Familien auf dem Bazar einzukaufen. Rose schaute ihnen dabei zu, wie sie fachmännisch mit den Händlern um den Preis und die Qualität von Fleisch, frischem Gemüse, Gewürzen oder Joghurt in blauen Keramikschüsseln feilschten. Feste Preise gab es hier auf dem Markt offenbar nirgendwo. Sie malte sich aus, wie viel Erfolg sie in München wohl hätte, wenn sie auf dem Viktualienmarkt mit einer der Standlfrauen um den Preis ihrer Schwammerl feilschen würde.

Durch das dichte Menschengedränge hörte man den Singsang der Marktschreier und das Hämmern der Handwerker, die Gefäße aus Messing und Kupfer in Handarbeit herstellten. Teppichhändler hatten ihre neuesten Werke auf dem Boden vor ihren Läden ausgelegt. Die Passanten liefen drüber, und Rose fragte sich, wieso die Händler ihre edlen Stücke so lieblos dem Verschleiß preisgaben. Sogar auf die Straße legten sie die Teppiche und ließen Autos darüberfahren. Rose konnte sich einfach nicht vorstellen, dass die Ware davon besser wurde. Später erfuhr sie, dass die Händler dies taten, damit die Teppiche schnell Patina bekamen und einen höheren Preis erzielten – vor allem bei ausländischen Kunden.

An jeder Ecke fanden sich Krämer, deren winzige Läden bis unter die Decke vollgestopft schienen und in denen man von der Zahnpasta bis zum Damenpullover offenbar alles erhielt. Fasziniert beobachtete Rose auch das Treiben in den zahlreichen Bäckereien, die zwei bis drei verschiedene Brotsorten anboten, die sie bald voneinander unterscheiden konnte: *Sangak* gab es überall, ein Fladenbrot, das auf heißen Steinen gebacken wurde und bei dem man darauf achten musste, sich nicht an einem kleinen Stein, der sich hineingeschmuggelt hatte, einen Zahn auszubeißen. *Lavasch* war ein hauchdünnes Brot, *Barbari* hingegen war dicker und hatte eine goldgelbe Farbe.

Bemerkenswert war, dass jedes Brot vor den Augen der Kunden frisch zubereitet wurde. Dabei wirbelten die Bäcker den Teig kunstvoll in der Luft, bis er wie durch ein Wunder die richtige Form erhielt und dann per Hand in einem kuppelförmigen Lehmofen an die Wand geklatscht wurde. Dort blieb der Teig erst mal kleben, bevor er sich nach kurzer Zeit von der Ofenwand löste und vom Bäcker geschickt aufgefangen wurde. Damit war die erste Seite des Fladens fertig. Jetzt wurde er mit der anderen Seite an die Ofenwand geworfen. Dies alles ging innerhalb weniger Minuten über die Bühne, dann war das Brot fertig und wurde noch heiß in Zeitungspapier gewickelt und den Kunden gereicht, die geduldig in langen Schlangen vor den Bäckereien warteten.

Im Teheran der ausgehenden fünfziger Jahre standen die Zeichen auf Aufbruch: Überall wurden neue Straßen angelegt und moderne Häuser gebaut, um aus der rückständig anmutenden Stadt so schnell wie möglich eine moderne Metropole nach westlichem Vorbild zu machen. Die Pahlawi-Straße, eine der Hauptachsen der Stadt, die Teheran in ein östliches und ein westliches Gebiet teilte, wurde in nördlicher Richtung bis an den Fuß der Berge verlängert. Allerorten konnte man Arbeiter sehen, die mit Hacke und Schaufel den Lehmboden bearbeiteten. Noch stand eines der wenigen Hochhäuser der Stadt, das Hilton-Hotel, recht einsam in der Gegend herum. *Ein merkwürdiger Fremdkörper*, dachte Rose, als sie mit Taba zum ersten Mal daran vorbeifuhr. Doch das sollte sich bald ändern.

Teheran war flach und weitläufig, und man konnte sich kaum vorstellen, dass hier wirklich anderthalb Millionen Menschen lebten. Die meisten Häuser waren zu Roses Enttäuschung im Grunde recht unspektakulär und neuerer Bauart. Nur selten entdeckte sie an den Häuserfassaden noch alte Kachelarbeiten in leuchtend blauen, gelben oder grünen Farben.

Die Straßen wurden von zahlreichen Platanen gesäumt, einer in Persien typischen Baumart, die hier *Tschenar* genannt wurde und im Sommer viel Schatten spendete. Entlang der Bordsteine waren schmale offene Kanäle angelegt.

»Das sind Dschubs«, erklärte Taba Rose, als sie wieder einmal an einem dieser Kanäle vorbeifuhren. »In denen plätschert das Wasser aus dem Gebirge in die Stadt herunter. Viele Anwohner nutzen diese Kanäle für den Wasserbedarf ihrer Haushalte.«

Offensichtlich wurden die Kanäle allerdings auch zur Entsorgung von Abwasser und Abfall genutzt, was Rose weniger toll fand, allein schon wegen des gewöhnungsbedürftigen Geruchs, den manche der Kanäle verbreiteten.

Wenn man den Kopf ein wenig hob, sah man von fast jedem Punkt der Stadt aus im Norden die Viertausender des Elburs-Gebirges, steil und hoch ansteigend und von glänzendem Schnee bedeckt. Das beeindruckte Rose ganz besonders – das war noch mal was ganz anderes als die Alpenkette in der Ferne bei Fönwetter. Später, im Teheran der siebziger Jahre, während meiner Kindheit, konnte man die Berge leider oft nur noch unter einer Dunstglocke erahnen. Und heute, wo Teheran sich zu einer Sechzehn-Millionen-

Metropole mit zahllosen Hochhäusern gewandelt hat, sieht man die Berge von der Stadtmitte aus fast überhaupt nicht mehr. Aber damals, als Rose ihre Erkundungsgänge unternahm, konnte man sich sogar in der Südstadt, die außerhalb des Zentrums und weit unterhalb der Berge lag, praktisch nie verirren. Man musste nur die Gipfel im Norden als Kompass benutzen.

Dorthin, in die alte Südstadt, nahm Taba sie einmal mit, um ihr den größten Bazar der Stadt zu zeigen und sie bei dieser Gelegenheit seiner alten Tante, der Ameh Djun, vorzustellen. Sie bewohnte zusammen mit ihrer einzigen Tochter Scharif-ol Sadat ein uraltes Haus in der Gegend nördlich des Bazars.

Hier erlebte Rose ein völlig anderes Teheran, eines, in dem die Zeit stehengeblieben war. Die Mauern der Häuser waren aus Lehm und die Fassaden zur Straße hin fast alle fensterlos. Durch das Labyrinth aus engen Gassen und Gässchen konnten sich nur Fußgänger oder Mopedfahrer zwängen.

Taba führte Rose zu einer niedrigen, mit Eisenknöpfen beschlagenen Holztür. An der hingen zwei Türklopfer. »Warum zwei?«, fragte Rose spontan. »Nun ja – einen für männlichen und einen für weiblichen Besuch«, antwortete Taba und schmunzelte. »Sie geben jeder einen unterschiedlichen Laut von sich. So weiß man gleich, wer draußen steht.«

Und wenn ein Mann und eine Frau zusammen kommen, so wie jetzt?, fragte sich Rose, aber da hatte Taba bereits einen der Türklopfer bedient, und eine Stimme rief von innen heraus: »*Ki ä?* – Wer da?«

»Wir sind es, Ameh Djun. Dein Neffe Modjtaba.«

Auf Roses erstaunten Blick erklärte er, dass es hier, im

traditionellen Teil Teherans, als unschicklich galt, sich laut mit einem Frauennamen erkennen zu geben. »Wenn du also mal ohne mich herkommst, ruf auch ›Modjtaba‹, aber benutz den Türklopfer für Frauen.«

Das war wieder mal eine persische Besonderheit. Aber an so was hatte sich Rose inzwischen schon einigermaßen gewöhnt.

Die Tür ging auf, und eine Frau in einem geblümten Tschador begrüßte sie. Ihr hennagefärbtes Haar lugte unter dem Kopftuch hervor. Es war die Tochter von Ameh Djun, und sie freute sich sehr über den Besuch ihres Lieblingscousins, der sogar seine ausländische Freundin mitgebracht hatte.

Rose betrat zum ersten Mal ein typisches altpersisches Haus. Es war eine kleine Idylle mit Atrium und einem *Hous* – einem runden Wasserbecken in der Mitte mit Goldfischen darin, das von Orangenbäumen gesäumt war, deren Zweige wegen der reifen Früchten tief herabhingen. Neben dem *Hous* stand eine einfache Holzpritsche, die mit einem *Kelim* (Wandteppich) und einigen *Poschti* (Rückenkissen) versehen war, was auf den Lieblingsaufenthaltsort der Bewohnerinnen schließen ließ.

Rose und Taba folgten der Gastgeberin über den offenen Innenhof, der hier *Hayat* genannt wurde, und durch einige Zimmer, die um diesen herum angelegt waren. Schließlich erreichten sie den Gästeraum, in dem sie bereits von Ameh Djun erwartet wurden.

Die Zimmer waren klein und sparsam möbliert. Die Stelle von Regalen und Schränken nahmen gemauerte Nischen ein, in denen Lampen und Gebrauchsgegenstände standen. Schlafmatten und Bettzeug waren in großen Bündeln zusammengefasst und an die Wände gelehnt. Man kam hier offenbar auch ohne Möbel wunderbar aus.

Ameh Djun war Tabas Tante väterlicherseits und das älteste weibliche Mitglied der Familie. Als solche war sie hoch geachtet. Die Geschwister legten jeden Monat Geld zusammen, um sie und ihre Tochter zu unterstützen. Es war augenscheinlich, dass sie an Taba besonders hing und sich sehr über seinen Besuch freute.

Sie blieben den ganzen Tag. Rose musste unweigerlich daran denken, dass diese würdevolle alte Dame mit ihrem kleinen einfachen Haus und allen sonstigen Zeichen einer anderen Zeit wohl bald von der modernen, hektischen Großstadt überrollt werden würde. Umso mehr freute sie sich, dass sie selbst noch einen Eindruck von all dem bekommen durfte, und saugte alles begierig auf, was man schon ein paar Kilometer weiter nördlich als altmodisch abtat.

Natürlich durfte in den zwei Wochen in Teheran ein touristisches Programm für Rose nicht fehlen. Zohre und Taba zeigten ihr die Sehenswürdigkeiten der Stadt und der Umgebung. Da gab es den Golestan-Palast mit seiner Fassade aus blauen gekachelten Fresken und prächtigen Spiegelmosaiken. Seit Jahrhunderten war er Amtssitz und Residenz der regierenden Schahs und lag inmitten einer schönen Gartenanlage. Er war ehemals der Mittelpunkt der alten Stadt Teheran gewesen. Ihre Stadtführer zeigten Rose auch die legendären Kronjuwelen, den Pfauenthron und einen der größten Diamanten der Welt, den *Darya-ye nour,* der in der Bank Melli ausgestellt wurde. Sie besuchten auch das Archäologische Museum und die Schah-Moschee am Eingang des Bazars mit ihrer türkisfarbenen Kuppel und den Blumenkacheln auf gelbem Grund.

Besonders erstaunlich fand Rose die Schlafstätte des vorherigen Reza Schah, die aus einer einfachen Matratze auf dem Boden bestand. Ein König schläft auf dem Boden?

»Das war gar nicht so ungewöhnlich«, erklärte ihr Taba. »Reza Schah war ja keineswegs von adeliger Herkunft, sondern er stammte ursprünglich aus bescheidenen Verhältnissen. Und seine einfachen Schlafgewohnheiten hat er sich halt bis zum Lebensende bewahrt.«

Einmal machten sie auch einen Tagesausflug in die Stadt Qom. Aufgrund zahlreicher Grabstätten persischer Könige und schiitischer Heiliger war sie ein bedeutender Wallfahrtsort. Die imposante Moschee von Qom mit ihrer goldenen Kuppel und ihren üppig verzierten blauen Minaretten sah man weithin leuchten. So etwas hatte Rose noch nie gesehen.

Bevor Taba nach Schodja-Abad abreiste, überredete Rose ihn noch, mit ihr in das Innere einer Moschee zu gehen. Das war gar nicht so einfach, denn der Zugang zu den meisten Moscheen und islamischen Heiligtümern war Nichtgläubigen streng verboten. Taba fürchtete großen Ärger, falls sie aufflogen. Aber sie ließ nicht locker.

Schließlich wurde Rose in einen ausgeliehenen Tschador gehüllt, und Taba nahm sie mit nach Rey, einer alten Stadt im Teheraner Süden. In der Schah Abdol Azim Moschee zog Rose sich den Tschador so tief ins Gesicht, dass nur noch eines ihrer Augen zu sehen war. Sie versuchte, sich so klein wie möglich zu machen, und lief mit klopfendem Herzen durch den Innenhof. Fasziniert beobachtete sie all die gottesfürchtigen Männer und Frauen. Mit klagenden Stimmen standen sie dichtgedrängt vor einem Schrein und klammerten sich an das Gitter aus purem Silber, das im Lauf von Jahrhunderten vom Betasten unzähliger Hände geradezu glattpoliert war. Dem dort begrabenen Heiligen trugen sie ihre Wünsche vor, oder sie beweinten ihr Schicksal.

So spannend das alles für Rose war – etwas mulmig war

ihr schon zumute in dieser für sie eigentlich verbotenen Umgebung. Meinem Vater ging es nicht anders. Wieder im Freien, waren beide erleichtert, dass ihr Abenteuer gutgegangen war.

Die Tage in Teheran vergingen wie im Flug. Einen Besuch aber durfte sich Rose auf keinen Fall entgehen lassen: Bei einem ihrer Stadtbummel wollte sie unbedingt noch beim brandneuen »Foruschgah-e Ferdousi« vorbeischauen, dem modernen Luxuskaufhaus deutscher Bauart, dessen Aufbau sie bei der Firma Hayler in München selbst mitverfolgt hatte. Auch wenn den Einheimischen bei den horrenden Preisen, die im Kaufhaus verlangt wurden, vor Erstaunen die Münder offen stehen blieben und sich nur wohlhabende Iraner diesen Luxus leisten konnten, hatte doch fast jeder hier von dem Bau gehört. Die breiten, aufwendig dekorierten Schaufenster und die über fünf Stockwerke reichende Rolltreppe waren etwas vollkommen Neues für die Teheraner, und so sprach sich die Eröffnung schnell herum.

Erstaunt war auch meine Mutter – allerdings weniger vom Kaufhaus. Nein, zu ihrer Überraschung traf sie im »Foruschgah-e Ferdousi« Fräulein Horbach, die gestrenge Chefsekretärin der Firma Hayler. Sie war vor kurzem nach Teheran geschickt worden, um die Geschäfte der Firma zu überprüfen.

Die Wiedersehensfreude war groß, und nachdem beide sich herzlich umarmt hatten, führte Fräulein Horbach Rose stolz im Kaufhaus herum. Sie durfte sich im Betrieb umschauen und war überrascht, wie gut viele der dort angestellten Perser Deutsch sprachen. Es waren sogar einige darunter, die so gut sprachen, dass man glauben mochte, Muttersprachler vor sich zu haben. Rose war so begeistert, dass sie noch am selben Tag ihrem früheren Chef einen kurzen Brief schrieb und dabei gewohnheitsmäßig einen kleinen Rapport ihres Besuchs bei Fräulein Horbach und über den Status quo des Projekts gab.

Überhaupt war Rose erstaunt über die Begeisterung der Perser für alles Deutsche, nicht zuletzt für deutsche Technik. Der verheerende Missbrauch dieser technischen Perfektion durch die Nazis spielte bei ihnen offenbar keine große Rolle.

Ein Beispiel dafür bot sich ihr mit dem Hauptbahnhof von Teheran. Dieser galt als Meisterstück deutscher Ingenieurskunst. Erbaut wurde er von einem deutschen Architekten in den dreißiger Jahren. Als Roses Blick zufällig zur Decke des Saales hinaufwanderte, vermeinte sie im Kassettenmuster dort oben Hakenkreuze zu erkennen. War das möglich? Warum hatte man diese ominöse Dekoration überhaupt geduldet und nicht zumindest längst schon entfernt? Der Untergang des Dritten Reiches hatte die Bahnhofsverwaltung offenbar nicht sonderlich interessiert. Vielleicht hielten sie die Hakenkreuze ja auch nur für hübsche Verzierungen.

Während Rose noch einige Tage bis zu ihrer Abreise in Teheran blieben, war Tabas Zeit gekommen: Er musste nach Schodja-Abad aufbrechen. Seine Arbeit dulde keinen weiteren Aufschub, und er habe allerhand für ihre Ankunft vorzubereiten, erklärte er und lächelte.

Rose gefiel der Gedanke zunächst nicht, nun allein in der Stadt zurückzubleiben. Doch ihr Unbehagen war nur von kurzer Dauer. Bei Forugh und ihrer Familie fühlte sie sich kaum noch fremd. Im Gegenteil, sie hatten einander schon richtig lieb gewonnen. Und inzwischen waren ihr auch schon einige Gesichter vertraut.

Der grüne Norden

Die letzten Tage in Teheran vergingen in Windeseile. Ende Januar 1958 war es dann so weit: Es ging in den Norden.

Rose wurde von einer ganzen Entourage begleitet: von Tabas ältestem Bruder Zia, seiner Frau Houri, deren Sohn Ali und Zias ältester Tochter Heli, ihrer kleinen Schwester Goli und einem Kindermädchen. Sie alle fuhren mit, um Tabas Gast aus Deutschland sicher nach Schodja-Abad zu bringen.

Die transiranische Eisenbahn, mit der sie fuhren, führte vom Persischen Golf im Süden des Landes bis in den Norden zum Kaspischen Meer. Nach zwei Wochen Teheraner Stadtluft und unendlich vielen, langen Besuchen und Einladungen war Rose überglücklich, nun endlich mit eigenen Augen das Land zu entdecken, über das sie bisher nur in Büchern, wie in *Persische Reise* von Robert Paynes, gelesen hatte.

Rose und die anderen teilten sich miteinander ein kleines Abteil, aber für Gespräche hatte sie jetzt gar keine Zeit – sie sah fast die ganze Fahrt nur gespannt aus dem Fenster.

Zu Beginn fuhren sie stundenlang am Rande der Salzwüste entlang, vorbei an verlassenen Dörfern und verfallenen Karawansereien, die sich mit ihren Mauern und Kuppeln aus Lehmziegeln kaum vom erdfarbenen Einerlei ihrer Umgebung abhoben. Am geöffneten Zugfenster schloss Rose ihre Augen und ließ sich die warme Wüstenluft ins Gesicht blasen.

In der Ferne konnte sie ab und an eine Kamelkarawane vorbeiziehen sehen. Sie versuchte sich vorzustellen, wie man wohl früher hier entlanggeritten sein mochte, lange bevor es Autos, Züge oder Flugzeuge gab. Wie gerne würde sie selbst einmal mit einer Karawane durch das Land ziehen.

Bald darauf erreichten sie das Gebirge. Immer höher fuhren sie die verkarsteten Berge hinauf, entlang staubiger Landstraßen und schließlich an schwindelerregend tiefen Schluchten vorbei, die sich unmittelbar neben den Schienen auftaten.

Es dauerte nicht allzu lange, bis sie den höchsten Punkt der Strecke erreichten. Rose stockte der Atem. Was für ein Anblick! Es schien, als seien die Berge so hoch, dass sie die Regenwolken aufhielten. War die Landschaft auf der südlichen Seite des Elburs bis vor kurzem noch steinig und öde gewesen, zeigte sich jetzt bei der nördlichen Abfahrt ein zarter grüner Flaum auf den Berghängen, der immer dichter wurde. Auf der zum Kaspischen Meer hin gelegenen Seite wurde die Vegetation immer üppiger, und nach einigen wenigen Biegungen waren sie schon von sattem Grün umgeben: Erst einzelne, dann immer mehr Bäume belebten die Landschaft, bald bildeten sie Gruppen und nach kurzer Zeit dichte Wälder, aus denen Nebelschwaden hochstiegen. Eine andere Welt! Die Luft war feucht und schwer, keine Spur mehr vom trockenen Wüstenwind. Kaum zu glauben, dass es dasselbe Gebirge war.

Die Talfahrt ging weiter, und nun zogen an Roses Abteilfenster ausgedehnte Reisterrassen vorbei, Weizen- und Kleefelder mit jungem, sprießendem Grün und mit Obst- und Nussbäumen. Die Häuser der Dörfer waren hier nicht mehr aus Lehm, sondern aus Holz. Sie hatten schindelgedeckte Giebel- statt Flachdächer und fruchtbare Gärten, die meist von Zäunen anstelle von hohen Lehmmauern begrenzt waren.

Roses Blick aus dem Fenster wurde ab und an von den manchmal ziemlich langen Tunnels unterbrochen. Zia erzählte ihr, dass diese eigens für die Eisenbahn gebaut worden waren, genau wie die hochmodernen Brücken, die sie in schwindelnden Höhen über Täler und Abgründe führten.

Zia schien überhaupt alles über seine Heimat zu wissen und konnte Rose mit vielen interessanten Geschichten über Land und Leute beeindrucken. Als sie, noch auf der Südseite der Berge, eine besonders imposante Bogenbrücke überquerten, erklärte er gut gelaunt, dass es sich hierbei um die berühmte Veresk-Brücke handele. Sie sei in den dreißiger Jahren unter Reza Schah von deutschen Ingenieuren konstruiert worden. Bei der feierlichen Eröffnung sei der Schah persönlich vor Ort gewesen. Der Herrscher war für seine handfesten Methoden bekannt, und beim Anblick der filigran wirkenden Brücke ordnete er eine ungewöhnliche Jungfernfahrt an: Der Architekt höchstpersönlich solle sich mitsamt seiner Ehefrau und seinen Kindern unter die Brücke stellen, während der erste Zug darüber fuhr. Somit könne er am besten den Beweis antreten, dass seine Konstruktion sicher sei. Jede Schlamperei werde er teuer bezahlen …

Rose empfand noch nachträglich Mitgefühl für den armen Mann, der sich die Einweihung seines Meisterwerkes bestimmt ganz anders vorgestellt hatte, als währenddessen mit seiner Familie ängstlich unter der Brücke zu stehen. Immerhin ging alles gut: Das Bauwerk war stabil genug gebaut und ermöglichte bis heute eine sichere Überquerung des Elburs.

Zia erzählte Rose, dass deutsche Ingenieure, deutsche Gründlichkeit und deutsche Zuverlässigkeit im Iran traditionell hoch geschätzt und bewundert würden. Reza Schah war von den Deutschen besonders angetan. Er hatte daher Tausende junge Iraner auf Staatskosten zum Studieren nach Deutschland geschickt, damit aus ihnen genauso gründliche und zuverlässige Ingenieure würden. Unter diesen Studenten war auch Zias Bruder Mostafa gewesen, der einige Jahre in Köln und Berlin gelebt und studiert hatte. Zia schwärmte, man hätte sich schon immer auf die Deutschen verlassen können und es sei kein Wunder, dass Deutschland heute der größte Handelspartner des Iran sei.

Rose war diese ganze Lobhudelei unangenehm. Aber sie sagte nichts.

Es war ihr bereits bei diversen Unterhaltungen aufgefallen, dass Deutsche im Iran viel beliebter waren als Engländer, Amerikaner oder Russen. Und dann hatte das Land 1935 auch noch einen neuen Namen bekommen: Aus *Persien* war *Iran* geworden, was übersetzt nichts anderes als »Land der Arier« bedeutete. Die neue Bezeichnung bezog sich zwar auf die Zeit des alten achämenidischen Perserreiches und war somit viel älter als das Dritte Reich und seine »arischen« Auswüchse, aber komisch klang es trotzdem, fand Rose und nahm sich vor, bald mehr darüber herauszufinden.

Obwohl sie schon einige Bücher über Persien gelesen hatte, gab es natürlich vieles, zumal Politisches, wovon meine Mutter damals noch nichts wusste. Dass zum Zeitpunkt ihrer Reise die Zeit von Reza Schah der Vergangenheit angehörte, war ihr natürlich klar. Aber vom Sturz des beliebten, demokratisch gewählten Ministerpräsidenten Mohammad Mossadegh, der fünf Jahre zuvor stattgefunden hatte, hatte sie nie etwas gehört. Mossadegh hatte es gewagt, die iranischen Ölquellen zu verstaatlichen. Den Westmächten, die beim Öl ihre Finger im Spiel hatten und bis dahin nur knapp zwanzig Prozent ihrer Gewinne an den iranischen Staat abgeben mussten, war das natürlich ein Dorn im Auge.

Heute weiß man, dass die sogenannte *Operation Ajax* damals vom CIA und dem englischem Geheimdienst durchgeführt wurde, woraufhin der bereits aus dem Land geflohene junge Schah, der Sohn des alten Reza Schah, wieder eingesetzt wurde. Viele Iraner, vor allem die Anhänger von Mossadegh, verziehen es dem Schah nie, dass er mit den Amerikanern und Engländern gemeinsame Sache gemacht hatte, um auf dem Thron zu bleiben, und anschließend die Verstaatlichung der Ölquellen wieder zurücknahm. Auch in meiner Familie vergaß man nie, dass Forughs Mann als Sympathisant Mossadeghs einige Monate unter Hausarrest gestellt und schikaniert worden war. Zwanzig Jahre später sollte meine Tante für die Absetzung des Schahs beten.

Die Deutschen hatten sich aus alledem herausgehalten und sich eher aufs Geschäftemachen konzentriert. Das hatte ihrem Image zumindest nicht geschadet. Und so wurzelte die große, ja nahezu kritiklose Bewunderung, die ihnen von vielen Iranern entgegengebracht wurde, höchstwahrscheinlich auf der Tatsache, dass die Deutschen wenigstens in dieser Region der Welt die Gelegenheit hatten verstreichen lassen, sich genauso unbeliebt zu machen wie die Besatzungsmächte England und Russland und die sich immer wieder in die iranische Politik einmischenden Amerikaner. An ihnen allen ließen viele Iraner damals kein gutes Haar.

Die Schattenseiten des Dritten Reichs und die Verbrechen des NS-Regimes indes spielten im Iran keine große Rolle. Über Hitler hieß es meist, er sei halt ziemlich durchgedreht gewesen, außerdem machte man sich gerne über seinen Sprachduktus lustig. Rose wusste nicht recht, wie sie sich verhalten sollte, wenn die Gespräche auf dieses Thema kamen. Sollte sie nicht darauf hinweisen, wieviel Unglück Hitlers Größenwahn über ihr Land und fast die ganze Welt gebracht hatte? Aber mit ihren zwanzig Jahren und ihrer angeborenen Schüchternheit traute sie sich nicht, sich auf politische Diskussionen einzulassen.

Mittlerweile hatten die Reisenden Bandar Schah erreicht, eine verschlafene Hafenstadt am Kaspischen Meer und die Endstation ihrer Zugreise. Rose konnte hier zum ersten Mal einen Blick auf das Kaspische Meer erhaschen, das sich ruhig und türkisblau bis zum Horizont erstreckte. Am Bahnhof wartete Taba bereits mit seinem alten Land Rover auf sie.

Diesen Land Rover liebte mein Vater über alles. Er war praktisch mit ihm verwachsen. Man konnte mit dem Wagen zwar nur gefühlte sechzig Sachen fahren und er hatte auch eine ausgesprochen harte Federung, aber er war absolut zuverlässig.

Als Kinder glaubten wir sogar, dass der Land Rover magische Kräfte besäße. Mein Vater hatte uns immer mal wieder von einem zusätzlichen »Luft-Gang« erzählt, der dem Wagen aus knifffligsten Situationen heraushelfen könne. Damit habe er ihn schon mal aus einem Sumpf gezogen. »Ich mag nun mal sein Lied«, pflegte er immer über sein treues Gefährt zu sagen und meinte damit sozusagen den Gesang des Motors.

Taba war die Aufregung anzusehen. Nun würde er seiner Rose endlich Schodja-Abad zeigen können. Sie war überglücklich, ihn wiederzusehen. Ganz artig gaben sie sich zwei Küsschen auf die Wangen – Rose wusste ja mittlerweile, dass vor den Augen der Familie nicht mehr drin war. Aber sie konnte erahnen, wie sehr auch Taba sich freute. Während sie alle zusammenstanden, blickte er verlegen zu Boden und hatte dabei wieder sein schelmisches Grinsen im Gesicht.

Auf staubigen, mit Schlaglöchern übersäten Schotter- und Sandpisten fuhren sie nun durch die Ebene von Gorgan, die jetzt, zum Frühlingsanfang, bereits einem einzigen blühenden Garten glich. Jedes Mal, wenn sie einen Laster oder ein noch langsamer fahrendes Auto überholten, was durchaus vorkam, mussten alle Fenster hochgekurbelt werden, um nicht die Staubwolke vom Vordermann abzubekommen. Streckenweise erinnerte die Straßenoberfläche an gewelltes Blech, so uneben war sie. Dann holperte und rumpelte der Land Rover besonders stark, und Rose musste sich festhalten. Als sie die nächste Stadt erreichten, war ihre Kleidung bereits von einer Staubschicht bedeckt, trotz allen Fensterschließens.

In Gorgan hatte Taba einige Jahre seiner Jugend verbracht, als er nach dem Tod seiner Eltern zu seinem zwölf Jahre älteren Bruder Schodja gezogen war, der dort im Tabakministerium arbeitete. Er war erst vierzehn Jahre alt gewesen, als sein Vater starb; seine Mutter starb ein Jahr später. Schodjas junge Ehefrau Malih war kaum älter als Taba. Sie wurde zu seiner engsten Vertrauten, fast so wie eine Schwester.

Gorgan war eine kleine Provinzhauptstadt, deren Stadtbild von Zypressen und Orangenhainen geprägt war. Es gab eine geschäftige Hauptstraße, auf der sich viele kleine Krämerläden, die *Dokkan*, aber auch einige größere Geschäfte aneinanderreihten, außerdem einen lauten, engen Bazar und das obligatorische Reza-Schah-Denkmal. Rose hatte bisher in jedem Städtchen, das sie passiert hatten, eines gesehen.

Das alte Stadtviertel erschien Rose viel reizvoller als die neugebauten Stadtteile; dort gab es noch Häuser mit roten Dachziegeln und Gartenmauern, die mit blühenden Hecken bewachsen waren.

In Gorgan machten sie kurz Rast, bevor sie auf der holprigen Landstraße weiter nach Fazelabad fuhren, immer am Fuße der Berge entlang, die sich zur Rechten erhoben und mit ihren in der Sonne glitzernden schneebedeckten Gipfeln einen grandiosen Anblick boten. Überall war Wald. Er lichtete sich nur in den Tälern und dort, wo es Dörfer mit angelegten Feldern gab. Rose konnte sich an der Pracht kaum sattsehen.

Wenn die Landstraße sie durch ein Dorf führte, musste Taba höllisch aufpassen und den Fuß vom Gaspedal nehmen. Dort liefen Hunde, Pferde, Hühner, Kinder und Erwachsene in wildem Durcheinander herum, und er gab acht, dass ihm keiner vors Auto lief.

Nach einer Weile fuhren sie durch einen Ort, der gepflegter und wohlhabender als die vorigen Orte wirkte.

»Das ist Qoroq, ein Armenier-Dorf«, sagte Taba. »Hier wohnen fast nur Armenier, die nach der Russischen Revolution aus Moskau nach Iran ausgewandert sind und sich hier ein neues Leben aufgebaut haben. Sie sind fleißige Leute und orthodoxe Christen. Ich kenne einige Familien, die wir besuchen können, wenn du möchtest.«

Schließlich, als sie ein anderes Dorf fast passiert hatten, bogen sie auf eine unbefestigte Nebenstraße ab.

»Wir sind bald da«, sagte Taba. Rose, die ein wenig eingenickt war, öffnete ihre Augen und war plötzlich wieder hellwach. Die Männer und Frauen auf der Straße trugen bunte

Gewänder, und ihre Gesichter waren vom harten Leben auf dem Land gezeichnet. Einige von ihnen winkten dem vorbeifahrenden Gefährt zu, und Rose winkte zurück. Seit ein paar Kilometern schon wurden sie von einem Rudel unermüdlich bellender Hunde begleitet. Überall um sie herum waren grüne Felder, dazwischen Baumgruppen, und in Richtung Norden konnte man hinter einem Waldstreifen eine große Ebene erkennen, die sich bis zum Horizont erstreckte: die Turkmenensteppe.

Traumhaft schön, dachte Rose.

Taba ließ seinen Land Rover auslaufen und bog hupend auf einen geräumigen, von mehreren Gebäuden umstandenen Hof. Sie waren endlich da: Schodja-Abad.

Kaum hatte der Wagen angehalten, wurden sie schon von den Einheimischen umringt. Von überall her kamen sie angelaufen. In Windeseile hatte sich die Neuigkeit verbreitet, der *Agha,* der Herr (wie Taba von ihnen genannt wurde) und sein deutsches Mädchen seien endlich angekommen.

Rose wurde von allen stürmisch begrüßt, die Frauen küssten sie auf beide Wangen. Alle redeten aufgeregt auf sie ein, und Rose stellte fest, dass sie hier noch weniger verstand als sonst. Der Gorganer Dialekt unterschied sich erheblich vom Teheraner Farsi.

Gespannt ließ sich Rose von Taba dessen engste Mitarbeiter vorstellen. Da waren der Dorfschulze Maschti Wali mit seiner Frau Sahra und ihre vielen Kinder. Da waren auch der pockennarbige, hagere Koch Ali Agha und seine Frau Batul, ebenfalls mit vielen Kindern, und Hossein, der Fahrer, natürlich – wie sollte es anders sein? – mit Frau und vielen Kindern. Auch die gute Seele des Hauses war da, Madar-e Massumeh, eine altgediente Angestellte, die sogleich mit einer Räucherpfanne um sie und Taba herumlief.

Mit dem aufsteigenden Rauch wollte sie bösen Geistern vorbeugen und für eine rundum gelungene Ankunft der beiden sorgen.

Es war ähnlich wie am Teheraner Flughafen: viele Namen, viele Gesichter! Doch mittlerweile hatte sich bei Rose zum Glück schon eine gewisse Routine eingeschlichen, und sie nahm solche Massenaufläufe wesentlich entspannter als noch bei ihrer Ankunft.

Madar-e Massumeh bat Rose wortreich auf die Veranda des Bungalows, in dem Taba mit seinem Bruder wohnte, und bewirtete die Ankommenden mit Tee und Gebäck. Nach einer kurzen Verschnaufpause zeigte man ihr dann den L-förmigen Bungalow. Zuvor musste Rose dreimal unter einem von Madar-e Massumeh gehaltenen Koran hindurchgehen und diesen küssen. Erst dann durfte sie in das Haus.

Dieses bestand lediglich aus einem Büro- und Verwaltungsraum sowie zwei Durchgangszimmern, die durch einen Vorhang voneinander getrennt waren. Man hockte hier also recht kuschelig aufeinander. Die eine Hälfte war der Wohn- und Empfangsbereich, die andere diente als Schlafraum. Die Räume waren, bis auf ein paar schöne Teppiche, einfach eingerichtet.

Zum Bungalow gehörte ein großer Garten, der Rose besonders gut gefiel. Auf Schritt und Tritt wurde sie bei der Besichtigung von der redefreudigen Madar-e Massumeh begleitet, die immer wieder die Traube von neugierigen Dorfkindern davonscheuchte, die sich nichts entgehen lassen wollten.

Nach der langen, anstrengenden Reise genoss Rose die schwere, feuchte Landluft. Sie atmete tief durch. Sie hatte das Gefühl, zu Hause angekommen zu sein.

Noch vor zehn Jahren gab es in dieser Gegend ausschließlich Laubwälder und dichtes, undurchdringliches Busch-
gestrüpp. Damals, im Jahr 1948, besaßen die Brüder etwa
3500 Toman als Startkapital. Das waren umgerechnet etwa
1700 D-Mark, eine Summe, für die man in Deutschland
gerade mal einen Gebrauchtwagen bekam. Das Geld reichte
für einige Quadratkilometer Buschland, das erst noch urbar gemacht werden musste, und für einen gebrauchten
Traktor.

Mein Vater erzählte später oft davon, wie schwer sie es am
Anfang hatten, aber er erinnerte sich auch an ihre Zuver-
sicht, was man alles aus diesem günstigen Stück Land machen könnte. Meine Mutter konnte bei ihrem Besuch mit eigenen Augen sehen, dass die Brüder damit richtig gelegen
hatten. Zuerst hatten sie nur Tabak angebaut, den sie mit
Hilfe weniger Arbeiter jäteten, bewässerten, ernteten,
trockneten und verarbeiteten. Fast rund um die Uhr schuf-
teten Taba und sein Bruder auf den Feldern. Bereits die erste
Ernte fuhr einen satten Gewinn ein, woraufhin sie zusätz-
liches Land kauften und bald auch Weizen und später noch
Baumwolle anbauten.

Immer mehr Arbeiter wurden benötigt, die mit ihren Familien in die Nähe des Gutes zogen. So entstand nach und
nach eine richtige Siedlung, die sie schließlich nach dem älteren Bruder Schodja benannten, dessen Idee das Projekt ja
auch ursprünglich gewesen war. *Abad* heißt übersetzt so
viel wie »Fruchtbarer Ort«. Die Siedlung hieß also »Schodjas fruchtbares Land«.

Dies war er also, der Ort, an dem Taba lebte und arbeitete:

fernab der Großstadt, inmitten einer traumhaften Landschaft, in einem hübschen Dorf mit unbefestigten Straßen, die mit vielen Weiden und Pappeln gesäumt waren. Es gab ein halb unterirdisch angelegtes Kuppelbad, ein *Hammam*, das von den Dorfbewohnern, nach Geschlechtern getrennt, gern und oft genutzt wurde. Im einzigen Geschäft der Siedlung, einem kleinen Krämerladen, konnte man fast alles Notwendige bekommen. Die kleinen Lehmziegelhäuser der Arbeiter hatten Zugang zu fließendem, sauberem Wasser und Strom. Seit kurzem gab es sogar eine elektrische Straßenbeleuchtung.

Schodja-Abad galt so gesehen nicht umsonst als einer der modernsten landwirtschaftlichen Betriebe der ganzen Provinz und wurde deshalb immer wieder von Fachleuten aus Teheran oder manchmal sogar aus dem Ausland besucht. Diese interessierten sich vor allem für die Werkzeughallen und Fahrzeugschuppen, in denen die neuen Traktoren und Mähdrescher der Marke John Deere standen. Ein Herzstück des Betriebs war der dieselbetriebene Generator, der elektrisches Licht für das ganze Dorf lieferte. Fünf Stunden lang, von Spätnachmittag bis abends um zehn, sorgte er in der Siedlung für Beleuchtung. Danach musste er abgeschaltet werden, um Überlastungen zu vermeiden, und die Leute behalfen sich den Rest des Abends mit herkömmlichen Petroleum- und Gaslampen.

Auch die fortschrittliche Trinkwasserversorgung nach altiranischem Vorbild wurde viel beachtet. Die *Qanate,* unterirdische, von einem Berghang in die Ebene führende Wasserkanäle, sowie Brunnen traditioneller Bauweise lieferten sogar im Sommer zuverlässig sauberes und kühles Trinkwasser, das in einem großen Wasserdepot gespeichert wurde. Ein ausgeklügeltes, oberirdisch verlaufendes Netz von Wasserläufen versorgte indes die Felder mit Schmelzwasser aus den Bergen.

Trotz allem waren die Verhältnisse für jemanden aus Europa eher einfach, um nicht zu sagen primitiv. Der nächste größere Ort mit richtigen Geschäften und ärztlicher Versorgung war eine halbe Stunde Autofahrt entfernt, und an Kinobesuche oder Theater war überhaupt nicht zu denken. Das einzige Unterhaltungsprogramm bot das nächtliche Geheul der Wölfe und Schakale. Der Bungalow war zweckmäßig, aber ohne jeden Komfort. Nicht einmal Türen zum Absperren hatten die Zimmer. Und mit dem Ausschalten des Dieselgenerators gegen zweiundzwanzig Uhr erlosch in der Siedlung weitgehend das Licht, und der Tag war zu Ende.

Taba war besorgt gewesen, dass Rose nicht bereit sein würde, dieses Leben mit ihm zu teilen. Deshalb hatte er darauf bestanden, dass sie sich Schodja-Abad zuerst ansah, bevor sie gemeinsam weitere Zukunftspläne schmiedeten. Noch am Abend ihrer Ankunft in Teheran hatte er Roses Hand genommen und sie ernst angeschaut:

»Ich will dir nichts vormachen, Rose. Du sollst mit eigenen Augen sehen, wie ich lebe. Es ist nicht wie in Deutschland. Es ist nicht mal wie hier in Teheran. Mein Leben ist sehr einfach. Ich will, dass du dir das ansiehst und dir sehr gut überlegst, ob du dir vorstellen kannst, so mit mir zu leben.«

Er hatte offenbar wirklich Bedenken, dass Rose beim Anblick seines Wohnortes auf dem Absatz kehrtmachen und nach München zurückkehren könnte.

Er konnte ja nicht ahnen, wie begeistert sie sein würde. Keine Autos? Wie herrlich! Abends kein Strom, weil der Generator abgeschaltet wird? Wie romantisch! Nachts heulende Wölfe und Schakale? Wie aufregend!

Keine Etikette! Keine Besuche! Rose konnte sich den ganzen Tag in der freien Natur aufhalten, an der frischen Luft, und nachts bei völliger Finsternis den funkelnden Sternenhimmel betrachten. Sie war von Schodja-Abad bezaubert. Und Taba erleichtert.

Eine Errungenschaft der westlichen Zivilisation, die Taba für sie bereithielt, gefiel ihr dann aber doch: Als besondere Überraschung hatte er für Rose das einzige westliche Bad der Gegend gebaut, komplett mit Badewanne, Dusche und europäischem Klosett – alles zusammen in einem separaten Häuschen hinten im Hof. Er hatte die sanitären Baumaterialien heimlich in Teheran besorgt und das Bad zusammen mit seinen Arbeitern selbst aufgebaut. Jetzt verstand sie auch, warum er schon eine Woche vor ihr unbedingt nach Gorgan hatte abreisen müssen.

Die damals im Iran üblichen traditionellen Toiletten waren für Rose sehr gewöhnungsbedürftig gewesen. Es dauerte einen Augenblick, bis sie begriff, wie sie dieses Loch im Boden mit seinen beiden kleinen Podesten an den Seiten benutzen sollte. *Ich muss mich wohl da hinhocken, so wie im Wald. Und die Füße stelle ich auf die Podeste*, folgerte sie und lag damit richtig. Bequem fand sie das nicht gerade, aber es ging. Nur dass es auf den Aborten nirgends Klopapier gab, fand sie schon ausgesprochen unappetitlich.

Taba, dem sie diesen Mangel sehr bald nach der Ankunft im Iran geklagt hatte, hatte darauf pikiert reagiert: »Unappetitlich? *Eure* Klos, die sind unappetitlich! Sich nur mit Papier abputzen! Bei uns wäscht man sich den Hintern wenigstens genauso wie die Hände!«

Da hatten die beiden also doch noch ihren ersten Culture Clash. Ausgerechnet in Sachen Toilettengang …

So befremdlich die iranischen Toiletten für ausländische Besucher waren, so fragwürdig fanden Iraner die europäische Variante. Taba erzählte ihr lachend, wie einer seiner Cousins in der Schweiz verzweifelt versucht habe, sich auf das europäische Klosett zu hocken wie auf ein iranisches und dabei immer wieder abgerutscht sei. Wie alle Iraner fand auch Taba keinen Spaß daran, auf die absolute Notwendigkeit zu verzichten, sich nach dem Toilettengang ausgiebig mit kaltem, klarem Wasser zu waschen. So machte man das nämlich bei ihm daheim. Dabei durfte man nur die linke Hand benutzen, weil man mit der rechten aß. Das war vor allem bei den Leuten von Bedeutung, die kein Essbesteck benutzten, sondern noch traditionell mit der Hand aßen. Zu Roses Erleichterung wussten die Tabatabais freilich allesamt mit Gabel und Messer umzugehen.

Taba erklärte Rose, wie sie das entsprechende Gefäß, das *Aftabeh,* zu benutzen hatte. Es handelte sich dabei um eine Wasserkanne mit länglichem Stutzen. Bald hatte Rose sich an die Waschprozedur und das dadurch entstehende neue Frischegefühl gewöhnt – ja, mehr als das: Sie wollte ihr *Aftabeh* irgendwann gar nicht mehr missen. Nichtsdestotrotz war sie außerordentlich begeistert von ihrem eigenen Bad und erleichtert über die Annehmlichkeit, sich, so oft ihr danach war, duschen und baden zu können, ohne sich vorher im öffentlichen *Hammam* anmelden zu müssen.

Rose war schon einige Tage in Schodja-Abad, als sie wieder einmal nach einem ausgiebigen Bad ihr kleines Waschhäuschen verließ. Vor der Tür stand Taba und schaute sie etwas komisch an.

»Na, was gibt's?«, fragte sie gutgelaunt.

Er druckste zunächst ein wenig herum, dann kam er heraus mit der Sprache. »Rose«, sagte er, »ich muss dich was bitten. Du musst sparsamer mit dem Wasser umgehen. Ich habe es dir noch nicht gesagt: Das Wasser im Bad kommt aus einem Tank. Und der muss nach jedem Bad wieder aufgefüllt werden. Mit Eimern.«

Rose erschrak. Sie hatte überhaupt nicht darüber nachgedacht, woher das Wasser kam. Als der Tank beim nächsten Mal leer war, beobachtete sie zwei Arbeiter, die draußen vor dem Bad tatsächlich damit beschäftigt waren, eimerweise Wasser nachzufüllen. Einer saß rittlings auf dem Dachfirst und goss den Inhalt des von dem anderen angereichten Eimers durch einen großen Trichter in ein Rohr, das offenbar in den Tank mündete. Es war Rose furchtbar peinlich, dass sie es sich gutgehen ließ, während Tabas Arbeiter dafür schuften mussten. Sie beschloss, in Zukunft doch öfter mal das *Hammam* zu besuchen.

Roses liebster Platz in Schodja-Abad wurde der große Garten. Natürlich standen hier noch keine mächtigen jahrhundertealten Gewächse, aber die liebevoll bepflanzte Gartenanlage mit all den Orangen-, Apfel-, Aprikosen- und Feigenbäumen hatte ihr auf den ersten Blick gefallen. Blühende Pfirsichbäume hoben sich zartrosa vor den blaugrünen und weißen Bergen im Hintergrund ab. Es war Frühling, und die Weiden waren voller Kätzchen, deren goldener Staub sich über das Gras legte. Die Beete platzten vor blauen Hyazinthen und weiß-gelben Narzissen aus allen Nähten, und an den Sträuchern leuchtete rot die Japanische Zierquitte.

»Der Boden hier ist äußerst fruchtbar«, versicherte ihr Ali Agha, der Koch. »Man braucht hier einen Steckling bloß zu setzen, und bald schon schießen Blumen, Kräuter und vieles andere nur so aus dem Boden.«

Vor der niedrigen Lehmmauer, die den Garten eingrenzte, entdeckte Rose ein riesiges rechteckiges Wasserbecken, gesäumt von Rosenbüschen. Taba hatte ihr davon erzählt: Es war ursprünglich als Wasserreservoir für den Garten gedacht. *Ein Schwimmbecken,* schoss es ihr sofort durch den Kopf. Rose war, wie gesagt, eine passionierte Schwimmerin, und sie freute sich schon darauf, das Wasserbecken umzufunktionieren, sobald es ein wenig wärmer wurde. Die Aussicht darauf tröstete sie darüber hinweg, dass das ersehnte Meer über achtzig Kilometer weit entfernt lag und man es nur mit dem Auto erreichen konnte.

Zwei Wochen später fuhr Rose mit Taba zurück nach Teheran. Der Weg führte sie am Kaspischen Meer entlang. Dort blieben sie über Nacht bei Bekannten. Diese hatten nur ein Gästezimmer, das sie allerdings vorsorglich mit zwei separaten Schlafgelegenheiten ausgestattet hatten: die eine Schlafmatte lag an einem Ende des Zimmers, die zweite am anderen. Der Anstand konnte also gewahrt werden.

Rose sah an diesem Tag zum ersten Mal in ihrem Leben ein Meer aus nächster Nähe. Dass es sich dabei »nur« um ein Binnengewässer handelte, nämlich um den größten See der Welt, machte ihr gar nichts. Denn das Wasser war kristallklar und nicht zu salzig. Es gab in diesem Meer keine gefährlichen Seetiere, aber dafür den Stör, der den weltbesten Kaviar lieferte. Rose hatte zwar noch nie Kaviar gegessen, aber auch das wollte sie schleunigst nachholen.

Rose und Taba fuhren Dünenwälle entlang und hinunter zu einsamen Stränden, wo sie die Sonne über dem Wasser blutrot untergehen sahen. Das Meer färbte sich orange-gelb und der Himmel darüber violett. *Capri kann nicht schöner sein,* dachte Rose, der bei diesem Anblick plötzlich ihr alter Lieblingsschlager eingefallen war. Die Fischer rollten ihre Netze ein, und sie schauten ihnen lange dabei zu, während sie auf der Stoßstange des Land Rovers saßen.

Fast hätte Rose vergessen, dass sie am nächsten Tag von der Familie in Teheran erwartet wurden.

Blitzhochzeit

Bei der Ankunft in Teheran wurden sie bereits von Schodja erwartet. Nach einer warmherzigen Begrüßung wurde er plötzlich ernst und bat die beiden in den Salon.

Rose und Taba waren verunsichert und setzten sich wortlos an einen Tisch. Sie fühlten sich wie Schulkinder, die man beim Schwänzen erwischt hatte.

Schodja fragte sie, ob sie eine schöne Reise gehabt hätten. Sie nickten einvernehmlich.

Ob sie sich gut verstanden hätten?

Ja, auch das.

Wie Rose denn Schodja-Abad gefallen habe?

Sehr gut, versicherte sie.

Ob sie sich mögen würden?

Die beiden bejahten. Worauf lief dieses Gespräch bloß hinaus?

Ob sie denn sogar sagen könnten, dass sie sich lieb hätten?

Die beiden erröteten, bejahten aber auch diese Frage.

»Wunderbar!«, schloss Schodja. »Dann könnt ihr ja auch ebenso gut heiraten.« Noch ehe sie was sagen konnten, fuhr er fort: »Es ist nicht gut, wenn ihr beide hier im Iran ohne Trauschein zusammenseid. Wie ihr wisst, gehe ich in drei Tagen mit meiner Familie für drei Jahre nach Europa, und ich wäre gern zuvor bei der Hochzeit meines jüngeren Bruders dabei.«

Für Schodja schien damit alles gesagt.

Rose und Taba waren geschockt.

»In drei Tagen?«, fragte Taba leise.

»Ja. Warum nicht?«, erwiderte Schodja unbeirrt. »Wenn ihr euch liebt, was steht einer Hochzeit dann im Wege?«

Schodja war ein Mann der Tat und konnte ganz offensichtlich nicht einsehen, warum man unnötig Zeit vertrödeln sollte. Es galt schließlich, den persischen Sitten und Traditionen Genüge zu tun. Und natürlich machte er sich auch Sorgen um Roses guten Ruf, ihr sogenanntes *»Ab-e ru«*. Ein unverheiratetes Mädchen an der Seite eines jungen Mannes wurde hier nicht gern gesehen und sorgte für Gerede.

»Bisher hat uns das nichts ausgemacht. Wir wissen ja sehr gut, dass das Leben in Deutschland ganz anders ist als hier.« Schodja sprach nicht weiter, aber es war klar, dass zumindest seine Geduld am Ende war.

»Aber … die Mutti«, stammelte Rose, »was ist denn mit meiner Mutti?«

In Roses Ohren rauschten die letzten Worte ihrer Mutter vor ihrem Aufbruch in den Iran. »Aber nicht, dass du ihn dort heiratest!« Außerdem hatte sie sich doch selbst vor nicht einmal vier Wochen erfolgreich eingeredet, die Reise sei nur ein Urlaub und keine große Sache.

»Ach, die liebe Mutti …« Schodja zuckte mit den Schultern. »Der werden wir das hinterher schreiben und sie um Erlaubnis fragen. Mach dir keine Sorgen, die ist ganz bestimmt einverstanden.«

»Aber …« Rose konnte ihren Satz nicht beenden. Ihre Mutter würde furchtbar traurig sein, wenn sie nicht zur Hochzeit eingeladen, geschweige denn um ihren Segen gebeten würde. Taba hatte so viele Verwandte – ihre Mutter hatte nur sie. Und gerade sie sollte nicht dabei sein, wenn ihre einzige Tochter heiratete?

Niemand unterstellte meinem Onkel, übereilt gehandelt zu haben oder rücksichtslos gewesen zu sein, auch später nicht. Man nahm einfach an, er als Perser sei zu dem Schluss gelangt, meine Großmutter hätte längst ihr Einverständnis zur Hochzeit gegeben. Wieso hätte sie sonst ihre Tochter ganz allein in den Iran reisen lassen? Aus seiner Sicht hatten die beiden bereits in Deutschland genug Bedenkzeit gehabt. So einfach war das.

Ihm zu widersprechen trauten sich weder Taba noch Rose. Da saßen sie nun. Was sollten sie jetzt tun? Rose war in einer schrecklichen Zwickmühle. Die Vorstellung, Hals über Kopf den Iran verlassen zu müssen und Taba nie mehr wiederzusehen, versetzte sie in Panik. Wenn die Hochzeit so kurzfristig stattfinden sollte, blieb ihr nichts anderes übrig, als ihre Mutter zu übergehen. Was konnte sie schon tun? Ihr etwa ein Telegramm schicken? *Heiraten in drei Tagen – stop – Bitte komm morgen – stop …*

Ihre Gewissensbisse machten sie fast verrückt. Schodja indes schien hochzufrieden, die Angelegenheit so gut geregelt zu haben.

Taba fasste sich langsam und versuchte, seine Rose zu trösten, indem er der Hochzeit nicht zu viel Gewicht beimaß:

»Mach dir nichts draus. Heiraten wir halt, und wenn du es hinterher bereust, können wir uns ja wieder scheiden lassen.«

Schodjas Überrumpelungstaktik ging schließlich auf: Rose willigte ein.

Und nun? So schnell war natürlich kein Festsaal in einem Hotel oder Club zu beschaffen. Man beschloss kurzerhand, die Heiratsfeier im Haus von Forugh auszurichten. Drei Tage wurden beinahe rund um die Uhr Hochzeitsvorbereitungen getroffen: Die Gäste mussten eingeladen, Essen gekocht, der Geistliche bestellt, das Brautkleid besorgt werden. Forugh wirbelte unermüdlich durchs Haus. Denn bei aller gebotenen Eile: Die Hochzeit war das wichtigste Ereignis im Leben eines Paares und musste für die ganze Familie unvergesslich bleiben. Das war im Iran so üblich. Viele Perser verschuldeten sich auf Jahre, um bei ihrer Heirat das größte und pompöseste aller Feste auszurichten.

Fieberhaft überlegte Forugh, was noch zu tun war: Für die *Aghd*, die Trauungszeremonie, wurde das Korsi-Zimmer hergerichtet. Bei diesem Teil der Feierlichkeiten war nur die engste Familie anwesend. Aber für das *Arussi,* das Hochzeitsfest direkt im Anschluss an die Trauung, musste noch allerhand geschehen. Im Salon musste Platz für ein riesiges Büfett und eine Tanzfläche geschaffen werden, und trotzdem sollten ausreichend Sitzgelegenheiten vorhanden sein.

»Mach dir keine Sorgen. Wir schaffen das mühelos«, beruhigte Forugh die zunehmend nervöser werdende Rose. »Wir feiern doch bloß ein kleines, intimes Fest, da kommen nicht einmal zweihundert Personen, nur aus der engsten Verwandtschaft. Das wird alles halb so wild.«

»Zweihundert ...«, wiederholte Rose matt. Sie war mit den Gedanken ganz woanders. Unentwegt haderte sie mit sich und der Frage, wie sie ihrer Mutter die überstürzte Vermählung jemals beibringen sollte. Nach einigem Überlegen hielt sie es für das Beste, ihrer Mutter in kleinen Häppchen davon zu erzählen. Außerdem würde sie wohl nicht ganz ohne eine Notlüge auskommen.

Am Morgen der Hochzeit schnitt Rose sich im Badezimmer an einer kaputten Fensterscheibe die rechte Hand auf. Das tat sehr weh, die Wunde blutete stark und wurde notdürftig verbunden. Rose biss die Zähne zusammen. Eine leise Stimme ganz hinten in ihrem Kopf flüsterte: *Siehst du, das ist die Strafe dafür, dass du deiner Mutter nichts gesagt hast.*

Wenn ich mir die Hochzeitsfotos heute genau anschaue, kann ich nicht nur den weißen Verband an Roses Hand erkennen, sondern auch, dass beide, Taba und sie, einigermaßen nachdenklich dreinschauen. Taba machte sich nämlich Sorgen. Er sah das Dilemma seiner Braut nur zu gut und schlug ihr vor, die Sache noch kurzerhand abzublasen. Denn unglücklich machen wolle er sie auf keinen Fall.

Rose überlegte in diesem Moment keine Sekunde: »Natürlich will ich dich heiraten! Es geht nur alles so schnell.« Irgendwo hatte Schodja doch eigentlich recht, das musste sie sich eingestehen. Sie liebten sich. Warum sollten sie dann noch länger warten?

Nun ging es Schlag auf Schlag: Die Hochzeit fand am 17. Februar 1958 in Teheran statt. Und: Rose sollte noch rasch zum Islam übertreten! Ansonsten könne der Mullah sie überhaupt nicht trauen, hieß es. So etwas wie eine standesamtliche Trauung gab es im Iran nicht.

Taba erklärte Rose, dass es sich hierbei um eine reine Pro-forma-Angelegenheit handele. »Mach dir keine Sorgen«, sagte er. »Niemand wird jemals von dir verlangen, einen Schleier zu tragen, auf Schweinefleisch zu verzichten oder so was.«

Sie lächelte. Damit hatte sie auch nicht gerechnet. Sie wusste ja mittlerweile, dass die Tabatabais keine streng religiöse Familie waren.

»Schau, meine Rose, das geht bei uns ganz schnell. Du musst nur sagen: ›*Aschhadda an la ilahe ellalah, aschhadda an Mohammad an rasul ollah*‹ – ›Ich bekenne, es gibt keinen Gott außer Allah, und ich bekenne, Mohammed ist sein Prophet.‹ Und schon bist du eine Muslima. Dann ist der Mullah zufrieden, und wir können heiraten.«

Rose musste wieder lächeln und machte sich keine weiteren Gedanken über die Konventionen. Sie nahm die Sache eher sportlich. Davon abgesehen hatte sie in den noch verbleibenden Tagen alle Hände voll zu tun. Schließlich galt es, auf der Hochzeit eine schöne Braut abzugeben.

Die Frage nach einem Brautkleid war schnell geklärt. Es wurde kurzerhand von der deutschen Frau eines befreundeten Bankiers ausgeliehen. Da diese weit molliger war als Rose, behalf man sich damit, das Kleid im hinteren Taillenbereich mit Sicherheitsnadeln zusammenzustecken. Rose war erstaunt darüber, wie gut sie trotzdem darin aussah.

Auf die Anprobe folgte ein ausgiebiger Ausflug in den Schönheitssalon, bei dem Rose von Zohre und Heli begleitet wurde. Die beiden erklärten ihr, dass sich persische Mädchen bis zur Heirat traditionell kein einziges Härchen auszupfen, geschweige denn sich schminken durften. Dann aber, an den Tagen vor der Hochzeit, würden sie eine Metamorphose von der unscheinbaren Jungfrau zur verführerischen Braut durchmachen. Dies sei der Moment, auf den jedes persische Mädchen sein Leben lang warte.

»Du musst einen bleibenden Eindruck auf deinen Mann und seine Familie machen, Rose!« Fariba, die Chefin des Schönheitssalons, zeigte ihr voller Stolz einen Katalog mit Vorher-nachher-Fotos. »Schau, wie schön wir die Bräute machen!«

Rose musste schlucken. Vormals ansehnliche persische Mädchen wurden in diesem Laden bis zur Unkenntlichkeit geschminkt. Wie kam sie hier nur unversehrt wieder heraus?

Aber Fariba war nicht zu bremsen. »Schau, Rose! Sieh nur mal diese Braut hier! Sieht sie nicht aus wie Ava Gardner? Und diese hier, genauso schön wie Rita Hayworth! Ich glaube, aus dir könnte ich eine sehr gute Kim Novak machen.«

Rose hatte schon bei diversen *Mehmuni,* den Begrüßungsempfängen, festgestellt, dass sich iranische Damen mit Vorliebe in Hollywoodstars verwandelten und sich dementsprechend kleideten und schminkten. Das schien ein richtiger Volkssport zu sein. Ein nicht enden wollendes Gesprächsthema war es, wer welchem Filmstar ähnlicher sah und warum. Besonders Ava Gardner stand hoch im Kurs, weil sie ein wenig persisch aussah.

Überhaupt schien das Einzige, was eine Frau in solchen Kreisen leisten musste, die Pflege ihrer Schönheit und ihres Erscheinungsbildes zu sein. Man diskutierte offen darüber, wer schöner war als die andere und warum. Schöne Frauen wurden überall hofiert, geachtet und bewundert, und man sah ihnen gerne kleinere oder auch größere Schwächen nach.

Es war durchaus gang und gäbe, dass sich die Schönen kurzerhand wieder scheiden ließen, wenn es sich für sie lohnte. Den Nachteil, dass sie damit ihre Kinder an den Exmann verloren, wie es nach islamischen Recht in der Regel der Fall war, nahmen sie meist in Kauf. Rose konnte nur staunen, wenn sie hörte, dass die eine oder andere attraktive Bekannte bereits mehrmals verheiratet war und die ansonsten so sittenstrenge Umwelt das als ganz normal ansah.

Fariba hatte an ihrer deutschen Kundin keine große Freude. Rose wehrte sich beharrlich gegen die schmerzhafte Enthaarung von Beinen, Achseln und Gesicht mittels eines Bindfadens, sie ließ sich weder die Augenbrauen zupfen, noch wollte sie sich Make-up auftragen lassen. Nur ein wenig Lippenstift ließ sie zu. Resigniert ließ Fariba schließlich den Pinsel sinken. Zohre und Heli schauten sich an und kicherten.

Im Anschluss an den Besuch im Schönheitssalon bekam

Rose von Forugh und Zohre einen Schnellkurs über die mannigfaltigen Sitten und Rituale, die mit einer persischen Trauung einhergehen. Sie führten sie in das Hochzeitszimmer, um die Zeremonie möglichst anschaulich zu demonstrieren.

»Schau, Rose, dies ist ein *Sofre-ye aghd,* ein traditionelles Hochzeitstuch.« Sie wiesen auf den Boden, wo ein wunderschön besticktes Tuch lag, auf dem allerlei Dinge kunstvoll drapiert waren. »Er habe es nach Osten hin ausgerichtet, damit das Brautpaar dem Lichte zugewandt ist.«

Während Rose noch das Tuch betrachtete, ging die Unterweisung weiter.

»Hier hast du einen Spiegel und einen Kerzenleuchter, das sind Symbole für Reinheit und Licht. Dann noch siebenerlei Kräuter und Gewürze zum Schutz vor dem bösen Blick. Süßigkeiten, Granatäpfel, Fladenbrot, Mandeln und Honig – dient alles der Freude, dem Wohlstand und der Fruchtbarkeit im gemeinsamen Leben. Ebenso wie Rosenwasser und Goldmünzen. Und natürlich darf ein Koran nicht fehlen.«

Das Hochzeitstuch war übersät mit Rosenblättern. Es sah toll aus.

Forugh erzählte ihr von den arrangierten Ehen früherer Zeiten. »Bei denen verlangte es der Brauch, dass sich das Ehepaar zum ersten Mal im Leben sah, indem es sich gegenseitig durch einen Spiegel betrachtete. Der erste Blick war also ein indirekter, zudem noch unter einem Tuch, verdeckt vor den Blicken der anderen.«

Die Katze im Sack kaufte der Bräutigam trotzdem nicht. Vor der Hochzeit wurde die Versprochene von den Frauen seiner Familie während eines gemeinsamen *Hammam*-Besuchs diskret in Augenschein genommen. Hierbei musste sie sich ja entkleiden, und so konnte die weibliche Verwandtschaft des Bräutigams sich nicht nur von ihrer Schönheit überzeugen, sondern auch feststellen, ob sie nicht körperliche Gebrechen, zum Beispiel einen Buckel oder ein lahmes Bein hatte, die ihre Familie bei der Brautwerbung verschwiegen hatte.

»Na, das können wir uns bei euch ja sparen!«, rief Forugh lachend. Dann fuhr sie fort. »Bei der Trauung werdet ihr vor dem ausgebreiteten Hochzeitstuch Platz nehmen. Dann werden vier glücklich verheiratete Frauen ein handgewebtes Tuch mit Silber- und Goldfäden über euch aufspannen, während eine weitere Frau Zuckerhüte darüber aneinanderreibt.«

»Das steht für ein gemeinsames süßes Leben«, ergänzte Zohre. Derweil würde eine andere Frau die linke Ecke des Tuches mit Fäden von siebenerlei Farben zusammennähen. »Das soll verhindern, dass sich die Schwiegermutter in die Ehe einmischt. Ihr Mund wird quasi zugenäht«, kicherte Zohre und biss sich sogleich auf die Lippen, weil sie mitbekommen hatte, wie traurig Rose darüber war, dass ihre Mutter nicht dabei sein würde.

Forugh sprach schnell weiter. »Jetzt kommt der wichtigste Teil, Rose. Pass gut auf, damit du später alles richtig machst. Der Mullah wird dich dreimal fragen, ob du Taba heiraten willst. Du sagst aber erst beim dritten Mal ›Bale‹ – ›Ja‹. Die beiden ersten Male schweigst du.«

Rose machte große Augen.

»Du bist schließlich nicht so leicht zu haben.« Zohre kicherte erneut.

»Wird Taba auch dreimal gefragt?«, fragte Rose.

»Nein. Denn man geht davon aus, dass der Mann die Braut sowieso heiraten will. Er wird überhaupt nicht gefragt.«

»Ach!«, entfuhr es Rose. »Das ist ja interessant.«

»Der Mullah wird den Hochzeitsvertrag vorlesen«, führte Forugh weiter aus. »Das heißt, er listet alles auf, was dir dein Mann dafür bietet, dass du ihn heiratest. Dann fragt er dich, ob du einverstanden bist. Wie gesagt, du schweigst zunächst nur. Daher zählt er alles noch einmal auf und legt noch was drauf. Dann fragt er dich wieder. Du schweigst erneut, und er legt wieder was drauf.«

»Verstehst du? Du erhöhst deinen Preis. Wie auf dem Bazar!«, erklärte Zohre mit einem Grinsen im Gesicht. Die beiden hatten offensichtlich ihren Spaß an Roses verdutztem Gesichtsausdruck.

»Aber mach dir keine Sorgen«, sagte Forugh. »Das ist ein schönes Ritual, und heutzutage zählt man diese Dinge in modernen Familien nur noch symbolisch auf. Ich habe bei meiner Hochzeit einen Koran und eine Goldmünze bekommen, das war alles. Und bei dir wird das auch so sein. Vielleicht nehmen wir noch eine Rose dazu. Damit Taba dich ein Leben lang auf Rosen bettet.«

»Wie schön«, murmelte Rose.

»Auf dem Land und in traditionelleren Familien geht es aber noch immer so zu«, erläuterte Forugh. »Da bietet der Ehemann der Braut noch richtige Ware: soundso viel Gold, Häuser, Ländereien, aber auch Schafe, Pferde, Kühe, je nachdem, was sich die Leute leisten können.«

Rose musste jetzt auch lachen. Das Ganze fing an, ihr zu gefallen, und Zohres und Forughs humorvolle Art nahm ihr die Angst und Nervosität.

»Aber denk trotzdem dran«, mahnte Zohre noch mal. »Sag erst beim dritten Mal ›Bale‹!«.

Schließlich war der große Tag da.

Zuerst fand rasch noch die Konvertierung statt. Praktischerweise war für die Trauung ja bereits ein Mullah im

Haus. Er war ganz gerührt darüber, wie schön das deutsche Mädchen die Formel gelernt hatte und wie gut ihre Aussprache war. Aus lauter Begeisterung schenkte er ihr Bücher über das Leben Mohammeds und Alis, einen Koran und obendrein eine prachtvolle Ausgabe des *Divan* von Hafiz – auf dass sie eine gute Muslima würde ...

Schnell merkte Rose, dass die Stimmung auf einer persischen Hochzeit viel lauter und ausgelassener und viel weniger feierlich und getragen war als in Deutschland. Von Anfang an klatschten, lachten und pfiffen die Gäste. Als sie den Hochzeitsraum betrat, stimmten sie das persische Hochzeitslied an:

Bada bada mobarak bada
inschallah mobarak bada
(Herzlichen Glückwunsch, herzlichen Glückwunsch
Viel Glück und viel Segen, so Gott will)

Nun begann die Vermählung. Nach der ersten Frage des Mullahs schauten alle gespannt auf Rose. Als sie wohlweislich schwieg, johlten und riefen alle: »Die Braut ist nicht da! Sie überlegt es sich noch!« oder »Sie ist erst mal Blumen pflücken gegangen!«

Dasselbe wiederholte sich nach der zweiten Nachfrage. Als Rose dann nach der dritten Fragerunde schließlich ein leises, kaum hörbares, fast gehauchtes »*Bale*« von sich gab, fand die Hochzeitsgesellschaft kein Halten mehr. Die Frauen stimmten den charakteristischen »*Hillillillilli*«-Schrei an, und alle johlten, pfiffen und klatschten noch lauter als zuvor.

Dann wurden Taba und Rose in Sprechchören aufgefordert, sich zu küssen, einer Aufforderung, der die beiden nur schüchtern, aber liebend gerne nachkamen. Schließlich tauchten sie noch jeweils ihren kleinen Finger in Honig und ließen sich gegenseitig davon kosten – für ein süßes Leben zu zweit. Freunde und Verwandte streuten *Noghl-e arussi,* weiße Zuckermandeln, die es nur zu Hochzeiten gab, über die Köpfe des Paares, ebenso kleine goldfarbene Münzen.

Die Trauungszeremonie ging nahtlos in ein rauschendes Hochzeitsfest über. Forugh hatte sich beim Büfett selbst überboten, die Tafel bog sich unter den Köstlichkeiten. Alles, was übrigblieb, wollte man am nächsten Morgen an die Armen verteilen. Dieser Brauch gefiel Rose besonders gut.

Dessen ungeachtet war es ihr aber absolut schleierhaft, wie Forugh es geschafft hatte, nur mit Hilfe der Frauen der Familie all dies in lediglich drei Tagen zu organisieren. Wohlgemerkt: ohne sich je darüber zu beklagen. Jetzt aber nahm Forugh das Lob und den Dank der Gäste gerne entgegen und schaute ihnen und der Familie glücklich dabei zu, wie sie aßen, feierten und tanzten, bis in die späte Nacht hinein.

In aller Eile hatte man noch die bekannte Sängerin Banu Farah mit Band auftreiben können, was meiner Mutter Gelegenheit gab, typisch persische Musik kennenzulernen. Die Musik gefiel ihr durchaus; einzig die laute Stimme der Sängerin fand sie etwas gewöhnungsbedürftig.

Noch mehr begeistern konnte sie sich allerdings für den persischen Tanz. Zuerst bat die Menge Schamsis Tochter Mahi, die Tanzfläche zu eröffnen. Diese zierte sich zunächst und beteuerte immer wieder, dass sie in ihrem Leben noch nie getanzt habe und überhaupt nicht wisse, wie das gehe. Nach mehrfachen Aufforderungen und Bitten ließ sie sich aber schließlich doch auf die Tanzfläche ziehen und legte dann plötzlich eine Choreographie hin, die Rose den Mund offen stehen ließ. Dieser Tanz war irgendwie kokett und lasziv und erinnerte Rose ein wenig an den Bauchtanz, den sie anlässlich eines Firmenabends einmal in einem Schwabinger Lokal gesehen hatte. Der persische Tanz war aber in seinen Bewegungen viel subtiler und verführerischer und unterschied sich auch himmelweit von den braven Standardtänzen, die sie von zu Hause kannte.

Nach und nach gesellten sich immer mehr Gäste auf die Tanzfläche, auch Kinder und ältere Herrschaften, selbst wenn Letztere sich damit begnügten, ihre Augenbrauen rhythmisch zur Musik zu heben – wechselweise mal die linke und mal die rechte, was ziemlich kunstgerecht aussah.

Auch Rose kam nicht umhin, ein Tänzchen zu wagen, wozu sie sich nach langem Zaudern allerdings furchtbar überwinden musste. Sie beschloss, schleunigst Nachhilfeunterricht zu nehmen. Das Problem mit dem Tanzen, da war es wieder! Ob es hier wohl Tanzschulen gab?

Stunden später, als die Gäste langsam aufbrachen und Rose und Taba sich zurückziehen konnten, atmete sie tief durch. Alle Eindrücke, all die Gespräche mit den vielen Menschen würde sie sicher erst nach und nach verarbeiten. Das Hochzeitsfest war, trotz der turbulenten Vorgeschichte, sehr schön geworden. Rose war noch immer ganz gerührt von der Mühe, die sich Tabas Familie gegeben hatte, und auch darüber, wie vorbehaltlos sie in ihre Mitte aufgenommen wurde.

Das erschöpfte, aber glückliche Paar zog sich nun nach oben in sein Zimmer zurück, das liebe Hände mit Dutzenden Blumen geschmückt hatten.

Erst ein paar Wochen nach der Hochzeit schrieb Rose ihrer Mutter einen ausführlichen Brief, in dem sie Thea um Erlaubnis bat, sich mit Taba zu verloben. Sie verstünden sich prächtig, und Rose hätte Persien wirklich lieben gelernt. Sie würde Land und Leute gut genug kennen, um zu wissen, dass sie sich hier wohl fühlen würde. Außerdem würden die Leute schon tuscheln.

Das sah ihre Mutter ein. Sie antwortete, sie habe sich schon gedacht, dass sich die Leute dort so ihre Gedanken machten, wenn Rose Taba so lange besuche. Und sie glaube, dass eine Hochzeit sicher sinnvoll sei.

Das war schon mal ein erster Schritt. Wieder ließ Rose eine Weile verstreichen, bevor sie ihrer Mutter in einem weiteren Brief mitteilte, dass sie sich inzwischen mit ihrem Segen verlobt hätten. Noch mal einige Wochen später schrieb sie dann von der Hochzeit, die sich nun doch schon einfach so ergeben habe. Die Mutter sei natürlich herzlich eingeladen gewesen, man habe sich aber gedacht, dass ihr Besuch viel schöner würde, wenn sich in Schodja-Abad erst einmal alles nach Roses Wünschen entwickelt hätte. Noch gäbe es dort auch zu wenig Platz, und Taba hätte sie nicht gebührend empfangen können.

Die Lüge kam natürlich irgendwann heraus. Rose und Taba hatten nämlich gedankenverloren auch das Fräulein Horbach von »Foruschgah-e Ferdousi« zur Hochzeit eingeladen – und die erzählte bei der nächsten Gelegenheit den Mitarbeitern der Firma Hayler in München ausführlich davon. Es kam, wie es kommen musste: Eines Tages traf Thea einen von ihnen im Eiscafé Rialto, und der ehemalige Kollege von Rose gratulierte ihr freudestrahlend zur Vermählung der Tochter. Wie es den beiden denn gehe? Und warum Thea im Februar nicht zur Hochzeit nach Teheran geflogen sei?

Hochzeit im Februar? Thea wusste gar nicht, wovon der Mann sprach. So kam heraus, dass Rose ihre Mutter angeschwindelt hatte.

Meine Großmutter war verständlicherweise, gelinde gesagt, sehr gekränkt. Sie verzieh Taba und seiner Familie lange nicht, dass man sie bei der Hochzeit ihres einzigen Kindes einfach übergangen hatte und man sich damit nicht noch so lange Zeit gelassen hatte, dass sie auch dabei sein konnte. Und auf Rose war sie natürlich sauer, weil sie sie angelogen hatte.

Obwohl Mutter und Tochter sich, nachdem ein bisschen Gras über die Sache gewachsen war, wieder vertrugen, vergaß Roses Mutter die Hochzeitslüge nie ganz, und sie machte auch in den Folgejahren immer mal wieder bei jeder passenden und manchmal auch unpassenden Gelegenheit eine spitzzüngige Bemerkung darüber.

Flitterwochen mit Anhang

Es gab früher mal eine Werbung, die ging in etwa so:
Ich trinke Jägermeister, weil ich eine zweitägige Reise für vierzehn Personen nach Rom gewonnen habe.

Wenn ich mir die Hochzeitsreise meiner Eltern vorstelle, muss ich immer an diese Werbung denken.

Rose und Taba fuhren nämlich keineswegs alleine. Nein, sie fuhren in drei Autos und mit vierzehn gutgelaunten Freunden und Verwandten. Was das bedeutete, kann man sich leicht vorstellen. Die Begleiter sahen es als ihre Pflicht an, das frischvermählte Paar bloß nie alleine zu lassen, sondern durchgehend mit Gesang, Fragespielen und Blödeleien zu unterhalten. Die beiden hätten sich ja auf ihrer Hochzeitsreise langweilen können …

Im Gegensatz zur Jägermeister-Werbung dauerte das Ganze natürlich länger als zwei Tage. Geplant waren zwei Wochen. Nach all dem Trubel hatte sich Rose auf die Hochzeitsreise in den Süden des Landes gefreut. Die unsagbaren Schönheiten von Isfahan, Schiraz und Persepolis würde sie sehen – vierzehn romantische Tage, ganz alleine mit Taba. Hatte sie gedacht.

Doch dann hatte Taba ihr freudestrahlend am Morgen vor der Abreise, wenige Tage nach der Hochzeit, die Neuigkeit eröffnet: »Rose, stell dir vor! Meine Freunde Ali mit Simin Chanom, Hossein mit Schahrbanu und einige ihrer Kinder, Achtar-Chanom und Mahi, Herr Azimi und seine Frau, deren Bruder und Schwester – sie alle kommen mit uns! Ist das nicht wunderbar?«

Rose war sprachlos. Wieder einmal konnte sie über die Sitten und Gebräuche in ihrer neuen Heimat nur staunen – eine romantische Reise zu zweit war da wohl nicht vorgesehen.

Das Dauerunterhaltungsprogramm ihrer Reisebegleitung war extrem anstrengend. Zu diesem Zeitpunkt verstand meine Mutter die Sprache zwar schon halbwegs, aber nur, wenn man langsam und deutlich sprach und nicht alle durcheinanderredeten. Außerdem wurde sie schon damals ziemlich fuchsig, wenn sie nicht mal einen Moment für sich alleine sein konnte.

Es war ohnehin mal wieder ein *clash of cultures*. Ihre Begleiter hatten ihrerseits nur wenig Verständnis dafür, als sie auf der Landstraße nach Isfahan an einer verfallenen Karawanserei anhalten mussten, weil Rose diese besichtigen wollte. »Was willst du denn mit diesen kaputten, nutzlosen Ruinen?«, lautete die aufrichtige Frage ihrer Mitreisenden. Wo es doch mittlerweile im Iran überall so wunderschöne und hochmoderne Neubauten gebe! Die Iraner hatten damals wahrlich nicht viel Respekt vor ihren antiken Bauten.

Als Rose später in den Ruinenfeldern von Persepolis einfach mal in Ruhe umherstreifen wollte, um auf den Spuren der alten Perser Darius und Kyros zu wandeln und mal diese schlanke Steinsäule vor dem tiefblauen Himmel, mal jene Marmorskulptur am Eingang zu einem der herrlichen Paläste zu bewundern, wurde sie besorgt gefragt, was denn mit ihr los sei; warum sie denn alleine sein wolle – ob sie etwa auf irgendjemanden böse sei … Da platzte ihr der Kragen, und sie stapfte fluchend durch den Sand davon. »Sie ist halt die Tochter von Hitler«, scherzte Taba über Roses Wutausbruch, und die Reisegesellschaft zuckte belustigt, aber etwas verwundert die Schultern.

Solch kleine Unstimmigkeiten konnten Roses Begeisterung für die Reise aber nicht mindern. Immerhin ging es durch einige der schönsten und interessantesten Gegenden Persiens. Später genoss sie dann gerade aufgrund ihres »Andersseins«, wie ihr Mann es nicht ohne Stolz nannte, großen Respekt. Man gewöhnte sich an ihre Alleingänge und ihr aufrichtiges Interesse an der persischen Kultur und sogar an ihre Vorliebe für *Charab-e*, für »Ruinen«.

Die illustre Reisegesellschaft bestand aus einigen Jagdfreunden Tabas, deren Frauen und Kindern sowie einigen Verwandten wie der Exfrau seines kleinen Bruders Schamsi mit ihrer kleinen Tochter Mahi. Mit dabei war auch Fatemeh, in Begleitung ihres alternden Ehemanns und ihrer zwei Geschwister.

Fatemeh wurde von allen nur »*Fati Choschgeleh*« genannt – »Fati, die Schöne«. Und wahrlich, das stimmte. Sie hatte langes, seidiges Haar, dichte lange Wimpern und extrem lange, rote Fingernägel, die Rose nicht umhinkonnte zu bewundern, brachen doch ihre eigenen immer ab, wenn sie wieder mal versucht hatte, sie etwas länger wachsen zu lassen. Lange Fingernägel galten im Iran als unverzichtbares Attribut einer Dame aus besseren Kreisen. Damit zeigte sie, dass sie zu vornehm war, um Hausarbeit zu verrichten, und ihre Hände schonen konnte.

Noch in Deutschland hatte Taba Rose ein Foto von Fati gezeigt mit den Worten »Das ist meine Liebling in Persien«. Er habe sie aber nicht heiraten dürfen, da seine gesamte Familie geschlossen dagegen gewesen sei.

Rose hatte schon frühzeitig eingesehen, dass Taba mit seinen über dreißig Jahren natürlich schon ein Leben vor ihr geführt hatte. Deswegen wurde sie bei solchen Reminiszenzen auch nicht eifersüchtig, und inzwischen hatte sie dieses Kapitel seiner Vergangenheit erfolgreich verdrängt, weshalb sie Fati auch nicht auf Anhieb erkannte. Erst am zweiten Tag ihrer Hochzeitsreise wunderte sie sich: Wer war wohl diese Frau, die sich so ausnehmend gut mit ihrem Mann verstand? Beide wirkten so vertraut. Endlich fiel es ihr wie Schuppen von den Augen: Die sah doch aus wie … Das konnte doch wohl nicht wahr sein!

Da sie mit Taba nie alleine war und nicht wollte, dass die anderen von diesem Gespräch erfuhren, versuchte sie es auf Deutsch.

»Taba, kann ich dich mal kurz sprechen?«

Er ließ sich von ihr ein wenig zur Seite ziehen.

»Sag mal, diese Frau – die sieht doch aus wie …« Rose hielt kurz inne, sie suchte nach Worten. »Ist das nicht ›deine Liebling‹?«

Taba nickte zögerlich. Rose musste sich sehr zusammenreißen.

»Was macht die hier?!«

Er seufzte. »Ach, weißt du, Rose, sie ist halt Achtars beste Freundin. Achtar hat sie mitgebracht, um sie aufzumuntern, weil sie immer so traurig ist. Was hätte ich tun können? Sei nicht böse, meine Rose. Das ist doch lange vorbei. Du bist doch jetzt meine Liebling!«

Aber es half nichts. Rose schmollte und sprach den Rest des Tages kein Wort mehr, weder mit ihm noch mit den anderen.

Es war schließlich Fati, die das Richtige tat, während Taba sich zerknirscht und etwas ratlos in den Kreis seiner Familie und Freunde zurückgezogen hatte. Sie ging auf Rose zu und versuchte, ihr alles zu erklären.

»Bitte, Rose, mach dir keine Sorgen. Ich bin doch nicht hier, um dir deinen Mann wegzunehmen.«

Rose grummelte vor sich hin.

»Niemand hat sich vor der Abreise etwas dabei gedacht«, fuhr Fati mit fast flehentlicher Stimme fort. »Das ist doch eine längst vergangene Geschichte.«

Rose ließ sich beschwichtigen. Im Laufe der Tage unterhielten sich die beiden Frauen viel und freundeten sich später sogar an.

Fati kam ursprünglich vom Land. Sie stammte aus einem Dorf bei Damghan, einer uralten Stadt am Rande der Kavir-Wüste an der ehemaligen Seidenstraße. Im Alter von fünfzehn Jahren war sie gegen ihren Willen mit ihrem Cousin verheiratet worden, von dem sie einen Sohn hatte. In allen Details schilderte sie, wie ihr Mann sie in der Hochzeitsnacht ans Bett gefesselt und vergewaltigt hatte.

Rose war entsetzt. Fati sah das hingegen offenbar weniger dramatisch, sondern eher fatalistisch. »Es war ja schließlich sein Recht«, sagte sie und zuckte resigniert mit den Schultern.

Irgendwann hatte Fati es dann geschafft, von ihrem Dorf und dem ungeliebten Ehemann wegzukommen, sich scheiden zu lassen und nach Teheran zu ziehen. Den Sohn musste sie natürlich bei ihrem Exmann lassen.

Ja, es gab damals schon Frauen, die sich scheiden ließen. Dies waren aber eher Frauen aus wohlhabenden Familien in Teheran, die sich in ihrer Ehe langweilten, sich neu verliebten oder anderswo eine bessere Partie witterten. Für eine arme Frau auf dem Land war es ungleich schwieriger, sich scheiden zu lassen, da sie komplett von ihrem Mann abhängig war. Kaum eine von ihnen wagte so wie Fati einen Neuanfang – ganz auf sich allein gestellt in Teheran.

In der großen Stadt erhoffte sie sich ein besseres Leben und größere Chancen und heiratete schließlich einen Mann, der viel älter war als sie. Er war zwar weder reich noch gutaussehend, aber er behandelte sie mit Respekt, und sie war froh, ihr altes Leben hinter sich gelassen zu haben.

Schamsis Frau Achtar hatte ihr dann Taba vorgestellt. »Er hat mir gefallen, ja, das schon. Und ich ihm wohl auch«, erzählte sie. »Aber weit ist es zwischen uns beiden nie gegangen. Tabas Familie ist schon bald dazwischengefahren.«

»Und warum?«, fragte Rose.

»Nun ja – ein Mädchen vom Land, noch dazu geschieden … Das kommt sogar bei so fortschrittlichen und aufgeklärten Familien wie den Tabatabais nicht in Frage. Und so haben wir uns getrennt.«

Nun aber fuhr Fati Choschgeleh fröhlich schäkernd zusammen mit Rose und Taba auf Hochzeitsreise und saß im Land Rover, während ihr gebrechlicher Mann in einem anderen Wagen saß. Ihre Route führte sie über staubige Schotterstraßen gen Süden, an einsamen Dörfern, Salzseen und Wüsten vorbei, mit einem kurzen Zwischenstopp in der frommen, heiligen Stadt Qom mit ihren faszinierenden Moscheen, Minaretten und der goldenen Kuppel des Grabmals der Heiligen Fatima.

Eines ihrer Ziele war Isfahan. Die schönste Stadt Persiens. Eine Stadt wie aus dem Bilderbuch. Von den Iranern wurde sie liebevoll »*Nesfe djahan* – Die Hälfte der Welt« genannt. ›Eine Stadt aus Tausendundeiner Nacht‹, hieß es in Roses Reiseführer. Dort las sie alles über die Moscheen, Paläste und Plätze, die die ehemalige Hauptstadt zu bieten hatte. Isfahan war ein Beispiel dafür, dass Moslems, Christen und Juden seit jeher friedlich im Iran zusammenlebten. Es gab ein Armenisches Viertel, ein Jüdisches Viertel und Häuser traditioneller Bauart, die hinter hohen Mauern verborgen und nur durch kleine, verwinkelte Gassen zu erreichen waren.

Rose verliebte sich sofort in diese Stadt mit ihren alten Platanen und sauberen breiten Straßen. Isfahan hatte etwas Leichtes und Beschwingtes an sich – welch ein Kontrast inmitten einer Wüstenlandschaft.

Als sie am *Meidan-e Schah* ankamen, dem Schah-Platz, stockte ihr der Atem: das war ein riesengroßer rechteckiger Platz, eingerahmt von doppelstöckigen Arkaden mit schattigen Nischen. Das prächtigste Bauwerk, die Schah-Moschee an der Stirnseite, glänzte mit ihrer blau-türkis gekachelten Kuppel in der Morgensonne und erschien ihr wie ein Traumbild. Ihr gewaltiges Tor war mit Silber beschlagen, und als Rose mit Taba in das Gotteshaus eintrat, wurden sie überwältigt von den verschwenderischen Fayencen, den von Licht durchfluteten Höfen und dem Hauptgebetssaal mit der gewaltigen Kuppel. Als Rose nach oben schaute, sah sie ein Medaillon aus Kacheln, das so fein gearbeitet war wie ein Seidenteppich. In Gelb erstrahlte ein Rankenmuster und erinnerte durch seine kraftvolle Farbe an die Sonne. Rose kam es vor, als sei sie in einem orientalischen Märchenland. Überall auf den endlosen Flächen waren die Wände und Mauern bedeckt mit Kacheln, die mit ihren floralen Ornamenten in Türkis, Kobaltblau, Grün und Safrangelb den Eindruck einer Blumenwiese an einem Frühlingstag entstehen ließen. Die Minarette und Iwane ragten in den blauen Himmel.

Wie musste diese Moschee einst auf Reisende gewirkt haben, die nach Tagen oder gar Wochen mit einer Karawane durch die trockene, heiße Wüste gezogen waren? Es musste für sie das Paradies auf Erden gewesen sein.

Zurück auf dem Platz blinzelte Rose in die Sonne und entdeckte ein weiteres Gotteshaus. Die Scheich-Lotfullah-Moschee war viel kleiner, aber sehr detailverliebt und mit gelbgrundigen Kacheln verziert. Gegenüber lag der Ali-Qapu-Palast mit seinen schlanken Holzsäulen. Hinter den Arkaden des Platzes erstreckte sich der Bazar.

Während Rose unermüdlich die Stadt erkundete, gaben sich die anderen damit zufrieden, auf dem Bazar *Soghati*, typische Souvenirs, zu kaufen. Jeder Isfahan-Reisende musste mindestens eine Packung *Gaz*, eine Art türkischen Honig, kaufen und den Daheimgebliebenen mitbringen. Als typische Isfahaner Souvenirs galten außerdem *Chatamkari*, hölzerne Schachteln und Bilderrahmen aus feinster Einlegearbeit, oder *Ghalamkar*, handbedruckte Stoffe und Tücher, die von den Meistern dieses Kunsthandwerks als farbenprächtige Einzelstücke gestaltet wurden.

Taba begleitete seine Frau bei ihren Besichtigungen. Das gab den Frischvermählten die seltene Gelegenheit, auch mal ohne ihre Begleiterschar etwas zu unternehmen.

Nur die *Menar Djonban*, die wankenden Minarette, wollten alle sehen. Das kleine, über 700 Jahre alte Heiligtum mit den zwei Minaretten über dem Grabmal lag ein paar Kilometer außerhalb der Stadt und wirkte auf den ersten Blick eher unscheinbar. Aber die Minarette hatten es in sich. Als die Reisegruppe auf das Dach des Grabmals gestiegen war, rüttelte der Fremdenführer an einem der Türme, woraufhin nicht nur dieser, sondern auch der andere plötzlich ins Wanken geriet. Die Gruppe kreischte vor Vergnügen, und Rose klammerte sich an Taba fest.

»Das ist ja wirklich wie bei Tausendundeiner Nacht!«, schrie sie ihm ins Ohr.

»Warte erst mal, bis du das magische Bad von Scheich Baha-eddin siehst!«, rief er zurück.

Ihr Mann hatte nicht zu viel versprochen. Das stillgelegte *Hammam* des Scheich Baha-eddin war ein Bad, das in der Blütezeit von Schah Abbas I. im 17. Jahrhundert entworfen worden war. Nur mit der Flamme einer einzigen Kerze war es damals beheizt worden. Das hatte jahrhundertelang wunderbar funktioniert, bis einige neugierige Wissenschaftler (allesamt natürlich Engländer …) den Boiler mit der Kerze öffneten, um das Geheimnis zu lüften. Sie fanden heraus, dass die Kerze die Biogase des *Hammams* verbrannte. Leider war es damit auch um das Wunder geschehen. Bis heute ist es niemandem mehr gelungen, die Heizung wieder in Gang zu setzen.

»Taba, warum baust du mir nicht auch so eine Wunderheizung in mein Bad ein?«, fragte Rose grinsend.

Taba grinste breit zurück.

An ihrem letzten Abend in Isfahan stahlen sich Rose und Taba noch einmal heimlich davon. Endlich allein! Davon hatte Rose geträumt – Arm in Arm mit Taba am Ufer des Sayandeh Rud spazieren zu gehen, in einer wunderschönen orientalischen Stadt, inmitten fremdartiger Gerüche und Klänge, die aus den Teehäusern herüberwehten. Es war eine milde Frühlingsnacht, und der klare Fluss strömte an ihnen vorbei. Sein kräftiges Rauschen wurde gebändigt von jahrhundertealten Brücken, deren Lichter sich im Wasser spiegelten. Der sternenklare Himmel erschien ihr wie ein Hochzeitsgeschenk.

Um sie herum war trotz der späten Stunde noch die halbe Stadt auf den Beinen. Spaziergänger flanierten am Ufer entlang, in den Teehäusern unter den Brücken wurde Tee getrunken und Wasserpfeife geraucht. Gutgelaunte ältere Männer sangen Volkslieder.

Für Rose und Taba war dies einer der glücklichsten Momente ihrer Hochzeitsreise.

Am nächsten Morgen fuhren sie nach Schiraz, in die Stadt der Rosen, berühmt für seine prächtigen Gärten. Schiraz ist die Heimat der persischen Dichter und Denker Sa'adi und Hafiz. Jedes Kind lernte ihre Gedichte bereits in der Schule, und Rose war erstaunt darüber, dass selbst die Spaßvögel ihrer Reisegesellschaft Verse von ihnen auswendig aufsagen konnten. Besonders Hafiz schien geradezu wie eine Lichtgestalt verehrt zu werden. »Liebende aus dem ganzen Land kommen hierher und besuchen das Grabmal von Hafiz,« erklärte ihr Taba. »Sie erhoffen sich davon seinen Segen.« Dann erzählte er Rose von dem persischen Brauch des *Fal-e Hafiz*. »Meine liebe Rose, dieser Brauch wird dir gefallen. Schau her!« Taba nahm ein Exemplar des berühmten *Divan* von Hafiz in die Hand. »Dieses Buch dient uns als Orakel. Man stellt sich eine Frage, schlägt dann das Buch an einer beliebigen Stelle auf und zeigt auf einen Vers. Und dann geben dir die zufällig ausgewählten Worte des weisen Hafiz die Antwort auf deine Frage.«

Vor dem Hafiz-Garten hatten Orakelverkäufer ihre Stände aufgebaut. Für einen kleinen Obolus ließen sie abgerichtete Wellensittiche aus Kästen, in denen viele *Divan*-Verse auf einzelnen Zetteln steckten, die Antwort mit dem Schnabel herausziehen. Das konnte sich Rose nicht entgehen lassen, obwohl sie als aufgeklärte Deutsche am Orakel und seinen Fähigkeiten gewisse Zweifel hegte. Die Gedichte, die der Wellensittich für sie raussuchte, waren so schön wie rätselhaft. Die schwer verständlichen Verse von Hafiz waren für sie ein weiterer Ansporn, sich dem Farsi noch mehr zu widmen.

In Schiraz machte Rose das erste Mal Bekanntschaft mit einem überaus betuchten Großgrundbesitzer. Den guten Beziehungen der Tabatabais verdankten die Reisenden den Besuch seines herrschaftlichen Anwesens. Als Rose die Eingangshalle des Hauses betrat, blieb ihr die Luft weg: Spiegelmosaike, Fresken und deckenhohe bunte Bogenfenster, wohin das Auge reichte. Das Haus stand inmitten eines feudalen Parks mit Palmen, Zypressen und Rosen.

Ihr Gastgeber war nicht nur außerordentlich wohlhabend, er war zudem gebildet und rezitierte für seine Gäste Gedichte, die er während seiner Mußestunden in seinem großen Garten selbst verfasst hatte. Er war in der Dichterszene sogar schon einigermaßen bekannt, wie sich herausstellte. Seine Reichtümer bezog er von seinen Ländereien – er war ein *Khan*, ein Großgrundbesitzer wie aus dem Bilderbuch.

Er fand an der Reisegesellschaft so großen Gefallen, dass er sie zu einer Fahrt in eines seiner Dörfer einlud. Rose hatte sich nicht verhört: Er hatte tatsächlich »eines *meiner* Dörfer« gesagt …

Der Ort lag in einer trockenen, wüstenartigen Gegend in einiger Entfernung von Schiraz und machte schon auf den ersten Blick einen erbärmlichen Eindruck. Rose war entsetzt. Was für ein himmelweiter Unterschied zu Schodja-Abad! Wasser gab es nur aus einem lehmigen Tümpel, alles starrte vor Dreck, und an Strom war nicht zu denken. Von modernen Errungenschaften schienen die hiesigen Dorfbewohner Lichtjahre entfernt. Die Ansiedlung bestand aus einer Reihe einfacher Lehmhütten, ohne öffentliches Bad und ohne Dorfladen. Nicht einmal eine kleine Moschee gab es. Überall stank es zum Himmel. Die Bewohner waren bettelarm und trugen zerlumpte Kleidung.

Die Atmosphäre wirkte bedrückend. Am schlimmsten war jedoch, dass viele der Dorfbewohner, Männer, Frauen und sogar Kinder, an der auf dem Land weitverbreiteten Augenkrankheit *Trachom* litten. »Man nennt sie auch ›Ägyptische Körnerkrankheit‹«, erklärte Taba, »und man kann daran erblinden, wenn sie nicht rechtzeitig behandelt wird.«

»Wie kriegt man so was?«, fragte Rose.

»Durch eine bakterielle Infektion der Augen, die bei mangelnder Hygiene und schlechter Trinkwasserversorgung auftritt. Man erkennt die Krankheit an den bläulich-weiß verfärbten Augäpfeln.«

All das Elend der Menschen schien den Khan nicht zu kümmern. Stolz führte er die Besucher durch sein Dorf. Das Wohl seiner Leute lag ihm wenig am Herzen. Ganz so, als wären sie seine Leibeigenen.

Rose war regelrecht aufgebracht. Und plötzlich haderte sie mit dem Iran – ja, sogar mit Taba.

»Wie kann es sein, dass die Menschen in deinem Land noch so leben müssen?«

»An manchen Orten ist es eben noch so«, erwiderte er. »Die Menschen hier sind es so gewohnt. Auf Schodja-Abad geht es ziemlich fortschrittlich zu, Rose. Du darfst nicht glauben, dass es überall im Land schon so ist wie bei uns. Aber das wird sich ändern mit der Zeit.«

Es war das erste Mal, dass Rose ihre neue Heimat von einer Seite kennenlernte, die ihr gar nicht gefiel. Eine Seite jenseits der geschichtsträchtigen Städte, der iranischen Gastfreundschaft und der schönen Landschaften. Es war erschreckend, wie sehr das Wohl der Menschen hier noch vom Wohlwollen ihres Herrn und Brotgebers abhing. War er verantwortungsvoll und fürsorglich, dann ging es ihnen gut. Doch war er ein Tyrann alten Schlages, der sie nur ausnutzte, waren sie ihm ausgeliefert. Sie waren auf die Arbeit bei ihm angewiesen, denn es gab keinerlei staatliche Hilfe.

Rose musste einsehen, dass ganz offensichtlich nicht alles Gold war, was glänzte in Persien. In diesem Dorf bekam sie erstmals eine Ahnung von den feudalen Zuständen im alten Orient.

Dem letzten Ziel ihrer Reise fieberte Rose besonders entgegen: Persepolis, die antike Hauptstadt des alten Persischen Reiches.

Die Reisegesellschaft erreichte Persepolis erst spät am Abend. Sie mussten die Nacht in einem *Qahwe-chane,* einem Kaffeehaus, auf Pritschen ohne Matratzen verbringen. Hotels oder Gästehäuser gab es in dieser Gegend nicht, da nur wenige Touristen hierherkamen. Am folgenden Morgen taten meiner Mutter von dem harten Nachtlager alle Knochen weh.

Das war aber schnell vergessen. Persepolis war noch schöner als auf allen Bildern, die Rose aus ihren Büchern kannte. Aus jenen wusste sie auch, dass die Iraner die Stadt »*Tacht-e Djamschid*«, den »Thron des Djamschid« nannten.

Da lagen sie nun im Morgenlicht, die Ruinen des ehemals so imposanten Palastes der Achämenidenkönige, die Überreste der stolzen Königsresidenz, aus honigfarbenem Stein, jetzt lilafarben gegen den morgenblauen Himmel schimmernd.

Gedankenversunken stieg Rose die große breite Treppe hinauf, auf der einst die Gesandten des ganzen persischen Großreichs in feierlicher Prozession schritten, durch das Tor in den Empfangssaal, die *Apadana*. Überall waren Reliefs zu sehen; sie zeigten die Garde der Könige und die Gesandten aus vielen verschiedenen Ländern mit ihren Opfergaben an den Großkönig, die sie ihm zum Nourus-Fest zu Frühlingsbeginn darbrachten. Obwohl von der *Apadana* nur noch wenige Säulen erhalten waren, konnte Rose sich anhand der vielen Säulensockel ausmalen, wie riesig und beeindruckend der Saal damals gewesen sein musste.

Rose war überglücklich, als ein Archäologe, ein Bekannter der Familie, ihnen eine exklusive Führung anbot. Er machte sie auf so vieles aufmerksam, was ihr bislang entgangen war. Sogar Tabas Freunde schwiegen jetzt zur Abwechslung mal und verfolgten beeindruckt den Vortrag. Vielleicht bekamen sie sogar zum ersten Mal eine Ahnung davon, wie großartig die Geschichte ihres Landes war.

Roses Reiseführer hatten nicht zu viel versprochen. Persien war reich an Schätzen, und sie durfte die meisten davon mit eigenen Augen sehen. Noch vor zwei Monaten hatte sie mit ihrem Stenoblock in München gesessen und sich nicht träumen lassen, in kürzester Zeit auf Hochzeitsreise im Orient zu sein. Sie war glücklich. Und wenn sie ihren Ehemann anschaute, spürte sie ihm gegenüber tiefe Dankbarkeit für diese wunderbaren Erlebnisse.

Rose (rechts) und Edel, 1956 in München – in genau denselben
Kleidern, in denen sie Taba und seinen Cousin auf der Wiesn trafen.

Ein Mann von Welt: Mein
Vater Mojtaba Tabatabai in
München, 1956 – dem Jahr,
als er meine Mutter kennenlernte.

Trauung in Teheran, 1958. Etwas nachdenklich sitzen meine Eltern unter dem Hochzeitstuch, das von Zohre und einer anderen Verwandten gehalten wird, während Forugh zwei kleine Zuckerkegel aneinanderreibt.

Hochzeitsfeier in Schodja-Abad: Umringt von Dorfbewohnern, schauen Ameh Djun, Rose und Taba den Tanzdarbietungen der Männer zu.

Meine Eltern auf ihrer Hochzeitsreise in Persepolis. So locker könnte man auf den antiken Monumenten heutzutage nicht mehr posieren.

Unser »Schwimmbecken« in Schodja-Abad – eigentlich ein Reservoir für die Bewässerung des Gartens und der Baumwollfelder. Der Pavillon war ein beliebter Treffpunkt für Familie und Gäste.

Meine Mutter mit ihrem turkmenischen Tuch auf einem Esel
auf der Schotterstraße, die nach
Schodja-Abad führte (1958). Im
Hintergrund schwach zu sehen:
die schneebedeckten Gipfel des
Elburs-Gebirges.

Meine Mutter in Schodja-Abad,
mit Wasserkrug und in der
bunten Tracht der Einheimischen posierend.

Meine Mutter mit Einwohnern eines Dorfes am Rand der turkmenischen Steppe.

Meine Eltern bei ihrer ersten gemeinsamen Reise ans Kaspische
Meer, auf ihrem treuen Land Rover sitzend. Im Hintergrund ziehen
Fischer gerade die Netze ein.

Rose (links) und Sorur auf dem Land Rover bei einem der seltenen
Male, wo sie ihre Männer zur Jagd begleiten durften.

Mein Vater (rechts) bei seiner großen Passion, der Hochgebirgsjagd.
Für diesen Steinbock, den er 1971 in den Bergen von Majan schoss,
erhielt er eine Goldmedaille. Ausgestopft zierte das arme Tier
anschließend unser Treppenhaus in Teheran.

Meine Eltern auf einer
Party in Teheran, 1964.
Meine Mutter, eigentlich
strenge Nichtraucherin,
hält elegant eine Zigarette
in der Hand; im Vorder-
grund eine iranische
Coca-Cola-Flasche.

Unser Haus in der Maschajechi-Straße in Teheran, vom Garten aus gesehen. Heute wird das Gebäude als Schule genutzt.

Unser »offizielles« Familienfoto 1969. Schön herausgeputzt fürs persische Neujahrsfest von links nach rechts: Asi, meine Mutter Rose, Nini (ich), Amir, mein Vater Taba und Susi.

Urlaubsidylle 1970 am Kaspischen Meer: Mein Vater mit Amir und mir am Strand von Darya Kenar.

Besuch aus München: Meine Oma Thea mit Susi (l.) und Asi (r.) in unserem Garten in Teheran.

Ich im Alter von acht Jahren auf unserer Dachterrasse – mit John, Paul und Ringo.

Hochzeitsfest auf dem Lande

Die Freude im Dorf war riesengroß, als der *Agha* mit seiner frisch angetrauten Braut von der Hochzeitsreise zurückkam. Noch einmal wurde nun ein rauschendes Fest gefeiert, um das Brautpaar nach hiesiger Tradition auch auf dem Land hochleben zu lassen. Taba ließ von Ali, dem Koch, nach alter Tradition mehrere Schafe schlachten und ein großes Hochzeitsessen für das gesamte Dorf zubereiten wie auch nach persischem Brauch Süßigkeiten unter den Dorfbewohnern verteilen.

Selbst Tabas Tante Ameh Djun, obschon sie sehr alt war, ließ es sich nicht nehmen, am Fest teilzunehmen, und nahm die beschwerliche Reise nach Schodja-Abad auf sich. Die Familie staunte darüber, denn die alte Dame verließ ihr Haus eigentlich nie. Sie musste die Braut wirklich sehr ins Herz geschlossen haben.

Hier auf dem Land feierten Männer und Frauen im Gegensatz zu Teheran strikt nach Geschlechtern getrennt. Beim Fest der Männer saßen Ameh Djun, Taba und Rose als Ehrengäste auf der Veranda des Bungalows auf Stühlen und sahen den Männern bei einem traditionellen Hochzeitstanz zu. Rose hatte so etwas noch nie gesehen. In einem unglaublichen Tempo wirbelten die Männer, die jeweils zwei Stöcke in ihren Händen hielten, im Kreis und simulierten mit beeindruckender Präzision einen Kampf, während ringsum eine zweite Gruppe Männer sie mit Trommeln und Tröten musikalisch begleitete. Die Musik war ganz anders als alles, was sie bisher gehört hatte, und viel schneller als jene bei der ersten Hochzeitsfeier. Sie war fremdartig und wirkte geradezu archaisch. Sie wurde mit einer Trommel,

einer Tröte und einer Fiedel gespielt, und die Tänzer bewegten sich mit einer fast rohen, wenn auch spielerischen Wild-
heit dazu.

Später besuchte das Paar das Fest der Frauen, die in bunten, traditionellen Gewändern ebenfalls zu ihrer beider Eh-
ren musizierten und tanzten. Innerhalb nur weniger Wochen hatte Rose damit zwei Hochzeitsfeiern erlebt, wie sie
unterschiedlicher nicht hätten sein können. Beide blieben
ihr unvergesslich.

Und zum Glück war auch alles gutgegangen. Taba erzählte ihr später die Geschichte von einer Hochzeitsfeier
auf Schodja-Abad, bei der sämtliche Teppiche, die man ins
Schulgebäude gelegt hatte, wo man Gäste untergebracht
hatte, gestohlen worden waren – eine äußerst peinliche Situation für das Brautpaar, da ein Großteil der Teppiche von
Bekannten und Verwandten ausgeliehen waren. Taba hatte
zunächst den Dorfschulzen Maschti Wali beauftragt, sich
umzuhören, ob irgendjemand etwas über den Verbleib der
Teppiche wusste, und zur Not sogar einige Verhöre durch-
zuführen. Aber die Erkundungen brachten kein Ergebnis:
Die Teppiche blieben spurlos verschwunden, und Maschti
Wali war ratlos.

Schließlich wurde sogar ein Wahrsager, ein *Gheibgu*,
herbeigerufen, der den Fall aufklären sollte. Taba hatte bei
diesem Vorschlag nur den Kopf geschüttelt – im Gegensatz
zu den Dorfbewohnern hielt er von Aberglauben nicht viel.
Weil man aber in dem Fall überhaupt nicht weiterkam,
hatte er schließlich eingewilligt.

Ehrfurchtsvoll wurde der Wahrsager, der einem Derwisch
nicht unähnlich sah, von Maschti Wali empfangen und zum
Tatort gebracht. Unter einer hohen Mütze lugte sein wallen-
des, graues Haar hervor, und er trug ein langes, geflicktes

Gewand; an seinem Gürtel waren allerlei seltsame Gegenstände befestigt. Mit großen Augen flüsterte man sich zu: »Er kann das Unsichtbare sehen!«

Nachdem der Wahrsager das Schulhaus ausgiebig inspiziert, mit *Esfand,* einer Art Weihrauch, ausgeräuchert sowie einige Hühnerknochen in die Gegend geworfen und geheimnisvolle Formeln gemurmelt hatte, musste er mit einem ausgiebigen Mittagsmahl bewirtet werden. Währenddessen sprach er mit niemandem, sondern las wiederholt etwas in einem zerschlissenen Büchlein, das er stets bei sich trug. Nach dem Mahl verlangte er nach einem separaten Zimmer, in das nacheinander sämtliche erwachsenen Männer des Dorfes zu treten hatten, damit er ihre »Aura studieren« konnte, wie er sich ausdrückte.

Mehrere Stunden vergingen. Endlich trat der rauschbärtige Wahrsager aus dem Raum und verkündete der gespannten versammelten Gemeinde: »Ich erkenne ... nichts. Das Geschehene liegt im Dunkeln. Ich kann kein Licht sehen.«

»Das war's?«, fragte Rose ungläubig, nachdem sie gespannt zugehört hatte. »Dafür habt ihr den ganzen Aufwand betrieben?«

»Ich hatte es ihnen ja gleich gesagt. Das sind alles Scharlatane.«

Taba zuckte mit den Schultern. Bezahlt hatte er den Wahrsager trotzdem. Schließlich konnte man nie wissen, ob man ihn nicht doch noch mal brauchte ... Die Teppiche aber blieben auf alle Zeiten verschwunden.

Tabas Tante Ameh Djun blieb einen ganzen Monat in Schodja-Abad. Taba und Rose schliefen auf Baumwollmatratzen auf dem Boden des Wohnzimmers, während die Tante im hinteren Schlafzimmer untergebracht wurde.

Ameh Djun war über achtzig Jahre alt – so genau wusste

sie es selbst nicht. Sie trug eine dicke Nickelbrille und hatte schlohweißes Haar. Für ihr Alter war sie geistig sehr rege, nur musste Rose immer mal wieder darüber schmunzeln, wie abergläubisch sie war. Und leider auch schwerhörig. Ein typischer Dialog verlief etwa folgendermaßen:

»Ameh Djun, geht es Ihnen gut?«

»Was? Wem geht's nicht gut?«

»Nein, liebe Tante, GEHT ES IHNEN GUT?!«

»Ist wer gestorben?«

»Nein, niemand ist … ach, egal.«

Ameh Djun glaubte ganz fest an den »bösen Blick«. Ständig musste alles, was in ihrer Umgebung nicht niet- und nagelfest war, ausgeräuchert werden, um diesem bösen Blick vorzubeugen.

Rose merkte schnell, dass die Iraner vor dem berühmten bösen Blick geradezu panische Angst hatten. Zum Glück kannten sie allerlei Möglichkeiten, sich davor zu schützen. Man trug Amulette, verbaute in alle möglichen Gegenstände blaue Steine, klopfte sich dreimal auf den Kopf, biss sich in die Hand und und und … die Liste schien endlos. Man musste sogar darauf achten, Dinge oder Menschen, die einem gefielen, nicht zu sehr zu loben, denn damit forderte man den bösen Blick heraus. Da man aber, *Ta'arof* sei Dank, auf der anderen Seite unbedingt Höflichkeiten austauschen musste, war es äußerst wichtig, sofort nach einem Kompliment »*Maschallah*« – »Was Allah will« zu sagen. Damit wendete man das Unglück ab. Am besten klopfte man dabei gleich noch auf Holz, um wirklich auf der sicheren Seite zu sein.

Bei Ameh Djun stand zudem jeder Besucher auf dem Prüfstand. Denn bewusst oder unbewusst, gewollt oder ungewollt: Jeder Gast konnte einen guten oder schlechten

Ghadam (»Schritt«) haben und dem Brautpaar entweder Glück oder Pech bringen.

Ameh Djuns Kriterien waren so streng wie verwunderlich. Wenn man, kurz nachdem ein Gast eingetroffen war, eine gute Nachricht bekam, dann war dieser Gast ein Glücksbringer im wahrsten Sinne des Wortes, und man wünschte ihm ein langes Leben. Ging aber gerade zu dieser Zeit im Haus etwas schief, zerbrach also etwa ein Glas oder verletzte sich jemand oder wurde gar krank, dann war das eindeutig die Schuld des Besuchs – auch noch lange nach dessen Abreise. Sein *Ghadam* war schlecht, er hatte durch sein bloßes Erscheinen Unglück über das Haus gebracht. Ganz offenbar hatte dieser Gast – da hatten wir es wieder – einen bösen oder neidischen Blick auf einen Gegenstand oder die nunmehr verletzte Person geworfen – sagte zumindest der Aberglaube.

Natürlich ließ man sich als höflicher Gastgeber nichts anmerken, auch wenn man bereits sicher wusste, dass der Gast ein potentieller Unglücksbringer war. Aber man legte dann weder Wert auf einen allzu langen Aufenthalt noch auf übermäßige Zuneigungsbekundungen, und seine Geschenke rührte man vorsichtshalber gar nicht an und verschenkte sie bei nächster Gelegenheit weiter.

Rose erfuhr das alles erst nach und nach und auch erst, als sie schon eine Zeitlang in Schodja-Abad war. Zu diesem Zeitpunkt hatte sie aber im Ort schon oft und gern die Dorfbewohner in ihren Häusern besucht. Erst jetzt begriff sie, dass sie in den Augen der Leute womöglich Unglück mit sich gebracht haben könnte, und wurde vorsichtiger mit ihren Besuchen. Warum hatte Taba ihr eigentlich nichts davon gesagt? Rose war ein wenig enttäuscht von ihm. Woher sollte sie sich mit diesen Verhaltensregeln auskennen, wenn niemand sie darüber aufklärte? Was, wenn nun ausgerechnet ein Unglück über eine Familie hereinbrach, die sie gerade besucht hatte? War sie dann für immer verfemt?

Zu ihrer Erleichterung fiel die Ernte im ersten Jahr gut aus. Ihr *Ghadam* hatte also Glück gebracht.

Ameh Djun glaubte, wie viele andere Iraner ihrer Generation, auch ganz fest an Geister. Sie witterte sie fast überall. Eines Nachts wachte Rose auf, weil es draußen auf der Veranda rumpelte und polterte.

Im Schein der Petroleumlampe stand sie auf, um nachzusehen, woher der Lärm kam. Sie traf auf Ameh Djun, die nicht schlafen konnte und offensichtlich ihre Brille nicht aufhatte, denn sie erkannte Rose nicht. »Wer bist du?«, rief sie. »Bist du ein Geist?«

»Nein, liebe Tante, ich bin's, Rose!«

»Welcher Geist?« Ihre Schwerhörigkeit machte die Sache für Rose nicht leichter. »Wenn du ein Geist bist, tu mir nichts, ich habe auch nichts getan!«

»Nein, Ameh Djun, ich bin's, Rose, Modjtabas Frau.«

Um die alte Dame nicht weiter in Angst und Schrecken zu halten, ging Rose schnell ins Zimmer, holte Ameh Djuns Brille und setzte sie ihr auf.

»Gott sei Dank, du bist es, Rose! Hast du mich aber erschreckt!«, seufzte sie erleichtert und ließ sich von Rose ins Bett zurückführen.

Aber nicht nur in ihrem Geisterglauben war Ameh Djun unerschütterlich, auch bei der Wahrung von Standesunterschieden erwies sie sich als rigoros. So bekam eine Bäuerin, die Rose überschwänglich geherzt und geküsst hatte und ihr sagte, sie würde die Dame Rosemarie wie ihre Schwester lieben, von der alten Dame mit eisigem Blick zu hören: »Möge Gott verhüten, dass du die Schwester von Rosemarie-Chanom bist.« Da war er wieder, der alte persische Standesdünkel. In diesen Momenten mochte Rose das Land etwas weniger als sonst.

Kurz nachdem Ameh Djun von Taba wieder nach Teheran gebracht worden war, kündigte Mostafa seinen Besuch an. Mostafa war der einzige Bruder von Taba, den Rose weder auf ihrer Hochzeit noch bei ihrer Ankunft in Teheran kennengelernt hatte. Er wohnte mit seiner Familie in Abadan, einer Hafen- und Erdölstadt weit im Süden des Landes, am Persischen Golf. Rose war sehr gespannt auf ihn. Ihr Mann hatte ihr so viel von ihm erzählt und oft erwähnt, wie gut Mostafa Deutsch sprach.

Sie sollte nicht enttäuscht werden. Mostafa hatte von 1938 bis 1950 in Deutschland und Österreich gelebt und sprach nicht nur hervorragend und nahezu akzentfrei Deutsch, sondern beherrschte sogar einige Dialekte wie Kölsch, Österreichisch und Bairisch.

Mostafa hatte in Köln und Berlin Maschinenbau studiert. Er war einer der iranischen Studenten gewesen, die in der Zeit von Reza Schah mit einem Stipendium zum Studium ins Dritte Reich geschickt wurden. Aufgrund der guten Beziehungen, die Reza Schah mit Hitler pflegte, hatte Mostafa selbst als Ausländer in Nazi-Deutschland keine großen Probleme gehabt.

In Berlin lebte er bis 1942, genau genommen in Charlottenburg, und er schwärmte von der Schönheit der deutschen Städte vor dem Krieg, die Rose nicht mehr mitbekommen hatte. Er war sehr gebildet und kannte nicht nur alle wichtigen deutschen Schriftsteller, sondern auch zahlreiche Opern. Rose war völlig hingerissen von der Tatsache, dass Mostafa sogar deutsche Volkslieder auswendig konnte.

Mostafa sah Taba sehr ähnlich und hatte das gleiche ansteckende Lachen. Besonders spannend fand es Rose, wenn Mostafa ihr Geschichten über die Tabatabais erzählte. Von denen gab es mehr als genug.

Die Tabatabais

Stundenlang konnte meine Mutter meinem Onkel Mostafa zuhören, wenn er mit Familiengeschichten aufwartete. Am liebsten mochte sie es, wenn er aus den Jahren vor Tabas Geburt erzählte, als die Familie noch in Qom lebte – Geschichten, die er später auch mir und meinen Geschwistern erzählt hat.

In der heiligen Stadt Qom mit dem berühmten Schrein der Fatemeh ging es streng religiös zu, viel strenger als später in Teheran. Einmal beispielsweise bewarfen die Kinder aus der Nachbarschaft einen alten Kurden auf der Straße mit Steinen und riefen ihm Spottreime hinterher – einfach nur deswegen, weil er Sunnit und kein Schiit war. Der kleine Mostafa plapperte die Reime der Nachbarskinder zu Hause nach und erhielt dafür eine ordentliche Strafpredigt von meinem Großvater, der es nicht duldete, wenn man auf Schwächere losging.

Dessen Mutter, meine Urgroßmutter, wurde von allen ehrfürchtig »*Chanom Bosorg*«, »Große Dame«, genannt. In der Tat war sie eine elegante Erscheinung mit einer imposanten, tiefen Stimme, fast wie der eines Mannes. Sie hatte beste Beziehungen zum Kadscharenhof und war die Tante eines Prinzen. Vor ihr hatten Mostafa und die anderen Kinder einen Heidenrespekt.

Chanom Bosorg trug eine Brille, war stets mondän gekleidet und weigerte sich, den islamischen *Hidjab* zu tragen, die traditionelle Verschleierung der damaligen Zeit. Das trauten sich im tiefreligiösen Qom nur die wenigsten Frauen. Und das, obwohl ihr Schwager ein Ayatollah war, also ein hoher schiitischer Geistlicher, und das Schleierverbot durch Reza Schah erst viel später, im Jahr 1936, kommen sollte. Der Einfluss der Moderne in Persien war damals, um 1920 herum, noch gering, zumal in Qom, und Chanom Bosorg muss so gesehen eine Vorreiterin und eine bemerkenswerte Frau gewesen sein.

Um ihren Hals hing stets eine überlange dicke Kette. Wenn die einzelnen Glieder ihres Schmucks aneinanderstießen, gab es ein metallenes Geräusch, das den Kindern schon von weitem ihren Besuch im Haus der Eltern ankündigte. Dort hielt sie aus unerfindlichen Gründen mehrere Katzen, die sie mit ihrer markanten Stimme rief: »Houri, Pari, Muschi, Pischi!« – und wie sie noch alle hießen. Wehe, eine der Katzen fehlte! Dann wurde ihre Schwiegertochter dafür verantwortlich gemacht und gemaßregelt. Genauso verhielt es sich, wenn von den Granatäpfeln, die sie im Hause des Sohnes lagerte, welche abhandengekommen waren. Natürlich hatten die Kinder sie gegessen, aber keiner von ihnen traute sich, es zuzugeben.

Warum sie ihrer Schwiegertochter, also Tabas Mutter, ihr herrisches Verhalten zumutete, konnten die Geschwister nur ahnen. Vielleicht gehörte der Großmutter das Haus, in dem sie damals wohnten? Vielleicht nutzte sie auch nur ihre Stellung als Respektsperson aus, um ihre Schwiegertochter zu schikanieren? Wie auch immer, die Mutter Rokhsare, eine geduldige und liebevolle Seele, ließ es über sich ergehen.

Mostafa geriet immer ins Schwärmen, wenn er von seinem Vater und meinem Großvater, Mir Sadreddin, erzählte. Er war ein sanftmütiger, freundlicher und belesener Mann und Arzt von Beruf. Zeitlebens weigerte er sich, für seine medizinischen Behandlungen Geld von den Patienten anzunehmen, auch nicht, wenn diese wohlhabend waren – er konnte einfach nicht guten Gewissens sein Brot mit dem Leiden kranker Menschen verdienen. Das war zwar sehr edelmütig, aber unter wirtschaftlichen Gesichtspunkten eine Herausforderung. Um seine Familie zu ernähren, war mein Großvater am Kadscharenhof beim Schatz- und Finanzamt angestellt (die Kadscharen waren die Schah-Dynastie vor den Pahlawis und regierten den Iran bis 1925). Seine Praxis war bei ihm zu Hause. Dort behandelte er nach Dienstschluss mit Hilfe seiner Frau und seines Sohnes Zia bis in die tiefen Abendstunden seine zahllosen Patienten.

Außerdem betrieb Mir Sadreddin in Qom noch eine Apotheke mit angeschlossenem Laboratorium. Dort stellte er, zusammen mit seinen beiden ältesten Söhnen aus erster Ehe, selber Medizin her, insbesondere während des Ersten Weltkriegs, als jegliche Arzneien knapp waren.

Mir Sadreddins erste Frau war seine Cousine gewesen, die allerdings jung an Tuberkulose verstorben war, genauso wie zwei weitere Kinder des Paares. Auch sein ältester Sohn sollte später mit vierzehn Jahren an dieser Krankheit sterben, der damals ganze Landstriche zum Opfer fielen.

Mir Sadreddin heiratete 1910 ein zweites Mal. Aus der Ehe mit der dreizehn Jahre jüngeren Rokhsare Wazirnezami stammten, im regelmäßigen Abstand von je drei Jahren, die übrigen sieben Kinder: die älteren Söhne Zia, Schodja und Mostafa, die beiden Töchter Forugh und Tal'at und schließlich Roses Ehemann Modjtaba und als Jüngster der 1929 geborene Schamsi.

Mein Großvater galt als Universalgelehrter. Man sagte ihm nach, er sei eine wandelnde Enzyklopädie, so umfassend waren seine Kenntnisse in Medizin, Mathematik, Rechnungswesen, Geschichte, französischer und arabischer Sprache und nicht zuletzt in persischer Literatur. Seine größte Leidenschaft aber galt der klassischen persischen Musik. Er studierte die persische Laute – die *Tar* – bei einem Großmeister dieses Saiteninstruments. Die klassische persische Musik basiert auf traditionellen Melodienabfolgen – »*Radif*« genannt –, die vom Meister mündlich an seine Schüler und auf diese Weise über Generationen weitergegeben werden. Jeder Meister entwickelt dabei seine eigene Interpretation dieser melodischen Figuren und improvisiert neue, eigene Melodien, die dann seinen Namen tragen.

Jetzt verstand Rose auch, warum ihr Mann und alle seine Geschwister so musikalisch waren und mindestens ein Instrument spielten. Zia, Schodja und Mostafa waren sogar Mitglieder einer bekannten Musikgruppe gewesen. Mit ihnen sangen berühmte persische Sängerinnen der damaligen Zeit. Sehr gerne begleiteten sie auch Stummfilmvorführungen in den Kinos musikalisch. Dies alles ging nicht selten bis spät in die Nacht, und ihre Mutter musste oft genug Kopfkissen unter ihre Bettdecken stopfen und die Haustür heimlich offen lassen, damit der Vater es nicht bemerkte, wenn die Brüder nach einem Konzert und einer durchfeierten Nacht erst im Morgengrauen nach Hause kamen.

Mein Großvater wurde aufgrund seiner Arbeit beim Finanzamt alle paar Jahre in eine andere Stadt versetzt, und so verschlug es die Familie auch für einige Jahre nach Kaschan, einer Stadt zweihundert Kilometer südlich von Teheran. Hier wurde im Sommer 1926 mein Vater geboren. Das genaue Datum weiß niemand. Mein Großvater hatte die Geburtsdaten aller Kinder auf der Rückseite des Familienkorans vermerkt, der aber irgendwann verlorenging.

Geburtstage wurden in Persien allerdings nicht besonders hochgehalten, weshalb die Familie den Verlust schnell verschmerzte. Erst seit 1925 gab es eine behördliche Meldepflicht, womit theoretisch jeder Iraner mitsamt seinem Geburtsdatum aktenkundig wurde. Davor war es noch nicht einmal üblich, einen Familiennamen zu tragen.

Mostafa erinnerte sich, dass der kleine Taba ganz besonders an seiner Mutter hing. Wenn sie in der vom Holzfeuer rauchgeschwärzten Küche stand, hing er gerne an ihrem Rockzipfel, statt draußen mit den anderen zu spielen. Er wollte lieber auf ihren Arm genommen werden.

Im Teheran der dreißiger Jahre, wo die Familie nach einigen Stationen schlussendlich gelandet war, verbrachten die Geschwister eine unbeschwerte Jugend. Bei jeder Gelegenheit machten sie Musik und scherten sich wenig um die Kritik der strenggläubigen Muslime. Die Familie glaubte fest an die Vorteile eines säkularen, demokratischen Staates und von Toleranz und Humanismus. Forugh und Tal'at trugen westliche Kleider und zählten zu den modernen jungen Frauen der Stadt. Die beiden Mädchen waren unzertrennlich. Als Mostafa ihr davon erzählte, sah Rose plötzlich wieder Forugh vor sich, wie sie vor einigen Monaten neben ihr in der Küche gestanden und ihr unter Tränen vom Tod der Schwester erzählt hatte.

Mostafa erzählte auch, wie im Sommer vor dem Ausbruch des Zweiten Weltkrieges etwas Wunderliches passierte: Er studierte gerade in Köln, als ihm sein Vater im Traum erschien und ihm mit deutlichen Worten sein baldiges Ableben mitteilte. *Mein lieber Mostafa, wir werden uns in dieser Welt nicht mehr wiedersehen! Gott beschütze dich!* Sofort schrieb Mostafa seinem Bruder Zia – der ihm tatsächlich wenig später antwortete, dass der Vater gestorben war.

Ihre Mutter Rokhsare kam über diesen Verlust nicht hinweg. Sie weinte ein ganzes Jahr, bis sie 1940 schließlich vor Kummer ebenfalls starb. Die Kinder waren nun auf sich gestellt und berieten über die Zukunft. Der vierzehnjährige Taba kam zu Schodja, der mit seiner Familie in Gorgan lebte, der elfjährige Schamsi blieb in Teheran bei Zia.

Mein Vater verbrachte seine Jugendjahre und auch seine Militärzeit in Gorgan. Gerne wäre er schon im Anschluss an den Wehrdienst nach Deutschland gegangen, um zu studieren. Aber sein Bruder brauchte ihn, um Schodja-Abad aufzubauen, und so musste er sich noch acht Jahre gedulden, bis sein Wunsch 1956 in Erfüllung ging. Zum Glück, denn sonst wäre er wohl kaum an jenem Septemberabend über die Wiesn gelaufen, als auch Rose und Edel sich dort aufhielten.

Rose kam aus dem Staunen nicht mehr heraus. Sie war beeindruckt, wie gut Mostafa die Ahnengeschichte der Tabatabais kannte.

Die Ruhestätte der Familie in der alten Stadt Rey ist heute dieselbe wie damals: ein traditionelles Mausoleum aus hellen Ziegeln mit Bogenfenstern und zwei unterschiedlich großen Bestattungsräumen – ein kleiner für meinen Ur-Urgroßvater Ayatollah Seyed Sadegh Tabatabai und ein großer Saal für all die anderen Tabatabais, die bis 1988 gestorben sind. Danach wurde das Mausoleum geschlossen, weil kein Platz mehr vorhanden war. Die Wände, Türen und Fenster sind kunstvoll mit blauen, gelben und grünen Kacheln geschmückt, wie man sie sonst an Moscheen findet.

Mostafa erzählte Rose, dass der Stammbaum der Tabatabais auf über fünfunddreißig Generationen bis zu Ali-ebneabi Taleb zurückgehe, jenem Neffen und Schwiegersohn des Propheten Mohammeds, den die Schiiten als rechtmäßigen Erben des Propheten ansehen. Sie erfuhr auch erst durch Mostafa, dass alle männlichen Tabatabais den Beinamen *Seyed* trugen, um sie damit als Nachkommen des Propheten auszuweisen – eine ganz besondere Ehrenbezeichnung, die unter gläubigen Schiiten von großer Bedeutung ist.

Mein Ur-Urgroßvater Seyed Sadegh war es, der der Familie zu der außergewöhnlichen Familiengruft in Rey verholfen hatte. Er war ein angesehener Großayatollah und der Vater von Tabas Großvater. Der Kadscharenkönig Nasseredin Schah hatte ihn am Ende des 19. Jahrhunderts an den Hof nach Teheran gerufen. Mostafa erzählte, wie eines Tages ein einflussreicher Minister versuchte, den ehrwürdigen Großayatollah in einem Erbrechtsstreit mit Gold zu bestechen. Seyed Sadegh jagte den Boten daraufhin samt den fünfhundert Pfund Gold davon. Nachdem der Minister davon hörte, wäre er vor Scham am liebsten im Erdboden versunken. Als der Großayatollah einige Jahre später starb, baute der Hofrat für ihn von ebenjenem Gold, mit dem versucht worden war, ihn zu bestechen, dieses Mausoleum. So kam meine Familie in den Besitz einer wunderschönen Grabstätte.

Der Sohn des Großayatollahs, mein Urgroßonkel Seyed Mohammad, ebenfalls ein wichtiger Ayatollah, war es dann, der wesentlich zur *Maschrutiat,* der konstitutionellen Revolution von 1906 beitrug, indem er einen Brief an den regierenden Schah mitverfasste, in dem er die Missstände im Land anprangerte. Die *Maschrutiat* führte zum Sturz der absolutistischen Kadscharendynastie und ermöglichte die erste Verfassung in der persischen Geschichte.

Sein Bruder wiederum war mein Urgroßvater Seyed Mohammad Bagher, Ehemann der schon erwähnten »großen Dame«. Er hatte nur eine Tochter und einen Sohn: Effat Chanom, bekannt als Ameh Djun, und meinen Großvater, den verehrten Mir Sadreddin Tabatabai.

Bei den Turkmenen

Brief von Thea an ihre Tochter vom 6. Mai 1958:

Meine lieben Rinder!
Nun ist Euer schönster Tag schon vorüber, und ich konnte nicht einmal an ihm teilhaben und mich mit Euch freuen. Wir wollen Gott bitten, dass er Euch segnet und Euch Gnade und Barmherzigkeit schenken möge und Weisheit, auf dass Ihr die Unzulänglichkeiten des menschlichen Daseins und des täglichen Lebens meistern und überwinden lernt und verzeihen und verstehen für Eure gegenseitigen Fehler und Schwächen aufbringt und diese mit Geduld ertragen lernt.
Friede sei mit Euch. Eure Mutter

Diesen Brief hielt Rose wenige Wochen nach ihrer Hochzeit in den Händen. Natürlich hat meine Großmutter nicht »Meine lieben Rinder« geschrieben, sondern »Meine lieben Kinder«. Aber in ihrer schönen altdeutschen Schrift liest sich das K wie ein R, worüber wir Geschwister uns immer totlachten. Seither wird in unserer Familie kaum ein Brief oder eine E-Mail versandt, ohne dass wir auf diesen Running Gag *Liebe Mama, liebe Rinder* Bezug nehmen.

Rose war erleichtert, dass ihre Mutter die überstürzte Vermählung so tapfer aufnahm. So war erst einmal Friede, und sie konnte sich in aller Ruhe an das beschauliche Leben in Schodja-Abad gewöhnen. (Das dicke Ende, als Thea herausfand, dass Rose sie bezüglich des Termins angelogen hatte, stand damals erst noch bevor ...)

Oft ging Rose stundenlang an ihrer geliebten frischen Luft im nahe gelegenen Wald spazieren, stets begleitet von einer ganzen Traube vorwitziger Dorfkinder, die die junge Frau des *Agha* neugierig beäugten. Rose war nämlich in keinster Weise gewöhnlich. Sie sah nicht nur exotisch aus, im Gegensatz zu allen anderen *Chanoms* (»Damen«), die die Kinder bisher getroffen hatten. Nein, sie unterhielt sich sogar ausführlich mit ihnen. Und wenn man nur lange genug in ihrer Nähe blieb, bekam man manchmal Süßigkeiten geschenkt, vor allem, wenn man ihr ein Sträußchen Veilchen brachte. Die neue *Chanom* war eigentlich ganz nett. Warum aber sprach sie nur so seltsam?

Der Drang meiner Mutter nach frischer Luft bereitete meinem Vater Kopfzerbrechen. Er bat sie mehrmals, nicht alleine spazieren zu gehen, schon gar nicht im Wald. »Es gibt in dieser Gegend jede Menge wilde Tiere – Schakale, Wölfe, Bären, sogar Tiger. Erst vor ein paar Wochen sind zwei davon in der Gegend gesehen worden!«

Oh nein, dachte Rose, *hoffentlich will Taba jetzt nicht noch ein Tigerfell als Trophäe in den Bungalow hängen, neben den Geparden und den Bären.* Tabas Leidenschaft für die Jagd wurde ihr wohl immer ein Rätsel bleiben, genauso wie der pelzige Wandschmuck.

Rose kannte bei ihren Spaziergängen freilich keine Angst. Wenn sie barfuß den schmalen Trampelweg entlang der grünen Felder hinunterlief und der Sonne dabei zusah, wie sie hinter den nahen Bergen unterging, fühlte sie sich sehr sicher. Die Landschaft war ihr von Anfang an vertraut. Es war so wunderbar still hier, man hörte nur das Summen der Grastiere, das Vogelzwitschern, die Stimmen der Bauern, die sich auf den Feldern etwas zuriefen, oder in der Ferne einen bellenden Hund. Ein wenig erinnerte es sie ans bayerische Voralpenland. Die Luft war weich und angenehm, besonders, wenn es geregnet hatte. Voll Mitleid dachte sie manchmal an all die Menschen, die in den Städten Tag für Tag in grauen Büros sitzen und ans Geldverdienen denken mussten. Sie war dankbar, dass es sie hierherverschlagen hatte und nicht ins staubige Teheran oder gar in den heißen Süden des Landes.

Es gab noch einen weiteren Grund, aus dem Taba seine Frau gebeten hatte, sich nicht allzu weit vom Dorf zu entfernen: die Turkmenen in der Umgebung. Sie galten unter den Iranern gemeinhin als ebenso freiheitsliebendes wie kriegerisches Nomadenvolk, mit dem man sich besser nicht anlegte. Es hieß, sie stammten direkt von Dschingis Khan ab. Ihre Stämme waren weit über ganz Zentralasien verbreitet. Dschingis Khan hatte mit seinen Horden vor acht Jahrhunderten Persien überfallen und unzählige Menschen mit unbeschreiblicher Grausamkeit umbringen lassen. Der Schrecken darüber saß den Iranern tatsächlich noch heute in den Gliedern, und selbst den Kindern drohte man, wenn sie frech waren, noch mit den Mongolen.

Man akzeptierte die Turkmenen deshalb nur unter Vorbehalt. Es hieß, selbst die benachbarte Sowjetunion habe es nicht geschafft, sie zu zähmen. Hier wie dort würden sie immer noch mit ihren Reitern Dörfer überfallen, rauben und sogar Menschen entführen, besonders gerne Kinder.

Allerdings konnte sich Taba beim besten Willen nicht erinnern, wann er das letzte Mal davon gehört hatte. Außerdem hatten er und Schodja von den Stammesfürsten der Turkmenen große Landstriche gepachtet und über die Jahre ein gutes Verhältnis zu ihnen aufgebaut. »Aber man kann nie wissen«, lautete sein Credo. »Bleib also immer in Sichtweite des Dorfes, Rose!«

Rose indes war fasziniert von diesem wilden und ursprünglichen Stamm und seiner archaischen Lebensweise, die sich seit Jahrhunderten nicht verändert hatte. Sie bekniete meinen Vater so lange, bis sie ihn bei nächster Gelegenheit zu einem Geschäftstermin bei jenem Turkmenenstamm begleiten durfte, von dem er die Ländereien gepachtet hatte.

Als das Paar mit dem Land Rover auf dem Lagerplatz der Turkmenen vorfuhr, kam Rose aus dem Staunen nicht heraus. Vor ihr tat sich eine Siedlung aus Zelten auf. Die kreisrunden, dunkelbraunen *Aladschigh* wirkten so massiv, als seien sie kleine, zerlegbare Hütten. Voneinander abgegrenzt wurden die Zelte durch lange Zäune, auf deren Pflöcken aufgespießte Pferdeschädel steckten.

Ob an der Theorie mit Dschingis Khan doch etwas dran war? Jedenfalls fiel Rose sofort auf, dass die Turkmenen mit ihren schrägen Augen, ihren hohen Wangenknochen und den runden Gesichtern eine große Ähnlichkeit mit den Mongolen hatten, von denen sie Fotos in Sven Hedins Büchern über Tibet und die Mongolei gesehen hatte. Sie besaßen große, wunderschöne, gepflegte Pferde. Taba erzählte ihr, dass die Turkmenen für ihre schnellen Vierbeiner weltberühmt waren.

Die Männer trugen ausnahmslos zottelige schwarze Schaffellmützen und blickten ernst drein. Die Frauen sahen in ihren bodenlangen, mit durchlöcherten Münzen benähten Kleidern, den knöchellangen, bunt bestickten Hosen und mit ihren farbenprächtigen Tüchern, die sie sich um den Kopf gebunden hatten, ziemlich malerisch aus.

Auffällig war, dass alle Frauen edelsteinbesetzte Ketten mit großen runden Silber- und Goldscheiben vor der Brust trugen. Sogar die kleinen Mädchen hatten schwere, lange Silberketten um den Hals. Später erfuhr Rose, dass dieser Schmuck und die Münzen auf den Kleidern den Reichtum derjenigen anzeigten, die sie am Leibe trugen. Nach turkmenischem Recht war dies das einzige Eigentum der Frauen. Sie trugen es deshalb immer bei sich, auch für den Fall, dass sie von ihrem Mann verstoßen wurden.

Das Paar wurde vom Dorfältesten begrüßt und in sein Zelt eingeladen, wo es im Schneidersitz auf Filzteppichen Platz nahm. Es wurde Tee und Fladenbrot mit Butter aus einer großen Schale gereicht, aus der man sich selbst bediente. Das Reden überließ Rose hier lieber Taba.

Nach dem Empfang im Zelt schauten sie sich noch ein wenig in der Siedlung um. Das Teppichknüpfen besorgten, wie es schien, ausnahmslos die verheirateten Frauen. Eine gute Knüpferin galt wohl auch als wertvolle Ehefrau, denn sie versorgte nicht nur die Familie mit den begehrten wolligen Lehmbodenbelägen, sondern es blieben immer auch Stücke übrig, die der Ehemann zur nächsten Stadt bringen und verkaufen konnte. Eine fein gearbeitete Brücke im typischen Turkmenenmuster mit roten, weißen und schwarzen Farben kauften die Kunden damals in Gorgan für umgerechnet einhundertfünfzig bis zweihundert Deutsche Mark. Davon konnte eine Turkmenenfamilie etliche Monate leben. Und so hockten die Frauen den ganzen Tag mit gebeugtem Rücken am horizontalen Teppichrahmen auf dem Boden und knüpften. »Kein Wunder, dass sich viele Turkmenen so viele Frauen wie möglich anschaffen, obwohl das gesetzlich verboten ist«, raunte Taba meiner Mutter zu, während sie sich umschauten.

Zum Abschied schenkte der Dorfälteste Rose ein schwarzes Lamm sowie ein goldgelb-braun-weißes Seidentuch mit turkmenischem Muster, worüber sie sich besonders freute. Sie ließ es sich gleich fachmännisch um den Kopf binden. Und als besonderes Zeichen der Ehrerbietung wurde ihr ein kleiner Teppich überreicht, in den ihr Name eingewebt war. Man hatte sich sehr viel Mühe mit der ausländischen Schreibweise gegeben. Dieser kleine Teppich prangt heute noch an einer Wand in der Wohnung meiner Mutter. In wunderschönen lateinischen Lettern steht dort weiß auf rot: ROZMARI.

Die tüchtige Deutsche

Sosehr Rose es liebte, stundenlang die Gegend rund um Schodja-Abad zu erkunden, so gewöhnungsbedürftig war die Umstellung auf das Leben einer *Chanom*. Sie war es nämlich gewohnt gewesen, einer Arbeit nachzugehen. Schon als Kind hatte sie ihrer Mutter im Haushalt geholfen, war in der Schule fleißig gewesen und hatte bis zu ihrer Abreise täglich bei Hayler im Büro gearbeitet. Zudem legte sie Wert auf eine gewisse Unabhängigkeit. In München war sie durch die Stadt gelaufen, wie es ihr passte, und wenn sie dabei noch einen Abstecher auf die Wiesn machen wollte, dann tat sie das einfach. Es machte ihr zu schaffen, dass ihre geliebten Alleingänge hier nicht gern gesehen waren.

Am Anfang war alles neu und aufregend gewesen. Aber

mittlerweile fehlte ihr eine Beschäftigung, die aus etwas anderem bestand als Lesen, Spazierengehen und Gäste bewirten. Hierin unterschied sie sich doch stark von den iranischen Frauen, die es gewohnt waren, hauptsächlich zu Hause zu sein und sich, je nach der Stellung ihres Mannes, entweder um den Haushalt zu kümmern oder die Bediensteten zu beschäftigten.

Überhaupt hatte Rose seit ihrer Ankunft Probleme damit, Bedienstete zu haben. Es war ihr peinlich, wenn jemand für sie aufräumte und arbeitete, während sie die Füße hochlegte. Gleichzeitig wusste sie, dass es auch nicht richtig war, wenn sie ihnen die Arbeit abnahm. Die Hausangestellten erwarteten ihre Anweisungen und dass sie sich als *Chanom* wie eine Herrin verhielt. Trotzdem, sie fühlte sich einfach nicht wohl in dieser Rolle.

Ihr Gewissen beruhigte sie, indem sie sich häufig mit den Dörflern unterhielt und sie auch besuchte. Ein ungewöhnliches Verhalten für eine *Chanom*, aber eine solche wollte Rose ja eigentlich gar nicht sein. Eine aufwendige Frisur, lange Fingernägel und elegante Kleidung – all die Attribute einer *Chanom* waren ihr im Grunde egal. Und stundenlang mit Gästen zu plaudern und Karten zu spielen wurde ihr auf Dauer schlichtweg zu langweilig. Sie brauchte eine Beschäftigung.

Gleich nach ihrer Ankunft in Schodja-Abad war ihr aufgefallen, wie ungepflegt viele Dorfkinder herumliefen. Natürlich herrschten hier auf dem Land andere Verhältnisse als in München, aber nichtsdestotrotz: Tatendurstig beschloss sie, die Dorfjugend zu bekehren und ihr deutsche Hygiene beizubringen.

Ihr Projekt begann mit der kleinen Tochter des Kochs Ali Agha. Sie seifte und schrubbte das Mädchen eigenhändig und kämmte ihr von Wind und Wetter zerzaustes Haar, was kein leichtes Unterfangen war. Das Kind war es offenbar gewöhnt, nur während des wöchentlichen *Hammam*-Besuches die Haare gewaschen und gebürstet zu kriegen, und wehrte sich mit Händen und Füßen. Mit ihrem Resultat war Rose aber schließlich ganz zufrieden: Die Kleine sah nun recht manierlich und hübsch aus – fand sie.

Ali Agha hingegen war von der Sache überhaupt nicht begeistert. Er packte die Kleine am Arm und zog fluchend von dannen. Rose verstand nicht alles, was er sagte, aber immerhin so viel, dass sie beschloss, sich in Zukunft ein anderes Verwirklichungsfeld zu suchen.

Taba hatte ihr einmal von den geheimnisvollen Hügeln rund um das Dorf erzählt. Diese Hügel seien von Menschenhand erbaut worden und uralt, mindestens aus der Bronzezeit. Wahrscheinlich hätten sie einst als Leuchtfeuerposten gedient, aber Genaueres wüsste man bis heute nicht über ihre Entstehung und ihren Zweck.

Roses Interesse war geweckt. Sie sah sich schon wie eine echte Archäologin Ausgrabungen machen und sensationelle Erkenntnisse zu Tage fördern. Ihrer Euphorie wurde von Taba allerdings ein jähes Ende gesetzt: »Um dort zu graben, braucht man eine offizielle Genehmigung, und die bekommt man nur in Gorgan.«

Taba mochte es nicht, wenn seine Rose enttäuscht war. Deswegen beantragte er tatsächlich eine solche Genehmigung. Da aber auch im Iran die behördlichen Mühlen langsam mahlen und sie über Wochen vergebens auf Nachricht aus Gorgan warteten, gab Rose auch dieses Vorhaben schließlich auf. Ihre archäologische Karriere beschränkte sich fortan darauf, Bauern, die gehört hatten, dass sie sich für alte Krüge und Scherben interessierte, ihre Funde abzukaufen. Die Bauern scherten sich ohnehin weniger um staatliche Genehmigungen und schmolzen auch schon mal Goldstücke ein, die sie bei der Feldarbeit oder bei Raubgrabungen gefunden hatten.

Größeren Erfolg hatte Roses Einsatz als Aushilfslehrerin. Taba und Schodja hatten für die Kinder ihrer Arbeiter eine Schule gebaut. Es war das größte Gebäude des Dorfes und hatte drei Klassenräume mit großen Fenstern, eine lange Veranda, eine Küche, ein Lehrerzimmer und sogar Innentoiletten. Die einfachen Tische und Stühle für die Klassenzimmer hatte ein Tischler aus dem benachbarten Fazelabad gezimmert. Die Kinder, die die Schule besuchten, stammten mittlerweile nicht mehr nur aus Schodja-Abad, sondern auch aus Dörfern der Umgebung, die noch keine eigenen Schulen besaßen.

Der Lehrer wurde von Taba bezahlt. Später dann wurden durch ein Bildungsprogramm der Regierung viele Lehrer in entlegene Regionen geschickt. Der Schah hatte für seine »Armee des Wissens« junge Wehrpflichtige rekrutieren lassen, die, anstatt in der regulären Armee zu dienen, als angelernte Hilfslehrer in den Dörfern den weitverbreiteten Analphabetismus bekämpften.

Als der Lehrer der ersten Klasse erkrankte und der Unterricht auszufallen drohte, sprang Rose ein und übte mit den Kindern das persische Alphabet, Rechnen und das Auswendiglernen von Gedichten. Am Anfang blickten die Kinder skeptisch drein, als plötzlich die fremdländische *Chanom* vor ihnen stand. Als sie aber merkten, dass sie lange nicht so streng war wie ihr Lehrer, hatten sie einen Riesenspaß, und Rose war stolz darauf, dass sie den Unterricht gerettet hatte. Außerdem lernte sie bei dieser Gelegenheit selbst noch eine Menge über die persische Sprache.

Die Zeit schien auf dem Land langsamer zu vergehen als in der Stadt. Vieles konnte bis zum nächsten oder übernächsten Morgen warten – bei der Agentur Hayler wäre so etwas undenkbar gewesen. Überhaupt wurde sie Tag für Tag gelassener. Noch vor einem halben Jahr hätte sie sich nicht träumen lassen, ein völlig neues Leben zu beginnen, und jetzt war sie hier, bei Taba, den sie liebte, an diesem kleinen Ort, ganz weit weg von der großen Welt. Ihr altes Leben in der Firma schien ihr inzwischen ganz unwirklich – so hektisch und gehetzt. Wollte sie tauschen und es wieder zurückhaben? Nein. Es gab keinen besseren Platz für sie als Schodja-Abad. Das wusste sie inzwischen.

Der Agha von Schodja-Abad

Der Arbeitstag meines Vaters begann im Morgengrauen, so gegen fünf. Vor allem während der Erntezeit war er den ganzen Tag mit dem Land Rover unterwegs und kontrollierte den Zustand der Felder, die anfallenden Arbeiten und die Funktionstüchtigkeit der Maschinen. War ein Traktor, eine Erntemaschine oder ein Lastwagen defekt, musste Taba Hand anlegen, um den Betrieb in Gang zu halten. Wenn es um größere Schäden ging, musste das Gerät in die nächste Stadt, nach Aliabad, gebracht werden oder ein Spezialist aus Gorgan geholt werden, was jedes Mal einen erheblichen Verdienst- und Arbeitsausfall bedeutete. Dank Tabas Maschinenbaukenntnissen aus seiner Zeit in Deutschland war das zum Glück nur noch selten der Fall.

Überhaupt hatte Taba viele für einen *Agha* eher ungewöhnliche Hausmeisterfunktionen. Gab es im Dorf Probleme mit der Wasserinstallation oder mit der Stromversorgung, oder streikte irgendwo eine Wasserpumpe im Garten, war es meistens Taba, der sich darum kümmerte. Das zahlte sich aus. Aufgrund all der Reparaturen, die er erledigte, genoss er unter seinen Arbeitern großen Respekt – was mitnichten allen Gutsbesitzern zuteilwurde. Oft galten sie als faul, manchen sagte man sogar nach, dass sie ihre Arbeiter nur ausbeuteten und auf deren Gesundheit keine Rücksicht nahmen.

Taba hingegen wurde allerorten geschätzt. Er war für seine Fürsorge bekannt und galt als Ansprechpartner bei jeglichen Sorgen und Nöten seiner Arbeiter und deren Familien. Bereits morgens, bei einer gemeinsamen Tasse Tee mit Rose auf der Veranda, fanden sich die ersten Bittsteller ein. Mal benötigte jemand fünfhundert Toman für die Hochzeit seines Bruders, die er einfach nicht aufbringen konnte, mal präsentierte eine Frau ihnen die nackten Füße ihrer Tochter und bat um ein paar Toman für neue Schuhe – auch wenn Rose sich gut an die Kleine erinnern konnte; sie war ihr schon oft bei ihren Spaziergängen begegnet, und dabei war sie weder barfüßig noch so schmutzig gewesen.

»Im Namen Allahs, des Erbarmers, hilf!« Mit diesen Worten schlossen fast alle Bitten. Taba tat ihr leid. Er wollte es gern jedem recht machen, was aber unmöglich war, und dann musste er sich auch noch den Kopf darüber zerbrechen, wer ein wirkliches Anliegen hatte und wer vielleicht nur Lügen auftischte.

Manchmal kam auch ein Arbeiter und bat einfach um mehr Geld. »Agha, ich habe Hunger, gib mir Geld, damit ich Brot kaufen kann. Der Segen Alis, deines Vorfahren, soll zum Dank über euch kommen.«

Auf die Frage, was er denn mit seinem Wochenlohn angefangen habe, erfand er phantasievolle Ausflüchte. Dabei war es ein offenes Geheimnis, dass viele Bauern und Arbeiter Opium rauchten und ihr gesamtes Geld für diese Sucht verschwendeten, während ihre Kinder und Frauen darbten. Es war schwer zu unterscheiden, ob der Betreffende das Geld also wirklich für Essen brauchte oder nicht. Wie auch immer, Taba gab es ihm, trotz mancher Zweifel.

Die Sorgen der Frauen waren ganz andere. So musste Taba einmal einem Mann gut zureden, sich nicht von seiner Frau scheiden zu lassen, nur weil sie ihm keine Söhne gebar. Töchter zählten auf dem Land allgemein nicht als vollwertige Nachkommen; der Wert einer Frau wurde danach bemessen, wie viele Söhne sie zur Welt gebracht hatte. Mütter wurden sogar häufig nicht mit ihrem eigenen Vornamen angesprochen, sondern etwa als »Mutter von Ali«.

Nicht selten musste Taba auch als Mediator für seine Arbeiter fungieren, wenn es untereinander zu Streit oder sogar zu saftigen Schlägereien gekommen war. Meistens ging es dabei um Eigentumsverhältnisse, etwa wenn unklar war, wem nun dieser Esel oder jene Kuh gehörte. Nachdem Taba dafür gesorgt hatte, dass die Streithähne getrennt und, falls nötig, die Verletzten mit dem Land Rover ins Krankenhaus nach Aliabad gefahren worden waren, hörte er sich geduldig beide Seiten an und versuchte, eine Lösung zu finden, mit der alle leben konnten. Rose bewunderte die Langmut ihres Mannes. Nie schien es ihm zu viel zu werden, auch wenn er sich manchmal sehr darüber ärgerte, offensichtlich angelogen und für dumm verkauft zu werden.

Manchmal war der Fall allerdings glasklar. Als einmal eine junge Dorfschöne in flagranti mit einem Jüngling erwischt wurde, blieb den aufgebrachten Familien keine Wahl, und auch Taba wusste keinen anderen Rat: Die beiden heirateten noch im selben Monat.

Nicht immer war die Lösung eines Problems einfach. Ein Schicksal nahm Rose besonders mit. Einer von Tabas Männern hatte ein junges Mädchen, kaum älter als dreizehn, vierzehn Jahre, auf dem Feld vergewaltigt. Nachdem die Dorfälteste überprüft und bestätigt hatte, dass sie keine Jungfrau mehr war, konnte ihre Ehre nur dadurch wiederhergestellt werden, dass der Vergewaltiger der Familie eine große Entschädigung zahlte – und das Mädchen zur Frau nahm. Die Ausrede des Täters war erbärmlich: Es sei halt einfach über ihn gekommen ... Dem Mädchen blieb keine andere Wahl, als fortan mit ihrem Peiniger zusammenzuleben.

Rose war entsetzt darüber, und am Abend platzte es aus ihr heraus: »Nennst du das etwa Gerechtigkeit? Das Mädchen nun auch noch mit ihrem Peiniger zu verheiraten?«

Taba versuchte ihr die Situation zu erklären. »Nun ja ... nach deinen deutschen Maßstäben ist diese Hochzeit natürlich undenkbar. Hier im Iran ist sie aber auf jeden Fall das kleinere Übel für das Mädchen. Denn nach so einer Tat wird sie kein anderer Mann heiraten. Von der Schande und möglichen Vorwürfen ganz abgesehen.«

Das stellte Rose natürlich nicht zufrieden, ebenso wenig das, was ihr Mann weiter dazu ausführte: »Du kannst dir gar nicht vorstellen, was so ein Unglück für eine Frau vom Lande bedeutet. Die Polizei würde man in solchen Fällen niemals einschalten, weil sie korrupt ist und man ihr nicht trauen kann. Die meisten Familien wollen solche Probleme sowieso diskret und unter sich regeln, damit niemand sein Gesicht verliert.«

Das machte Rose nur noch ärgerlicher. Sie dachte lange darüber nach.

Das Bergdorf

Schon lange hatte Taba seiner Rose einen Ausflug in eines der abgeschiedenen Bergdörfer versprochen, die nur zu Fuß erreichbar waren. Nun endlich hatte Taba sich einige Tage Luft dafür verschafft.

Rose war furchtbar aufgeregt. Maschti Mammad hatte sie in sein Dorf Siamars Kuh eingeladen. Als Tabas Jagdführer begleitete er ihn immer bei seinen Jagdtouren und führte ihn sicher über gefährliche Pässe und durch unwegsame Gebirgszüge.

Siamars Kuh lag weit oberhalb der Baumgrenze und war nur mühsam zu erreichen. Die abenteuerliche Anreise war ganz nach Roses Geschmack. Als sie einen steilen Bergsattel erreichten, war die Schotterstraße von der letzten Überschwemmung noch unpassierbar, und sie mussten ihr Gefährt stehen lassen und auf Maultiere umsatteln. Stoisch liefen die Tiere nahe an Abgründen entlang, deren Anblick nichts für schwache Nerven war. Rose krallte sich am Sattel fest, während ihr der kalte Wind kräftig um die Ohren pfiff. Sie versuchte, nicht nach unten zu schauen.

Nach einer gefühlten Ewigkeit erblickte sie endlich das Dorf. Siamars Kuh war eine winzige Ansiedlung mit zehn oder zwölf Häuschen, durch dessen Mitte ein kleiner Bach floss. Es gab weder eine Moschee noch einen Laden und natürlich auch keinen Arzt. Aber immerhin gab es ein kleines, einfaches *Hammam,* das einmal die Woche mit mühselig auf Mulis herbeigeschlepptem Brennholz befeuert wurde. Hier oben hatte sich das Leben in den letzten Jahrhunderten vermutlich kaum verändert. Die nächsten Ortschaften lagen Tagesmärsche bergabwärts. In der Nähe gab es lediglich eine kleine Pilgerstätte, für deren Erreichen man allerdings auch einige Fußmarschstunden benötigte.

Maschti Mammad erzählte ihnen, dass Siamars Kuh einst von den Überlebenden eines Dorfes gegründet wurde, welches durch ein Erdbeben völlig zerstört worden war. In ihrer Verzweiflung hatten sie sich in dieser unwirtlichen Gegend, auf der anderen Seite des Berges, niedergelassen. Doch auch hier kam es regelmäßig zu Überschwemmungen und Schlammlawinen, die ganze Hänge mit sich rissen. Immer wieder mussten die Bewohner ihre Häuser aufbauen und von neuem beginnen. Im Winter konnte es sogar passieren, dass ihr Dorf monatelang von der Außenwelt abgeschnitten war, so hoch lag dann der Schnee.

Die Frau von Maschti Mammad empfing sie bereits am Dorfeingang. Sie wurde »*Mar-e Ali*« genannt, die »Mutter Alis«. Wieder einmal war der älteste Sohn hier der »Namenspatron«. Ihren richtigen Vornamen sollte Rose den ganzen Tag über nicht erfahren.

Für Maschti Mammad und seine Frau war es eine große Freude und auch Ehre, dass ihr *Agha* und seine junge deutsche Frau zu ihnen nach Hause kamen. Mar-e Ali war ihr Leben lang, bis auf einen Besuch der besagten Pilgerstätte, nie aus Siamars Kuh herausgekommen. Ihr Mann dagegen war immerhin schon einmal in die heilige Stadt Maschhad gepilgert, die über fünfhundert Kilometer entfernt lag. Deshalb durfte er auch den Ehrennamen *Maschhadi* tragen, aus dem im typischen Dialekt der Region *Maschti* wurde. Pilger trugen diesen Namen mit Stolz, zeigte er neben ihrer Frömmigkeit doch auch ihren Mut, in eine große und fremde Stadt gereist zu sein.

Ihr sehr sauber gehaltenes Häuschen bestand aus einem einzigen Raum mit einer hölzernen Veranda davor und einem Schaf- und Hühnerstall im Souterrain. Der Boden war aus Lehm und das Dach aus Pappelstämmen gefertigt, die mit Zweigen zusammengebunden und wiederum mit Lehm bestrichen waren. Diese Dächer waren nicht vollkommen wasserdicht, so dass es mit Beginn eines Regenschauers für eine Weile durchtröpfelte, bis der Lehm endlich genug Feuchtigkeit aufgenommen hatte, sich ausdehnte und das Dach dann abdichtete.

Um ihren Gastgebern nicht unnötig zur Last zu fallen, hatten Taba und Rose reichlich Lebensmittel und Brennholz mitgebracht. Während sie es sich auf den *Namads* – den selbsthergestellten Filzteppichen – und den zusammengerollten Matratzen, auf denen man nachts schlief, gemütlich machten, bereitete Mar-e Ali aus den mitgebrachten Zutaten ein Gericht aus Berberitzenreis, Safran, Huhn und Joghurt zu. Gegessen wurde traditionell persisch auf einem ausgebreiteten *Sofre,* einem Bodentuch, im Schneidersitz hockend und nur mit einem Löffel als Besteck.

Rose hatte als Gast mal wieder viel zu viel auf dem Teller und kapitulierte nach der Hälfte. Grundsätzlich galt es ja als Beleidigung der Gastgeberin, wenn man nicht ordentlich zulangte, aber als Mar-e Ali ihren halbvollen Teller bemerkte, flüsterte sie ihr leise ins Ohr: »Chanom, du musst dich nicht zwingen. Wir werfen nichts weg, wir essen es gerne selber auf.«

Rose wurde schlagartig bewusst, wie entbehrungsreich das Leben dieser Menschen hier oben war und was es bedeutete, dass sie ihr Essen mit ihnen teilten. Tief beschämt reichte sie Mar-e Ali unauffällig den halbvollen Teller, damit die beiden Männer es gar nicht erst mitbekamen. Warum war sie nicht von selbst darauf gekommen? Wie oft diese Menschen hier wohl schon Hunger gelitten hatten?

Mar-e Ali war es sogar egal, dass sie den Höflichkeitsko-
dex brechen musste, indem sie ihren Gast bat, ihr und ihren
Kindern etwas übrigzulassen – das wollte schon was heißen. Heute war zwar genug Essen für alle da, aber die Aussicht auf eine Extraportion für die Kinder war dennoch zu
verlockend.

Einige Monate später holte Taba Maschti Mammad und
seine Familie nach Schodja-Abad und stellte ihnen dort ein
Häuschen in der Siedlung zur Verfügung. Das verbesserte
ihre Lebensqualität enorm und wurde ihm von Maschti
Mammad über alle Maßen gedankt. Seine Kinder mussten
nie wieder hungern, sie hatten ärztliche Versorgung und
konnten zur Schule gehen. Er verdiente sogar genug Geld,
um endlich nach Mekka pilgern zu können und so vom
Maschti zum *Hadji* aufzusteigen – ein Herzenswunsch für
jeden frommen Moslem und ganz besonders für Maschti
Mammad.

Jahre später fragte meine Mutter ihn mal, ob er nicht
Sehnsucht nach seinem idyllischen Bergdorf habe. Er
schaute sie nur verständnislos an, denn er wollte an das ent-
behrungsreiche Leben dort oben gar nicht mehr erinnert
werden.

Heimweh

Eines Tages warf Rose einen Blick auf ihren deutschen Kalender und erschrak. Es war ein Tag vor Ostern, und sie
hatte es gar nicht gemerkt. Um ein Haar hätte sie das Oster-
fest vergessen! Das war ihr noch nie passiert.

Hier in Persien hatte sie sich schon derart an den iranischen Kalender gewöhnt und sich mit den völlig anderen Jahreszahlen und Monatsnamen vertraut gemacht, dass sie fast jegliches Gefühl für die westliche Zeitrechnung verloren hatte. Die persische Zeitrechnung beginnt mit der Auswanderung des Propheten Mohammed nach Medina im Jahre 622 n. Chr. Also schrieb man nach hiesigem Kalender den 17. 1. 1337, nach europäischem hingegen den 6. 4. 1958. Wie sollte man da nicht durcheinanderkommen?

Der erste Tag des Frühlings markiert das iranische Neujahr und wird mit dem Nourus-Fest gefeiert, das Rose erst vor gut zwei Wochen kennengelernt hatte. Taba hatte ihr die umfangreichen Rituale und Bräuche rund um das Fest erklärt.

Aber wie es der Zufall so wollte, sah Rose einen Tag vor Ostern in der Steppe einen Hasen mit langen Ohren hoppeln. Irgendwie stutzig geworden, löste dieses Bild bei Rose den Impuls aus, mal wieder in einen deutschen Kalender zu schauen. Gerade noch rechtzeitig.

»Und was ist dieses Ostern?« Taba blickte Rose nur verständnislos und mit großen Augen an, als sie ihn auf das Fest ansprach. Rose ging davon aus, dass Madar-e Massumeh oder Ali der Koch sicher nicht mit ihr auf Eiersuche gehen würden, und so färbte sie kurzerhand selber ein paar Eier mit Füllertinte, einem roten Lappen und mit Zwiebeln, legte sie auf einen Teller mit grünem Gras und dekorierte damit den Bungalow – für sich selbst Ostereier zu verstecken fand sie dann doch zu albern. Später versuchte sie, auf Tabas *Santur*, einer Art persischem Hackbrett mit sehr weichem Klang, ein Osterlied zu spielen, aber es fiel ihr keines ein. Also entschloss sie sich, einfach *Stille Nacht, heilige Nacht* anzustimmen. Dann starrte sie auf die Ostereier. Bis Taba am Abend vom Feld kam und sie weinend vorfand.

Rose hatte Heimweh.

So wohl sie sich hier draußen auf dem Land auch fühlte und so sehr sie ihren Mann auch liebte – sie fühlte sich oft ganz schön allein. Das wurde ihr erst jetzt, nach etwa drei Monaten im Iran, plötzlich bewusst. Mit wem hätte sie sich auch austauschen sollen? Mit Madar-e Massumeh? Sie war eine liebe Seele, ja, aber im Grunde kannte sie kein anderes Thema als ihre diversen Krankheiten und die Medizin, die sie dagegen einnehmen musste, oder die Spritzen, die ihr der Arzt wieder mal verschrieben hatte. Mit Ali, dem Koch? Rose war sich mittlerweile ziemlich sicher, dass er, mit seinem Schlafzimmerblick und seiner näselnden Stimme, zu den Opiumrauchern gehörte, die es hier so häufig gab. Warum sonst war er so unglaublich langsam? Noch schwerer von Begriff war nur sein Assistent Samad, den Taba erst kürzlich eingestellt hatte. Als Taba und Rose einmal nicht zu Hause waren und unerwartet Zia zu Besuch kam, erkannte Samad den Bruder des Hausherrn nicht und weigerte sich partout, ihn ins Haus zu lassen, weil der *Agha* ihm verboten hatte, irgendjemandem Zutritt zu gewähren. Nicht einmal ein Glas Wasser bekam Zia. Es war eine peinliche Situation für Taba, als Samad ihm hinterher stolz erzählte, wie gut er das Haus in seiner Abwesenheit gehütet und vor fremden Leuten beschützt habe.

Die Krone setzte Samad der Angelegenheit bei Zias folgendem Besuch auf. Natürlich hatte Taba ihm verärgert eingebläut, dass er nächstes Mal gefälligst seinen Bruder zu bewirten habe. Diesmal nahm der Assistent die Aufforderung leider nur allzu wörtlich. Er packte Tabas Bruder am Schlafittchen und nötigte ihm mehrere Tassen Tee auf, obwohl Zia überhaupt keine Zeit hatte.

Nein, hier gab es niemanden, mit dem sich Rose wirklich

unterhalten konnte. Sie hatte keine echte Freundin, niemanden, der nicht nur ihre Sprache verstand, sondern auch so tickte wie sie und nachfühlen konnte, wie es ihr erging. Es gab zwar eine nette alte Armenierin im Dorf, Madame Anja, die Rose oft besuchte und die ihr immer aus dem Kaffeesatz las, aber das war etwas ganz anderes. Sie sehnte sich nach ihren gleichaltrigen Freundinnen, nach Edel, Christa und Herta. Und sie vermisste ihre Mutter.

Der einzige Kontakt zu ihrem früheren Leben bestand aus langen Briefen, die sie vor allem ihrer Mutter schrieb, aber auch ihrer alten Firma oder Edeltraud und anderen Freundinnen. Es gab in Schodja-Abad kein Telefon, und selbst wenn, Thea hatte in München auch keins. Also blieben nur Briefe. Ausführlich erzählte Rose darin von ihrem Leben in Persien, beschrieb die Landschaften, das Essen, die Menschen. Die Briefe waren teilweise wochenlang unterwegs, wenn sie nicht sogar ganz verloren gingen. Hörte sie länger nichts von ihrer Mutter, machte sie sich die schlimmsten Sorgen. Ihrer Mutter ging es ebenso.

Wenn Taba nicht gerade auf dem Feld oder auf der Jagd war, hatten sie fast immer Besuch. Das war dann doch nicht das, was Rose sich vorher erhofft hatte. Von wegen Einsamkeit und frische Landluft ... Da die beiden Wohnräume nur Durchgangszimmer waren, gab es so gut wie keine Privatsphäre. Die Besucher kamen meistens unangemeldet, was durchaus üblich war, und schlugen auch schon mal ungeniert den Vorhang zwischen den Zimmern beiseite. Da half es Rose auch nichts, wenn sie sich schlafend stellte, denn die Besucher berieten sich laut miteinander: »Die Chanom schläft, weckt sie nicht auf!« oder so ähnlich. Inzwischen hatte Madar-e Massumeh oder Ali der Koch bereits den Tee gebracht, und dann war es höchste

Zeit, dass die *Chanom* endlich »aufwachte« und den Besuch selbstverständlich freudig begrüßte.

Manchmal kamen die Gäste sogar mitten in der Nacht. Für Taba war es ganz selbstverständlich, dass er dann sofort aufsprang und ihnen ihr Schlafzimmer überließ. Einmal platzte meiner Mutter der Kragen, und sie klammerte sich an ihr Kopfkissen:

»Nein! Wenigstens das Kopfkissen bleibt meins.«

Taba schüttelte traurig den Kopf: »Aber Rose, es sind doch Gäste!«

Doch sie rückte es nicht raus. Das Kopfkissen war das Einzige, was sie für sich ganz allein behielt.

Zu Roses Erleichterung wurde nach einigen Monaten das Büro in ein anderes Gebäude verlegt, so dass sie endlich ein separates, abschließbares Schlafzimmer ihr Eigen nennen konnten. Trotzdem war dieses auch ohne Besucher nicht gerade der behagliche Ruheraum, den Rose sich wünschte. Taba nutzte einen beträchtlichen Teil des ohnehin schon winzigen Kleiderschranks, um dort seine geliebten Jagdgewehre und Zielfernrohre zu verstauen. Und von unterhalb des Bettgestells stieg der intensive Geruch seiner sonstigen Jagdausrüstung auf. Ob nach Rauch riechende Zelte, Stiefel, Strümpfe, Regenmäntel und was ein ganzer Kerl sonst noch in der Wildnis benötigt: Es befand sich alles unter ihrem Ehebett.

Diese Differenz zwischen meinen Eltern und ihre vollkommen unterschiedlichen Bedürfnisse nach Privatsphäre führten oft genug zu Unstimmigkeiten. Während mein Vater die Gesellschaft von möglichst vielen Menschen brauchte, ja, sie geradezu suchte und sich pudelwohl darin fühlte, wurde es meiner Mutter oft zu viel, und sie verlangte nach Ruhe. Sie wollte sich nicht ständig unterhalten müssen und dem Lärm der Gäste ausgesetzt sein. Sie brauchte Stille. Vielleicht hing auch ihre Sehnsucht nach frischer Luft damit zusammen.

Rose hätte zum Beispiel morgens immer gern noch ein wenig gedöst, aber Taba stand am liebsten noch vor der Dämmerung auf, um schon lange vor dem ersten Tee mit ihr über Gott und die Welt zu diskutieren. Und wenn er beim Rasieren das immer gleiche Lied pfiff, träumte Rose manchmal von einem einsamen Ort am Ende der Welt, wo sie in Ruhe ausschlafen konnte. Aber schon beim gemeinsamen Frühstück hatte sie ihren Ärger meist vergessen.

Langsam wurden die Tage immer heißer, und Rose bekam einen ersten Vorgeschmack auf die berüchtigte persische Sommerhitze, die auch den grünen Norden des Landes nicht verschonte. Und tatsächlich: Taba hatte nicht übertrieben. Wenn man gegen Mittag aus dem Haus in die Sonne trat, traf einen die subtropische Temperatur wie ein Keulenschlag. Wenn Rose mit Taba auf die Felder fuhr – was sie an sich gerne tat, vor allem jetzt, da die Weizenfelder goldgelb leuchteten –, schlug ihr nun neben dem urigen Duft des Korns der heiße Atem der Turkmenen-Steppe entgegen. Da war sie schon froh, wenn sie wieder zurück im vergleichsweise kühlen Haus waren.

Bald blieb einem nach dem Essen gar nichts anderes übrig, als eine mehrstündige Mittagsruhe zu halten, während der das gesamte Leben im Dorf zum Erliegen kam. Rose legte sich dann gern auf den nackten Fliesenboden, wo es noch am kühlsten war. Nur hier war es auszuhalten, auf dem Teppich hingegen war es unerträglich heiß. Beim Aufwachen nach dem Mittagsschlaf fühlte sie sich freilich wie zerschlagen und wurde erst nach mehreren Tassen Tee wieder munter.

Besonders gewöhnungsbedürftig fand Rose das bedenkenlose und literweise Versprühen von *Emschi* in den Wohnräumen, einem starken, übelriechenden Insektengift, dessen Name auf Arabisch, wie man ihr sagte, »Geh weg!« oder »Hau ab!« bedeutete. Moskitos und Fliegen waren in der schwülen Luft Schodja-Abads wahre Plagegeister, aber Rose konnte sich nicht entscheiden, was das geringere Übel war: bei geschlossenen Fenstern und Vorhängen an *Emschi* zu ersticken oder von blutdürstigen Insekten zerstochen zu werden.

Glücklicherweise gab es eine Ausweichmöglichkeit. Bei sehr hohen Temperaturen genoss Rose es nämlich, im Freien zu übernachten. Einige Meter vom Bungalow entfernt, direkt am Gartenzaun, stand der *Talar*, ein kleines Häuschen mit zwei Räumen, von denen einer Madar-e Massumehs Reich war. Über einem luftigen offenen Zwischenstockwerk lag eine überdachte Terrasse. Rose fand, das Ganze sah aus wie ein zu groß geratenes Vogelhaus.

Von hier oben hatte sie einen wunderschönen Blick in alle vier Himmelsrichtungen auf die Felder, Dörfer und Berge ringsum, besonders am Abend, wenn die Sonne blutrot über der Ebene unterging, schaute sie gerne in die Weite. In heißen Nächten konnten sie hier auf dünnen Baumwollmatratzen schlafen und den kühlenden Westwind und die Stille genießen.

Auf dem Dach des Gartenhäuschens verbrachten Taba und Rose die Abende und genossen die kühlenden Brisen. Hier stand Rose auch oft allein, wenn Taba abends noch bei der Arbeit, auf der Jagd oder in Gorgan war, und hielt Ausschau nach den Scheinwerfern seines Land Rover.

Nachts saß sie oft stundenlang auf ihrem *Talar* und beobachtete den Sternenhimmel, der ihr hier noch üppiger als in

den Alpen schien. Die Milchstraße zog sich als scharf kon-
turiertes Band quer über den Himmel, und selbst manche
Spiralnebel konnte man gut erkennen. Aus der Ferne klang
das Geheul von Wölfen und Schakalen herüber.

Als Rose im Winter in den Iran aufgebrochen war, hatte
sie nicht gewusst, wie lange sie bleiben würde. Sie hatte nur
das Nötigste eingepackt und keinen Gedanken an ein Sommerkleid oder an eine luftige Garderobe verloren. Nun be-
sann sie sich wieder auf ihr altes Hobby, das Nähen. Taba
besorgte ihr eine japanische Nähmaschine mit Handkur-
bel, da es im Haus ja erst ab dem späten Nachmittag Strom
gab. In Gorgan entdeckte Rose auch einige Stoffgeschäfte
und hatte schnell eine hübsche Auswahl von Stoffen beisammen. Sogar eine Ausgabe der *Burda* konnte sie irgendwie auftreiben. Nach wenigen Tagen hatte sie diverse schicke Sommerkleider vorzuweisen. Um vom vielen Kurbeln
keine Krämpfe in den Händen zu bekommen, überredete
sie Madar-e Massumeh, ihr zu helfen. Im Gegenzug bekam
diese einen schönen neuen Rock nach dörflichem Vorbild,
extrem weit und mit mehreren Ziersäumen. Als *Chanom*
durfte Rose sich zum Glück westlich kleiden.

Rose hatte aber bald ein ganz anderes Problem, das ihr
ernsthaft Kummer machte. Plötzlich vertrug sie das persische Essen nicht mehr. Sie konnte es weder mehr sehen
noch riechen und schon gar nicht essen. All die Speisen, die
ihr anfangs so gut geschmeckt hatten, verursachten ihr
jetzt Übelkeit. Vor allem beim Geruch von Hammelfleisch
und Reis wurde ihr ganz elend. Zum ersten Mal bereute sie
zutiefst, nie richtig kochen gelernt zu haben – nicht ein einziges nennenswertes Gericht aus ihrer Heimat konnte sie
zubereiten. Allenfalls einen Pfannkuchen, Kartoffelpuffer
oder ihren geliebten Grießbrei bekam sie mit ihren Koch-

künsten noch hin. Rose hatte ihrer Mutter zwar immer im Haushalt geholfen, nur beim Kochen über die Schulter geschaut hatte sie ihr selten. Das rächte sich jetzt.

Ali der Koch zuckte nur mit den Schultern. Es hatte sich doch noch nie jemand über sein Tschelo Kabab beschwert, oder? »Bring Ali deutsche Rezepte bei – irgendwie«, riet Taba ihr. »Oder lern gleich selbst kochen. Etwas anderes wird dir nicht übrig bleiben, fürchte ich.«

Hilfe erreichte Rose in Form von Briefen aus der Heimat. Thea und alle Freundinnen und Mitarbeiterinnen aus der Firma Hayler versorgten sie mit zahllosen Rezepten – vom Fleischpflanzerl bis zum Kartoffelknödel. Bald hatte sie sich in mühsamen Selbstversuchen ein ordentliches Repertoire an heimatlichen Speisen erarbeitet. Tabas Favorit unter den Rezepten war eindeutig ihr »Hackbraten à le Mutti«, wie er ihn nannte und von dem er nie genug bekommen konnte. Allerdings lobte er auch all ihre anderen Kochversuche und aß tapfer selbst die weniger gelungenen Gerichte auf.

Etwas leichter wurde es für sie, als Taba ihr in dem Raum neben Madar-e Massumehs Zimmer unterm Talar eine kleine europäische Küche einrichtete. Dort konnte sie nun ungestört auf Petroleumkochern mit ihren Gerichten experimentieren. Sogar einen Backofen hatte er besorgt, der über die Flamme gestülpt wurde und trotz Roses anfänglicher Skepsis tatsächlich funktionierte. Vanille, Backpulver und Kakao trieb sie nach einiger Suche in Gorgan auf, und so konnte Rose nun auch Apfel- und Marmorkuchen backen – sehr zur Freude ihres Mannes.

Als beide das nächste Mal nach Teheran fuhren, machte Rose sich schnurstracks auf den Weg zum Ferdousi-Kaufhaus, wo sie sich über die kulinarischen Köstlichkeiten ihrer Heimat hermachte. Bereits beim Betreten der wohlduftenden Räume entspannte sich ihr Magen. Sie setzte sich in das schicke Café im ersten Stock. Hier gab es Kuchen und Kaffee, gutes Eis und – man höre und staune – richtige Schweinswürste, gebraten, mit Kartoffelsalat und Senf!

Rose verschlang auf der Stelle drei Portionen und schob noch Kuchen und Eiskaffee hinterher, bis sie sich nicht mehr rühren konnte.

Geruchsempfindlich? Ekelgefühl? Starkes Verlangen nach bayerischer Hausmannskost? Was hatte das wohl zu bedeuten?

Was Madar-e Massumeh, Forugh und alle anderen Frauen um sie herum schon längst geahnt hatten, war nur wenig später selbst für Rose offensichtlich. Ihr zunehmendes Bäuchlein stammte weder von Schweinswürsten noch von Apfelkuchen. Sie war schwanger.

Ein Kind und viele Schweine

Die Geburt wurde von der Familie und auch im Dorf mit Freude und Spannung erwartet. Monatelang fragte man sich, wie das deutsch-persische Kind wohl aussehen würde. Würde die Haut hell sein oder dunkel? Die Haare blond oder schwarz? Und die Augen?

Von der Geruchsempfindlichkeit in den ersten drei Monaten abgesehen, verlief Roses Schwangerschaft problemlos, und sie genoss diese besondere Zeit. Auf Anraten ihrer Mutter ging sie noch mehr an die frische Luft, und zu Madar-e Massumehs Entsetzen traute sie sich sogar, nach wie vor ausgiebig in ihrem »Schwimmbecken« im Garten zu baden.

Diese deutschen Frauen seien wirklich aus anderem Holz geschnitzt, meinte sie. Eine iranische *Chanom* würde während der Schwangerschaft zu Hause bleiben und jede Anstrengung vermeiden.

So angenehm das Landleben während der Schwangerschaft auch war, so wichtig war es den werdenden Eltern, zur Entbindung in ein modernes Krankenhaus nach Teheran zu fahren. Der Gedanke an eine Hausgeburt in Schodja-Abad war ihnen dann doch zu abenteuerlich, und schon allein in Erinnerung an Tal'ats tragischen Tod im Wochenbett wollte mein Vater auf keinen Fall ein unnötiges Risiko eingehen.

Vier lange Tage lag Rose in den Wehen. Taba konnte nur machtlos danebenstehen und sich eine Zigarette nach der anderen anstecken. Damals konnte man noch überall im Krankenhaus rauchen, selbst bei den Patienten im Zimmer. Vor lauter Mitleid brach er schon mal in Tränen aus.

Am 4. Dezember 1958, zehn Monate nach der Hochzeit, kam schließlich meine älteste Schwester Azarmidokht zur Welt. Taba war vollkommen aus dem Häuschen. Er verteilte überall unter den Mitarbeitern der Klinik Trinkgeld und Süßigkeiten.

Während die erschöpfte Rose sich langsam von den Strapazen der Geburt erholte und ganz erstaunt darüber war, wie schmerzhaft das Stillen war, gaben sich die Besucher die Klinke in die Hand. Alle Verwandten und Bekannten wollten das wunderschöne Mädchen mit den großen schwarzen Augen und der hellen Haut sehen. Schnell waren sich Familie und Freunde darüber einig, dass die Mischung aus Morgen- und Abendland sehr gelungen war. *Azarmidokht* bedeutet »Tochter des Feuers«; *Azar* ist außerdem der Name des Monats, in dem meine älteste Schwester geboren wurde. Meine Eltern sollten später feststellen, dass der Name des kleinen Mädchens für Deutsche kaum auszusprechen war. Aus Azarmidokht wurde folglich Asi, und uns anderen Kindern gaben die beiden dann gleich Namen, die für westliche Zungen leichter zu bewältigen waren.

Mit stolzgeschwellter Brust trug Taba, wann immer es ihm möglich war, seine Tochter herum, sog ihren Babyduft ein und säuselte ihr Verse ins Ohr. Wenn die Kleine nachts ihre Mutter wach hielt, zog er allerdings lieber ins Wohnzimmer um.

Mit gerade mal 21 Jahren musste Rose in den nächsten Wochen lernen, mit der ungewohnten Rolle als junge Mutter klarzukommen – mitsamt den üblichen Begleiterscheinungen wie Schlafmangel und permanenter Erschöpfung. Jetzt hätte sie gerne die Mutter an ihrer Seite gehabt. Immerhin hatte Thea ihr einige Anweisungen zur Babypflege geschickt. In ihren Briefen fanden sich genaue Beschreibungen zum Baden, Wickeln, Pudern und Anziehen eines Babys, und Rose versuchte, sich so gut wie möglich daran zu halten. Keinesfalls wollte sie hingegen den Empfehlungen der Dorffrauen folgen, die ihre Babys einmal am Tag ganz fest, die Arme und Beine eng am Körper, in ein Tuch wickelten.

Immer wieder betonte meine Großmutter in ihren Briefen, wie wichtig ein geregelter Tagesablauf für das Baby sei und dass man es auch ruhig ein wenig schreien lassen durfte – es wäre sonst schnell verwöhnt. Das war allerdings leichter gesagt als getan. Denn sobald die Kleine nur einen Mucks tat, geriet Taba in Panik: »Rose, dein Kind schreit! Nimm es schnell auf den Arm – beeil dich, um Gottes willen! Hoffentlich fehlt ihr nichts!«

Die iranischen Mütter, von Rose neugierig beobachtet, ließen ihren kleinen Kindern alles durchgehen. Sobald eines schrie, wurde alles stehen und liegen gelassen. Sämtliche

Erwachsenen scharten sich dann um das Kleine und küssten, hätschelten und tätschelten es. Rose war hin- und hergerissen. Manchmal wusste sie nicht, welche Erziehungsmethode sich richtiger anfühlte, und sie hatte Angst, alles falsch zu machen.

Am glücklichsten war Rose, wenn sie mit ihrem Baby alleine war und ihr niemand reinredete. Stundenlang konnte sie Asi dann einfach nur betrachten: ihr kleines Gesicht, ihre winzigen Hände ... In langen Briefen berichtete sie meiner Großmutter von den Fortschritten ihrer Enkelin.

So vergingen die Tage, Monate und Jahre. Rose hatte als junge Mutter alle Hände voll zu tun, während Taba sich weiterhin um die Felder und Maschinen kümmerte. Schodja-Abad wurde immer größer, neue Siedlungshäuser wurden gebaut. Mit jedem Jahr kauften Schodja und Taba weiteres Land hinzu und pachteten mehr und mehr Grund von den Turkmenen. Schwerpunkt des landwirtschaftlichen Anbaus waren nun Baumwolle und Weizen.

Nebenbei versuchte sich Taba immer wieder an neuen Geschäftsideen, zu denen ihn meistens gute Freunde oder seine Brüder überredeten. Allerdings waren die wenigsten davon dauerhaft von Erfolg gekrönt, was vielleicht auch daran lag, dass er selten konsequent bei einer Sache blieb. Ständig kreisten neue Ideen in seinem Kopf. So beteiligte er sich an einer Firma für elektronische Türöffner, eröffnete chemische Reinigungen in Teheran und Gorgan und trug sich mit dem Gedanken, eine Granatapfelsaft- oder Trockenfutterfabrik zu gründen. Oder sollte er nicht doch lieber wieder nach Deutschland gehen und Technik oder Zahnmedizin studieren? Letzteres redete ihm Thea aus: Mit seinen mittlerweile fünfunddreißig Jahren sei er nun doch etwas zu alt dafür.

Höhepunkt seiner brillanten Geschäftsideen war aber zweifellos die Schweinezucht. Darauf hatte ihn sein Freund, der Doktor, gebracht. Der Doktor, von Beruf Zahnarzt und von allen, auch seiner Frau Sorur, nur »Doktor« genannt, gehörte zu Tabas engsten und besten Freunden. Sorur und er besuchten meine Eltern gern und häufig.

Der Doktor teilte Tabas Jagdleidenschaft. Aufgrund seines Asari-Dialekts, der seine Herkunft aus der Provinz Aserbaidschan im Norden Irans verriet, war er eine beliebte Zielscheibe für Tabas Späße. Für Iraner, die Hochpersisch sprechen, ist der Klang dieses türkischen Dialekts ungefähr so komisch wie breites Bairisch in Norddeutschland. Der Doktor war gutmütig, und Taba liebte es, ihn auf den Arm zu nehmen oder ihm zusammen mit seinen Jagdkumpels kindische Pennälerstreiche zu spielen. Einmal hatten sie ihm nach einem Saunabesuch aufgelauert und mit frisch gepflückten Brennnesseln auf ihn eingedroschen. Der arme Doktor suchte schreiend und knallrot am ganzen Körper sein Heil in der Flucht – splitternackt. Noch Jahre später konnte mein Vater sich darüber amüsieren.

Sorur, die Ehefrau des Doktors, war nicht nur bildhübsch, sondern auch ausgesprochen pragmatisch. Rose hatte sie auf Anhieb ins Herz geschlossen und wissbegierig ihre Tipps für eine glückliche und vor allem erfolgreiche Ehe angehört – jedenfalls das, was sie sich darunter vorstellte. Neben einer gesunden Portion Humor sei es unerlässlich, die Männer nicht allzu ernst zu nehmen, meinte sie.

Da Sorur nur selten schöne Geschenke und Schmuck von ihrem Mann bekam, kannte sie einen ganz erstaunlichen Weg, um trotzdem an das Gewünschte zu gelangen: Bei geizigen Männern sei es durchaus legitim, ja sogar schlau, wenn man sie nachts im Schlaf ab und an um ein paar Scheine oder wenigstens Münzen erleichtere. Und wie zum Beweis zeigte sie Rose voller Stolz ihr neuestes Goldarmband: in vier Farben – rosé, grün, gelb und weiß; feinste Arbeit aus Jasd, einer für ihre Goldschmiedekunst bekannten Stadt. Rose bewunderte es sehr, beschloss aber dennoch, diesen offenbar gutgemeinten Rat zu ignorieren.

Den brauchte sie auch gar nicht. Aus vollkommen freien Stücken spendierte Taba ihr nur wenige Zeit später zum Geburtstag ein ganz ähnliches Armband.

Der Doktor war von seiner Geschäftsidee mit der Schweinezucht überzeugt. In Zeiten gelockerter islamischer Sitten sei die Nachfrage nach Schweinefleisch und Wurst im ganzen Land enorm gestiegen, und man könne mit solch einer Zucht eine hübsche Stange Geld verdienen, meinte er – mehr jedenfalls als mit dem mühseligen Anbau von Tabak, Baumwolle und Weizen. »Die Logistik hast du in Schodja-Abad ja schon«, sagte er aufmunternd zu meinem Vater. »Das ist eine todsichere Geschäftsidee.«

Taba willigte schließlich ein, ordnete den Bau eines Schweinestalls und eines Geheges an, bestellte Jungtiere und stellte einen dicken Armenier namens Monsieur Chatschik als Geschäftsführer ein. Als Christ waren dem Armenier im Gegensatz zu den *Dehatis*, den »Dörflern« aus Schodja-Abad, der Genuss von Schweinefleisch und der Umgang mit den Tieren nämlich gestattet. Niemand in der Umgebung kannte sich sonst mit Schweinen aus, schließlich galten sie nach islamischem Gesetz wie auch Hunde als unreine Tiere, mit denen man keinerlei Umgang hatte, weder kulinarisch noch als Haustier.

Entsprechend groß war auch das Entsetzen unter den gläubigen Dörflern. Schweine?! Wenn das mal kein Unglück brachte! Man ahnte nichts Gutes.

Die possierlichen Tiere vermehrten sich unter der liebevollen Fürsorge von Monsieur Chatschik im ersten Jahr von vierzig auf über fünfhundert. Die kleine Asi und Rose hatten ihre helle Freude an den süßen Ferkeln, aber im Dorf beäugte man das Ganze unvermindert misstrauisch.

Im folgenden Jahr regnete es vier Monate hintereinander nicht. Die Weizenernte drohte, sich sprichwörtlich in Staub aufzulösen. Die Schuldigen waren schnell gefunden: die unreinen Schweine von Schodja-Abad! Das war die Strafe Allahs! Der *Agha* hatte sie ja geradezu herausgefordert.

Leider hatten neben meinem Vater noch einige andere Unternehmer, vornehmlich aus Teheran, die brillante Idee mit den Schweinen gehabt, und der Verkauf der Tiere ging nur schleppend voran. Der satte Gewinn, den der Doktor vollmundig versprochen hatte, blieb aus, und die Schweinezucht geriet zum Verlustgeschäft.

Es half nichts: Taba musste auch dieses Projekt wieder aufgeben. Er verkaufte die Schweine zu einem Spottpreis – und siehe da: Bald darauf regnete es wieder, und die Ernte konnte doch noch unversehrt eingefahren werden. Taba und Rose hatten zwar mit jedwedem Aberglauben nichts am Hut, aber ins Grübeln kamen sie trotzdem. Die *Dehatis* fühlten sich selbstredend mehr als bestätigt.

Zwischen Deutschland und Iran

Meine Großmutter Thea besuchte den Iran das erste Mal, als Asi bereits ein Jahr alt wurde. Zunächst hatte sie einige Tage bei Forugh in Teheran verbracht, wo ein typischer persischer Kindergeburtstag für Asi gefeiert wurde. Allein dreißig erwachsene Gäste mit Kind und Kegel nahmen daran teil, die allesamt das Kleinkind hochleben ließen. Das machte auch Thea Spaß.

Doch bereits kurz nach ihrer Ankunft in Schodja-Abad kippte die Stimmung. Ihre Blicke sprachen Bände, während sie sich einsilbig zeigte – kein gutes Zeichen, das wusste Rose.

Ihre Mutter war entsetzt über die einfachen Lebensverhältnisse auf dem Land. Im Gegensatz zu ihrer Tochter konnte sie beim besten Willen keinen Charme in dieser Gegend erkennen. Und obwohl Rose ihr in vielen Briefen die Situation geschildert hatte, war sie schockiert von den beengten Wohnverhältnissen. Schlimm genug, dass man sich nicht in sein eigenes Zimmer zurückziehen und noch nicht einmal eine Tür hinter sich zumachen konnte, nein, zu allem Überfluss war es zu jeder Tages- und Nachtzeit möglich, dass unangekündigt irgendein Besuch reinplatzte! Wusste Taba nicht, dass sie als Deutsche etwas anderes gewohnt war? Und überall dieser Schmutz!

Zwar hatte sich Rose sehr darum bemüht, den Bungalow picobello sauber zu halten, aber in den Hohlräumen des Bodens gab es nun einmal Mäuse. Rose fand das nicht so tragisch, schließlich lebten sie auf dem Land. Ihre Mutter hingegen war fassungslos.

Und erst die Flöhe! »Da schweigt des Sängers Höflichkeit!«, hieß es von Theas Seite. Für Rose war das nur eine von zahlreichen Litaneien über das Grauen in Schodja-Abad.

Besser als die Wohnverhältnisse gefiel meiner Großmutter die Landschaft der Umgebung. Die Ausflüge in die Wälder am Fuße der Berge oder nach Isfahan waren ganz nach ihrem Geschmack, ebenso der Besuch eines alten Herren-

hauses inmitten eines großen, alten Gartens mit Orangenbäumen in Babol ... Der Besitzer sprach Deutsch und verstand
es, die immer noch sehr fesch aussehende Thea zu umgarnen,
was sie sich gerne gefallen ließ.

Trotzdem, so nett die meisten Iraner waren und so imposant
sie die Landschaft und die alten Städte auch fand: Das Schöne
und Besondere, was für Rose gerade in der Einfachheit des
Lebens in Schodja-Abad lag, konnte Thea nicht sehen. Dabei
war ihr durchaus nicht entgangen, dass ihr Schwiegersohn
nicht irgendjemand, sondern ein *Agha* und damit eine Auto-
ritätsperson war, und sie schätzte den Respekt, den man ihr
als Roses Mutter und Tabas Schwiegermutter allerorten entgegenbrachte. Überhaupt verstand sie sich mit Taba prächtig.
Gab es mal eine Meinungsverschiedenheit zwischen Rose
und ihm, hielt Thea meistens zu ihrem Schwiegersohn.
»Erstens ist er der Mann im Haus, zweitens ist er auch der
Vernünftigere von euch beiden«, meinte sie.

Thea selbst hätte *sein* Leben freilich keine zwei Monate
ausgehalten. Sie konnte nicht verstehen, wie ihre Tochter
das schöne München gegen das einfache, ja primitive Leben
in diesem persischen Dorf hatte eintauschen können. Besondere Sorgen machte sie sich um ihr Enkelkind. Wie sollte
es sich jemals frühzeitig an geregelte Mahl- und Schlafens-
zeiten gewöhnen, wenn ständig irgendwelche Leute die
Köpfe reinsteckten und einen mit ihrem lärmenden Besuch
belästigten? Wie die Perser ihre Kinder verhätschelten, war
ihr ohnehin ein Gräuel, und argwöhnisch beäugte sie den
Umgang, den Asi mit den nicht besonders gepflegt ausse-
henden Dorfkindern hatte.

Meine Großmutter hielt nie mit ihrer Meinung hinterm
Berg und versetzte ihrer Tochter damit ein ums andere Mal
einen Stich. Rose hatte so gehofft, dass ihre Mutter sie ver-

stehen würde und dass ihr Schodja-Abad genauso gefallen würde wie ihr.

Nach vier Wochen musste Thea, die ja immer noch berufstätig war, nach München zurückkehren. Besonders glücklich war sie natürlich nicht. Es war schon sehr traurig für sie, dass ihre einzige Tochter und ihre Enkelin so weit weg von ihr lebten. Auch Rose war geknickt, als ihre Mutter wieder fuhr – trotz aller Misstöne.

Den Trennungsschmerz versüßte Taba seiner Rose kurz danach mit einer Überraschung: Als er von einem Besuch aus Gorgan zurückgekommen war, sagte er in geheimnisvollem Ton: »Rose, geh mal raus. Da wartet etwas auf dich, das hat eine Hupe, Reifen, eine Bremse, und Licht hat es auch!«

Rose war verwundert – sie hatte doch gar keinen Führerschein. Umso größer war ihre Freude, als sie ein nagelneues englisches Fahrrad auf der Terrasse vorfand, Marke Raleigh. Ein Radl! Gleich stieg sie auf und drehte eine Runde, sehr zur Verwunderung der Dörfler, die noch nie zuvor eine Frau auf einem Fahrrad gesehen hatten. Es funktionierte phantastisch.

Nun gab es kein Halten mehr: Sie radelte dorfauf und dorfab und ein ganzes Stück in die Landschaft hinaus, die Schlaglöcher in der ungeteerten Straße tapfer ignorierend. Es war zwar nicht ganz das gleiche Fahrvergnügen wie daheim im Englischen Garten, aber trotzdem hatte sie viel Spaß an ihrem Radl. Und es brachte ihr ein Stück Heimat ins persische Landleben. Nur die ungläubig gaffenden Menschen aus anderen Ortschaften und die schlechten Wege mit ihren Staubwolken trübten das Vergnügen ein wenig.

Taba machte es Spaß, immer wieder Abwechslung in ihr Landleben zu bringen. Eines Nachmittags hörte Rose vor dem Haus ein Wiehern und dachte, es seien Turkmenen, die angeritten kamen, um den *Agha* zu begrüßen. Stattdessen aber trat ihr ein Mann in der Tracht der Bergdorfbewohner entgegen. Er bringe auf Bestellung des *Agha* ein Pferd für die Dame des Hauses, erklärte er Rose.

Ein Pferd? Wo sie noch nie – außer bei Ausflügen in die Berge – auf einem Pferd gesessen hatte und gar nichts von diesen Tieren verstand. Außerdem waren Pferde ihr wegen ihrer Größe ein wenig unheimlich.

Rose nahm all ihren Mut zusammen und schwang sich, nach einer kurzen Instruktion durch den beflissenen Mann, auf das Ross und ließ es vom Besitzer führen. Dem wurde das bald zu langweilig; und so behauptete er, Rose sei jetzt perfekt im Reiten und könne es ruhig alleine machen. Er ließ das Halfter los.

Zuerst trabte das Pferd in gemächlichem Tempo und tat, was Rose wollte. Das war ja gar nicht so schwer. Sie wurde übermütig und gab dem Pferd die Sporen – und los ging der Galopp! Rose hielt sich zwar krampfhaft, aber doch fest im Sattel und beschloss auf der Stelle, dass das Reiten etwas Herrliches war! Ab jetzt würde sie jeden Tag stundenlang galoppieren. Sie genoss den Wind in ihren Haaren und das rhythmische Trampeln der Hufe. Und eh sie überhaupt merkte, was geschah, flog sie schon durch die Luft und landete ziemlich unsanft in einer Ackerfurche. Das Pferd hatte die blutige Anfängerin wohl durchschaut und mit einem abrupten Stopp abgeworfen.

Der Schreck steckte Rose in den Gliedern, als sie humpelnd und ohne Pferd nach Hause kam. Der Besitzer nahm den Gaul wieder zurück in sein Bergdorf, und weder Taha noch irgendjemand sonst konnten meine Mutter je wieder zum Reiten überreden.

Selbst überzeugte Großstädter aus Teheran fanden Gefallen an den lauen Sommernächten auf dem *Talar*. Zu solchen

Anlässen wurde der Holzfußboden mit Wandteppichen und Tischdecken belegt. Die Gäste ruhten auf Sitzkissen und genossen das unvergleichliche Ambiente. Einmal beehrte Emad Ram, ein landesweit bekannter Flötenspieler und Bekannter von Taba, sie mit seinem Besuch. In seiner Begleitung waren einige Künstler, die in der Stille der Mondnacht so ergreifend musizierten, dass Rose das Herz aufging. Nach einer Weile stimmte Taba mit einem Ghasel von Hafiz ein. Er und der Flötenspieler gaben ein harmonisches Duo ab. Rose liebte Tabas Gesang, er kannte so schöne, klassische persische Lieder. Oft bat sie ihn, ihr ein Lied mit dem typisch persischen Tremolo, dem sogenannten »tschah-tschah«, das sie ein wenig an die heimischen bayrischen Jodler erinnerte, vorzusingen. Hier in der Mondnacht auf dem *Talar*, mit der richtigen musikalischen Untermalung, kam seine Stimme so richtig zur Geltung. Rose war vollkommen hingerissen.

Nach drei Jahren kehrte Schodja aus Deutschland zurück. Nun wurde es eng im Bungalow, und dies, obwohl Frau und Kinder in Teheran geblieben waren. Zwar ließ Schodja ein weiteres Zimmer anbauen, aber spätestens als im September 1961 meine Schwester Susann, kurz Susi, auf die Welt kam, musste eine grundsätzliche Entscheidung getroffen werden.

Da kam die Idee von Bruder Schamsi nicht ungelegen, ein Teppichgeschäft zu eröffnen – und zwar in Augsburg. Dazu war es nötig, dass mein Vater für ein Jahr nach Deutschland ging und das Geschäft vor Ort leitete. Für meine Eltern war dies eine willkommene Gelegenheit. So konnten sie erstens das Platzproblem in Schodja-Abad vertagen, zweitens und vor allem aber reizte sie der Gedanke, für längere Zeit in Bayern zu sein.

Zur gleichen Zeit herrschte im Iran eine große Unsicherheit wegen der vom Schah angestrebten Bodenreform. Im Zuge seiner »Weißen Revolution« wurden viele Ländereien enteignet, und auch Taba und Schodja befürchteten Auswirkungen auf Schodja-Abad. Allerdings stellte sich bald heraus, dass nur Großgrundbesitzer mit einem Besitz ab fünfhundert Hektar Land enteignet wurden. Davon war Schodja-Abad weit entfernt. Außerdem betrieben die beiden eine moderne mechanisierte Landwirtschaft – im Gegensatz zu dem Dorf, das Rose in Schiraz kennengelernt hatte – und bezahlten ihre Arbeiter auf Tagelöhner-Basis.

Die »Weiße Revolution« war ein großangelegtes Reformprogramm des Schahs, das neben der besagten Landreform unter anderem auch die Bekämpfung des Analphabetismus und die Einführung des Frauenwahlrechts anstrebte. Größter und erbittertster Gegner dieser Reformen war ein gewisser Ayatollah Ruhollah Chomeini, der von Qom aus zum Widerstand gegen die »Weiße Revolution« aufrief. Neben Großgrundbesitzern waren auch viele *Basaris* (Kaufleute) und Kleriker, denen Ländereien gehörten, enteignet und ihr Land an Bauern verteilt worden. Dadurch, aber gerade auch wegen der Stärkung der Rechte der Frau, hatte sich der Schah in den Augen Chomeinis zum Feind des Islam gemacht. Bei den Demonstrationen seiner Anhänger und sonstiger Gegner der Reformen in Teheran und anderen größeren Städten im Juni 1963 kamen Dutzende Menschen um. Chomeini selbst wurde verhaftet und ins Exil abgeschoben.

Von den Unruhen, die Gorgan nicht erreichten, sowie dem Erscheinen Chomeinis auf der politischen Bühne bekam Rose in Schodja-Abad nicht viel mit. Sie freute sich auf das Jahr in Deutschland und vor allem auf ihre Mutter.

Den Sommer vor ihrer Abreise nach Augsburg wollten sie aber noch in dem kleinen Dorf Tasch in den Bergen verbringen, das bekannt war für sein kühles Klima – eine willkommene Alternative zu den heißen Sommertagen in der Ebene. Dort mieteten sie sich ein kleines Bauernhaus und genossen die Ruhe ihrer beschaulichen Sommerfrische.

Sie waren bereits drei Wochen dort oben, als es plötzlich zu sintflutartigen Regenfällen kam. Tagelang war Tasch von der Außenwelt abgeschnitten, denn die einzige Zufahrtsstraße war von den Wassermassen weggerissen worden.

Ausgerechnet jetzt bekam Susi hohes Fieber und litt unter Durchfall und Erbrechen – bei einem kleinen Kind von gerade zwei Jahren ein prekärer Zustand. Rose war verzweifelt und wusste nicht, was sie tun sollte, denn einen Arzt gab es hier weit und breit nicht.

Die Bäuerin, von der sie ihre Ferienunterkunft gemietet hatten und die in ihrem Leben offenbar schon einiges mitgemacht und selbst Kinder verloren hatte, versuchte meine Mutter zu trösten: »Chanom, *du* bist doch die Wichtigste von allen. Sei nicht traurig.« Um dann mit ihrem Gorganer Dialekt hinzuzufügen: »*Sale degar, yaki degar!* – Nächstes Jahr, nächstes Kind!«

So einfach war das hier also. Rose war entsetzt. Aber es war die bittere Realität: Bei der hohen Kindersterblichkeit auf dem Lande mussten sich die dortigen Frauen damit abfinden, dass es nicht jedes Kind bis ins Erwachsenenalter schaffte. Rose graute bei der Vorstellung. Doch Gott sei Dank ging Susis Fieber am nächsten Morgen runter, und sie erholte sich.

Dieses Erlebnis sollte meine Eltern nachdenklich stimmen. Vor allem meine Mutter machte sich immer mehr Gedanken über die Kehrseite des abenteuerlichen und idyllischen

Landlebens. Zum ersten Mal, seit sie in Schodja-Abad war, empfand sie den Wunsch, wieder in einer richtigen Stadt zu leben. Sie wollte nicht noch mal in eine Situation kommen, in der kein Arzt und kein Krankenhaus in der Nähe war. Ein weiterer Grund, sich auf das bevorstehende Jahr in Deutschland zu freuen.

Rose und Taba räumten ihre beiden Zimmer im Bungalow aus, deponierten ihre Sachen mitsamt dem Fahrrad in einem Lagerhaus des Dorfes, verabschiedeten sich tränenreich von Schodja und den Dorfbewohnern – natürlich nicht, ohne mehrmals unter Madar-e Massumehs *Esfand*-Räucherpfanne hindurchzulaufen – für eine sichere Reise … Von Teheran aus flogen sie mit ihren beiden Töchtern im Oktober 1963 nach München, wo sie von Thea abgeholt wurden.

In Augsburg wohnten sie zur Miete in einem gemütlichen, möblierten Fachwerkhaus mit schönem Garten, direkt am Lechkanal und in unmittelbarer Nähe eines Waldes. Gleich um die Ecke gab es einen Kindergarten für Asi, den sie mit Begeisterung besuchte.

Rose war selbst erstaunt, wie leicht sie sich in Augsburg einlebte. Sie hätte gedacht, dass ihr die Umstellung nach fünf Jahren in Schodja-Abad viel schwerer fallen würde, ja, dass sie sich in ihrer Heimat vielleicht sogar etwas fremd fühlen würde. Aber dem war mitnichten so. Sie genoss das beschauliche Leben in Augsburg, genoss es, dass sie wieder selber einkaufen gehen und ungestört und unbeobachtet mit den Kindern lange Spaziergänge unternehmen konnte. Am meisten gefiel ihr, dass sie ohne Bedienstete lebte, auch wenn dies für sie spürbar mehr Arbeit bedeutete. Zumal die schwäbischen Vermieter regelmäßig kontrollierten, ob die Böden des Hauses auch ordentlich gebohnert waren … Aber ihre neuerworbene persische Gelassenheit in diesen Dingen half meiner Mutter, sich davon nicht allzu sehr stressen zu lassen.

Auch meine Oma war von dem Aufenthalt der Familie in Augsburg begeistert. Endlich konnte sie ihre Enkelkinder regelmäßig und oft sehen, wenn sie am Wochenende mit dem Zug aus München kam. Endlich wohnte ihre Tochter mit ihrer Familie in einem schönen Haus, in ihren eigenen vier Wänden ohne weitere Mitbewohner und mit einem sauberen, abschließbaren Gästezimmer, in einem Zuhause, wo sich Besuch ordentlich anmeldete und die Familie nicht einfach mitten in der Nacht aus den Betten klingelte. Und endlich konnte Asi in einen ordentlichen Kindergarten gehen, wo sie Umgang mit gepflegten deutschen Kindern hatte.

Das Teppichgeschäft indes entpuppte sich als Pleite. Ob es daran lag, dass Taba über keine den Orientalen gemeinhin unterstellte »Teppichhändlermentalität« nebst dazugehöriger Überredungskunst verfügte? Oder hatten die Brüder für den Laden schlichtweg den falschen Standort (auf der Schattenseite einer Einkaufsstraße) gewählt? All dies war letztlich zweitrangig – Taba musste das Geschäft aufgeben. Das war für ihn allerdings nur halb so tragisch, denn schon nach wenigen Wochen in Deutschland wurde er von schrecklichem Heimweh geplagt. Er fühlte sich in Augsburg zwar wohl, und er wäre nicht Taba gewesen, wenn er nicht rasch eine ganze Anzahl neuer Freunde gewonnen hätte, darunter passionierte Jäger wie er selbst, die ihn auf ihre Jagden einluden und mit denen er bereits gemeinsame Hochgebirgsjagden im Iran plante. Und doch freute mein Vater sich darauf, nach dem Jahr in Augsburg im Oktober 1964 nach Persien zurückkehren zu können.

Abschied vom Landleben

Zurück in Schodja-Abad fiel der Familie die Umgewöhnung nicht leicht, vor allem nicht den Kindern. Asi vermisste ihren Kindergarten, Susi weigerte sich sogar, Persisch zu sprechen, und antwortete Madar-e Massumeh nur noch auf Deutsch.

Meinen Eltern wurde klar, dass es sehr schwierig werden würde, die Kinder wieder an das Leben auf dem Land zu gewöhnen. Solange sie noch Kleinkinder waren, war es nicht so wichtig, wo sie lebten. Aber jetzt, da Asi bald in die Schule kam und Susi in den Kindergarten gehörte, wurde ihnen klar, dass sie nicht umhinkamen, in eine größere Stadt zu ziehen. Denn die Dorfschule von Schodja-Abad gewährleistete bei aller Liebe nicht die Bildung, die Taba und Rose sich für ihre Töchter vorstellten. Die chronische Platznot im Bungalow, wo sie sich mehr und mehr auf die Füße traten, und das Erlebnis von Susis schwerer Erkrankung im letzten Sommer in Tasch taten ihr Übriges.

Meine Eltern entschlossen sich, Schodja-Abad zu verlassen und ins vierzig Kilometer entfernte Gorgan umzusiedeln. So hatte es Taba nicht zu weit zu seinem Arbeitsplatz, aber Rose und die Kinder würden in einer richtigen Stadt leben.

Am Abend vor dem Umzug nach Gorgan ging Rose noch einmal durch ihre geliebten Felder spazieren. Fast sechs glückliche Jahre hatte sie hier verbracht. Sie würde das alles, ihr Schwimmbecken, ihren *Talar*, die *Dehatis* und die gute Landluft, sehr vermissen. Aber sie wusste auch, dass ihre Zeit hier vorbei war. Ein wenig tröstete sie der Gedanke, dass sie ja nicht allzu weit weg wohnen und jedes Wochenende zu Besuch kommen würden.

Im Januar 1965 zog die Familie zur Miete nach Gorgan, in ein altes Haus mit *Hayat* – dem traditionellen iranischen Innenhof. Zwar herrschte auch hier weiterhin ein reger Besucherstrom zu allen Tages- und Nachtzeiten, aber Rose hatte endlich ihre eigenen vier Wände, ein paar Türen zum Abschließen, ungewohnt viel Platz und ihren eigenen Haushalt.

Sogar ihre erste halbautomatische Waschmaschine bekam sie, den sogenannten *Easy Washer*. Eine große Entlastung war die Maschine allerdings nicht. Man musste den Wasserzufluss von Hand regeln und je nach Bedarf mal kaltes, mal warmes Wasser zulaufen und die Lauge nach dem Waschgang auch wieder ablaufen lassen, und das gleich mehrfach bei Vorwäsche und Hauptwäsche. Lediglich das Waschen und Schleudern besorgte das Ding allein. Rose stand daher während der gesamten Waschprozedur vor der Maschine und drehte an den Hähnen. Als sie ihren Mann darauf aufmerksam machte, reagierte der belustigt:

»Ach so, jetzt also möchte die Chanom auch noch eine Waschmaschine, die sich selber den Wasserhahn aufdreht, kaltes Wasser und Seifenpulver hereinlässt und dann wieder den Hahn zudreht? Und dann von ganz alleine anfängt, zu waschen und das Wasser zu erhitzen? Und dann womöglich auch noch von ganz alleine das Wasser herauspumpt, frisches Wasser zum Spülen einlässt, schleudert – und das Ganze mehrere Male hintereinander? Und sich dann vielleicht noch selber abschaltet? Meine liebe Rose, so eine Maschine gibt es nun mal nicht. Sei froh, dass es diese hier gibt!« Ja, darüber konnte man damals in der Tat froh sein.

Für Asi gab es in Gorgan endlich einen richtigen Kindergarten – einen, in dem sie sogar englische Lieder lernte. Rose wunderte sich eines schönen Tages, was das Kind denn da über irgendeinen »Johnny Very« sang – wer war dieser Mensch bloß? Bis ihr schließlich dämmerte, dass es sich dabei um die persische Aussprache des englischen Monats *January* handelte. Asi wurden offensichtlich auf musikalischem Weg die englischen Monatsnamen beigebracht.

So günstig die Nähe Gorgans zu Schodja-Abad für Tabas Arbeit auch war – Rose fühlte sich in der Provinzstadt nie wirklich wohl. Erst in Gorgan fiel ihr auf, wie unabhängig ihr Leben in Schodja-Abad gewesen war und wie frei sie sich dort hatte bewegen können. Hier in Gorgan fehlten ihr die Natur und ihre langen Spaziergänge, an die sich irgendwann auch die Dorfbewohner gewöhnt hatten. In Gorgan hingegen verhielt es sich vollkommen anders. Hier fühlte sie sich von den Nachbarn richtiggehend beobachtet, sobald sie einen Fuß vor die Haustür setzte. Sofort wurde getratscht: »Wo geht sie diesmal hin? Und warum schon wieder alleine? Warum lässt ihr Mann das zu? Hat er bei seiner deutschen Frau etwa nichts zu sagen?«

An einem Tag im Hochsommer, an dem die Familie eigentlich in die Sommerfrische aufbrechen wollte, wurde in den Nachrichten plötzlich verkündet, dass die Cholera ausgebrochen sei. Gorgan werde bis auf Weiteres hermetisch abgeriegelt, hieß es, niemand dürfe die Stadt verlassen, die Behörden gestatteten keine Ausnahme.

So was hatten sie noch nie erlebt. Die Quarantäne dauerte volle drei Wochen. Zwar schaffte Taba es immer wieder, über Schleichwege nach Schodja-Abad zu fahren und dort nach dem Rechten zu sehen, aber Rose und die Kinder mussten die ganze Zeit in der Sommerhitze der Stadt ausharren. Aus Angst vor der Krankheit kochten sie ihr Trinkwasser ab und aßen selbst das Obst nur gegart. Das Haus verließen sie nur noch, wenn es unbedingt sein musste – eine Qual für alle. Rose fühlte sich wie im Gefängnis.

Nach einundzwanzig langen Tagen wurde die Quarantäne aufgehoben. Rose und Taba schnappten sich schnurstracks die Kinder und fuhren ans Kaspische Meer, wo sie sich in ein Motel in Babolsar, einem beliebten Ferienort, einmieteten. Endlich konnten sie wieder durchatmen, und sie genossen die frische Meeresluft. Hier erfuhren sie auch, dass jüngst in der Nähe eine Feriensiedlung im französischmarokkanischen Baustil gebaut worden war. Sie hatte den Namen »*Darya Kenar*«, was einfach nur »Am Meer« bedeutete. Das eine oder andere Ferienhäuschen sei noch zu haben, sagte man ihnen.

Ausgezehrt von der Gorganer Cholera-Quarantäne überlegten sie keine Sekunde, sondern fuhren gleich dorthin und kauften per Ratenzahlung das letzte erschwingliche Häuschen, das es noch gab. Es war eigentlich zu klein für die ganze Familie, aber sehr gemütlich und mit freiem Blick aufs Meer. Spontan verbrachten sie gleich noch zwei schöne Wochen in Darya Kenar.

Darya Kenar war ein abgeschirmter Ferienort mit Wachhäuschen und Schlagbaum. Hinein durften nur Leute, die dort ein Haus besaßen, und deren Gäste. In den zahlreichen, üppig mit Blumen, Sträuchern und jungen Palmen bewachsenen kleinen Straßen konnten die Kinder unbesorgt draußen spielen. Frauen konnten sich auch nachts ohne männliche Begleitung frei und sicher bewegen und sogar im Bikini oder Badeanzug am Strand liegen, ohne dabei angestarrt zu werden. Rose und die Kinder fühlten sich wie im Paradies. Für meine schwimmbegeisterte Mutter war der Ort ein Segen, hatte sie sich doch immer unwohl gefühlt, wenn sie im Dorf vor den Arbeitern und Bauern, die in der Regel noch nie eine Frau im Badeanzug gesehen hatten, im großen Wasserbecken schwimmen ging. Zwar hatte Rose stets penibel darauf geachtet, dass möglichst keiner sie sah, wenn sie, ganz bewusst nach Sonnenuntergang, ihre Runden drehte. Aber sie konnte nie sicher sein, damit nicht bei irgendjemandem Neugier oder sogar Ärgernis zu erzeugen.

Für Rose bedeutete Darya Kenar vom ersten Tag an pure Lebensqualität. Eines wusste sie schon beim ersten Urlaub dort genau: In Gorgan wollte sie nicht den Rest ihres Lebens verbringen! Der Cholera-Sommer hatte ihr den Rest gegeben. Auch ihr Mann sah ein, dass Rose in der Stadt nicht glücklich war. Und so entschlossen meine Eltern sich, nach Teheran zu ziehen und die Sommer fortan am Kaspischen Meer zu verbringen.

Das Teheran der sechziger Jahre war im Vergleich zu 1958 erheblich gewachsen, aber immer noch überschaubar und gemütlich, vor allem in Darrus, dem Viertel im Norden, wo meine Familie sich ein Haus mietete.

Die Stadt hatte internationales Flair. Hunderttausende europäische und amerikanische Ausländer lebten und arbeiteten hier, und ihre Kinder besuchten eine der zahlreichen internationalen Schulen. Meine Mutter achtete immer sehr darauf, dass ihre Kinder zweisprachig aufwuchsen. Um korrektes Deutsch zu lernen, wurde Asi auf die Deutsche Schule geschickt und Susi in den Deutschen Kindergarten.

Hier in Teheran konnte Rose endlich wieder ins Theater, in die Oper oder ins Kino gehen – kulturelle Vergnügungen, die sie seit ihrer Ankunft im Iran immer schmerzlich vermisst hatte. Ganz abgesehen von den vielen Einkaufsmöglichkeiten, von denen sie in Schodja-Abad und Gorgan nur hatte träumen können! Endlich konnte sie jetzt jederzeit ins »Foruschgah-e Ferdousi« gehen und dort deutsche Lebensmittel einkaufen.

Taba pendelte nun zwischen Schodja-Abad und Teheran

hin und her. Die Fahrt dauerte mit dem Land Rover dank der inzwischen weitgehend asphaltierten Straßen nur mehr gut sieben Stunden. Eine enorme Belastung war das zwar immer noch, aber mein Vater fuhr sowieso gerne Auto.

Das neue Zuhause meiner Familie lag in der Djahanbani-Straße, nicht weit entfernt von der Deutschen Schule am Hedayat-Platz. Es hatte einen schönen Garten mit einer hohen Mauer, über die keine neugierigen Nachbarn blicken konnten. Im Schatten alter Bäume ließ es sich hier sogar im Hochsommer gut aushalten. Das Haus hatte zwar nur zwei Schlafzimmer, dafür aber spektakuläre Empfangsräume mit Spiegelwänden und dekorativen Palmen davor sowie als Hauptattraktion einen kreisrunden Barraum. Kolonialstil traf auf Sechziger-Jahre-Chic, vor allem in Gestalt der Möbel. Ein riesengroßer Rosenstrauch, der vom Frühjahr bis in den Herbst tiefrot blühte, war das Herzstück der Terrasse. Dort stand auch eine Hollywoodschaukel, auf der besonders meine Oma gerne saß, wenn sie aus Deutschland zu Besuch kam. Der Umzug meiner Eltern ins »zivilisierte« Teheran hatte sie etwas damit ausgesöhnt, dass ihre einzige Tochter es nach wie vor vorzog, im Iran zu leben. Teheran empfand meine Oma natürlich viel weniger rückständig als Schodja-Abad. Hier konnte sie lange Spaziergänge machen, ohne von neugierigen Dorfkindern verfolgt zu werden.

Besonders gerne ging sie mit meiner Mutter im *Bagh-e Saremol Douleh* spazieren, einem riesigen parkähnlichen Garten, der zu einem alten Herrenhaus aus der Kadscharenzeit gehörte. Eigentlich war er damals in Privatbesitz, aber meine Großmutter war mit Hilfe meiner Mutter mit dem Gärtner ins Gespräch gekommen und hatte ihm damit geschmeichelt, der Garten würde sie an ihre deutsche Heimat erinnern. Daraufhin durften die beiden nach Belieben dort lustwandeln. Später vermachte die Besitzerin den Garten der Stadt Teheran. Im ehemaligen Herrenhaus befinden sich heute Souvenirshops und Cafés, und im Park mit seinen uralten Bäumen hat man alle möglichen Fitnessgeräte aufgestellt.

Am allerbesten gefiel es meiner Großmutter, wenn sie in Teheran mit Landsleuten zusammenkam. Gern saß sie mit den Müttern und Großmüttern der Kinder aus Asis Schule beisammen und hielt Kaffeeklatsch, meist mit selbstgebackenem Marmorkuchen, Käsekuchen oder Frankfurter Kranz.

Eines Tages drückte die kleine Asi meiner Mutter einen Brief in die Hand, der für den lieben Gott bestimmt war. *Lieber Gott, bitte schick mir ein Brüderchen, das wo ganz dick und rund ist*, stand da. Meine Mutter solle doch bitte schön diesen Brief auf die Post bringen.

Lachend versprach sie es und zeigte den Brief meinem amüsierten Vater.

Kurze Zeit später war sie in Gorgan zu einem traditionellen schiitischen Fest eingeladen. Zu den Feierlichkeiten gehörte der Brauch, sich als Frau aus einem großen Topf mit *Asch,* einem Suppengericht, einen Teller zu nehmen, nachdem sie zuvor mit einer großen Kelle darin gerührt und sich dabei etwas gewünscht hatte. Madar-e Massumeh beschwor Rose, sich auch so einen Teller *Asch* zu holen und sich dabei einen Sohn zu wünschen – es würde ganz sicher in Erfüllung gehen. Sie ließ nicht locker, und weil meine Mutter keine Spielverderberin sein wollte, gab sie ihrem Drängen nach. Als sie mit der Suppe auf ihren Platz zuruckgekehrt war, schaute ihr Madar-e Massumeh tief in die Augen:

»Chanom, hast du dir nun einen Sohn gewünscht?«

Erst als meine Mutter nickte, gab sie sich zufrieden. Allah

würde Rosemarie-Chanom den Wunsch gewähren, da war sie sicher.

Tatsächlich wurde meine Mutter bald darauf schwanger – und gebar im März 1966, kurz nach dem persischen Neujahrsfest, meinen Bruder Amir. Alle waren hellauf begeistert. Die *Dehatis* in Schodja-Abad waren selig: Endlich hatte Rosmarie-Chanom den ersehnten Stammhalter geboren und der *Agha* einen männlichen Nachkommen. Man feierte das besondere Ereignis mit einem geschlachteten Lamm und verteilte das Fleisch an die Dörfler. Fortan wurde meine Mutter nur noch »*Mar-e Amir*« genannt – »Mutter von Amir«. Das war ein Ausdruck der Ehrerbietung, das wusste sie schon. Nichtsdestotrotz war ihr die Vorstellung befremdlich, nur noch als Mutter von jemandem gesehen zu werden und nicht mehr als eigenständige Person. Da die Töchter auf dem Dorf traditionell nicht zählten, war die Freude der Dorfbewohner über den Stammhalter umso größer – und ging einher mit einer Portion Mitgefühl mit Rose, weil sie ja nur einen Sohn und damit gewissermaßen »nur ein einziges Kind« hatte. Sie nahm es meistens mit Humor. Für sie war es das Wichtigste, dass Taba und seine Familie wenig mit diesen Traditionen am Hut hatten und alle ihre Kinder liebten.

Der kleine Amir war ein stattlicher Säugling, der bereits mit fünf Monaten krabbeln und mit zehn Monaten laufen konnte. Seine Backen waren so rund, dass mein Vater in Erwägung zog, ihm Backenstützen zu bauen. Auch meine Schwestern waren begeistert von ihrem kleinen wohlgenährten Brüderchen.

Und schließlich war Kind Nummer vier an der Reihe: Ich wurde geboren, am 8. Juni 1967, in derselben Woche, in der der Schah Deutschland besuchte; in derselben Woche, in der Ulrike Meinhof einen offenen Brief an Farah Diba, die Frau des Schahs, schrieb, die Studenten auf die Straße gingen, um gegen ihn zu demonstrieren, und Benno Ohnesorg erschossen wurde. Unvergesslich sollten die Bilder der »Prügelperser« werden, Sympathisanten des Schahs, die mit Holzlatten auf die Demonstranten losgingen.

Meine Geburt verlief zum Glück ohne Probleme, alles muss sehr schnell gegangen sein. Meinem in Sachen Kreißsaal mittlerweile recht routiniertem Vater ging es wohl trotzdem nicht zügig genug, denn er verkürzte sich die Wartezeit, indem er ins Kino ging und sich einen Western mit seinem Lieblingsschauspieler John Wayne ansah.

Diese Schwangerschaft war allerdings etwas unerwartet gekommen, und meine Mutter fürchtete sich ein wenig vor der Reaktion meiner Oma. Also verschwieg sie ihr erneut eine wichtige Familienangelegenheit und beschloss, sie nach meiner Geburt vor vollendete Tatsachen zu stellen. Das Taktieren war allerdings schon bei der Hochzeit keine gute Idee gewesen, und auch diesmal ging es nicht gut.

Meine Oma reagierte verhalten auf die frohe Kunde. Jemandem etwas vorzuheucheln hatte ihr noch nie gelegen, deswegen sprach sie Klartext. Ihrer Meinung nach waren vier Kinder einfach zu viel. Außerdem war sie – auch diesmal zu Recht – furchtbar beleidigt, dass man ihr nichts von der Schwangerschaft erzählt hatte. Zum zweiten Mal war sie übergangen worden.

Da war ich aber nun mal. Unsere Familie war komplett.

III

TEHERAN

Unser Haus

MANCHMAL TRÄUME ICH noch von unserem Haus in der Maschajechi- Straße.

Ich sehe den riesigen alten Walnussbaum vor mir, im Garten unweit der Terrasse, auf den wir als Kinder gerne kletterten und dessen Fruchtschalen unsere Hände dunkelbraun färbten. Ich sehe meinen Bruder Amir das Treppengeländer runterrutschen, vorbei an den Hirschgeweihen und dem ausgestopften Steinbockkopf mit dem prächtigen Geweih und dem starren Blick, allesamt Trophäen meines jagdbegeisterten Vaters. Meine Mutter ist auf der Terrasse und sitzt bei Kaffee und Kuchen auf demselben Platz, an dem mein Vater am frühen Morgen melancholische Musik aus dem Radio gehört hat, gedankenverloren an seiner Zigarette ziehend. Im Traum gehe ich hoch in den ersten Stock, der uns Kindern gehörte, vorbei an meinem Zimmer mit der türkisfarbenen Prägetapete im Siebziger-Jahre-Dekor, die ich mir selber aussuchen durfte und die mir dann, erst einmal an der Wand, gar nicht mehr so gut gefiel. Das psychedelische Muster verursachte mir Kopfschmerzen und Augenflirren.

Ich gehe an Amirs Zimmer vorbei, in dem er seine Märklin-Eisenbahn und seine Modellkampfjets aufgebaut hat: *Na ja, deine Tapetenauswahl mit den orange-rot-blauen Riesenblumen ist auch nicht viel besser,* denke ich und grinse in mich hinein.

Aus unserem Bad höre ich schon von weitem die alte Hoover-Waschmaschine gluckern, die wahrscheinlich gerade mal wieder das halbe Stockwerk unter Wasser setzt. Nicht nur einmal hat sie mir – und auch allen anderen – einen elektrischen Schlag versetzt.

Im nächsten Moment höre ich das Trällern meiner Schwester Asi, die bestimmt in ihren weiten Schlaghosen auf der Dachterrasse sitzt. Sie singt *You're just too good to be true* und spielt dabei auf ihrer Yamaha- Konzertgitarre. Ihr langes Haar ist in der Mitte gescheitelt und weht im Wind. Meine andere Schwester Susi sitzt in ihrem Zimmer, das in allen Farben des Sonnenuntergangs schimmert und von Postern übersät ist, und telefoniert mal wieder mit ihrem Freund Mehrdad. Ich höre die Raben im Garten krächzen und den entfernten Klang eines Muezzins, der zum Gebet ruft.

Es waren wirklich schöne Jahre, die wir hier in Teheran verbrachten. Rosenjahre, wahrlich. Und meine ersten Kindheitserinnerungen sind untrennbar mit diesem alten Haus verbunden.

Dabei war dieses Haus alles andere als das Traumhaus meiner Mutter gewesen, als meine Familie Anfang der Siebziger dort einzog. Sie fand es sogar abstoßend hässlich, als sie es zum ersten Mal sah. Das Haus war schwarz und gelb gestrichen und hatte einen unschönen Sockel aus Ölfarbe. Der alte Garten war vollkommen verwahrlost. Seltsamerweise befand sich die Garage inmitten des Hauses, überall stank es nach Benzin. Im ersten Stock gab es nur zwei Zimmer, dafür aber ein zehn Meter hohes offenes Treppenhaus, das unbehaglich wirkte und eigentlich nur Platz wegnahm.

Meine Eltern hatten damals, nach über vier Jahren in Teheran, noch immer kein eigenes Dach über dem Kopf, zumindest keines, das wirklich ihnen gehörte. Das erste Haus in der Djahanbani-Straße hatten wir ja nur zur Miete bewohnt.

Als es dann doch zum Verkauf stand, überlegte mein Vater leider viel zu lange, ob er es kaufen sollte, und schließlich kam ihm ein anderer zuvor: Der neue Besitzer wollte selber einziehen, und wir mussten raus. Es bestand also dringender Handlungsbedarf, und meine Eltern hatten sich schon etliche andere Häuser angeschaut, die zum Verkauf standen.

Zwei Grundstücke hatte mein Vater in der Zwischenzeit bereits in Teheran gekauft, aber keine befriedigenden Baupläne entwickeln können und sie deshalb kurzerhand wieder verkauft. Zwei Posten mehr in seinem Archiv der unverwirklichten Ideen.

Meine Mutter reagierte zunehmend genervt auf die Unentschlossenheit meines Vaters, war doch die unentwegte Suche nach einem Haus anstrengend und zeitraubend, noch dazu, wenn man vier Kinder zu versorgen hatte. Sicher, mein Vater hatte nach wie vor viele Ideen: Mal plante er den Bau einer Tomatenmarkfabrik, mal die Beteiligung an einem Supermarkt, dann überlegte er, ob er nicht doch lieber eine Tankstelle eröffnen sollte, und meine Mutter ließ ihn immer gewähren – sie vertraute ihm in diesen Dingen und hatte ohnehin aufgegeben, alle seine Pläne im Auge zu behalten. Aber was das Eigenheim betraf, verlor sie irgendwann die Geduld. Die beiden gerieten deswegen immer öfter aneinander.

Als ihnen dann dieses Haus in einer ruhigen Straße an der Grenze der beiden nördlichen Stadtteile Darrus und Gholhak angeboten wurde, waren meine Eltern einfach nur froh, dass die Sucherei ein Ende hatte. Am Abend nach der

Entscheidung traf man sich bei reichlich Whiskey im Haus der Eigentümer, gleich im Haus nebenan, und mein Vater unterschrieb noch vor Ort den Kaufvertrag.

Es war keine ganz so gute Wohngegend wie zuvor, aber das Haus lag immer noch günstig in Nähe der Deutschen Schule und des Kindergartens. Und zu unserem neuen Heim gehörte ein großes Grundstück, das meine Eltern im Laufe der Jahre in einen prachtvollen Garten verwandelten.

Endlich hatten wir also unser eigenes Reich. Damit es aber für unsere inzwischen sechsköpfige Familie taugte, musste noch viel daran gemacht werden. Onkel Schamsi bot an, bei den Umbauplänen zu helfen. Er hatte einen guten, um nicht zu sagen sehr erlesenen Geschmack. So mussten meine Eltern einige seiner extravaganten Vorstellungen, wie etwa zwei geschwungene Treppenaufgänge im Eingangsbereich, recht schnell verwerfen. Andere Vorschläge nahmen sie dankend an. Der erste Stock erhielt einen neuen Grundriss, so dass jedes Kind ein eigenes Zimmer hatte. Die Garage wurde zu einer geräumigen Küche umgebaut, für das Auto fand sich ein Stellplatz neben der Gartenmauer, und das gesamte Haus wurde mit weißem Spritzputz versehen. Elegante Rundbögen zierten als kleines Highlight das Wohnzimmer.

Die schwarzen und gelben Türen und Fenster strich meine Mutter eigenhändig in heller Farbe. Um dem Unkraut auf dem Grundstück Herr zu werden, engagierte sie einen Gärtner, der außerdem Rosen pflanzte und den Rasen anlegte. Der Swimmingpool wurde mit einer Pumpe ausgestattet und blau gestrichen. Schließlich wurde noch tapeziert, und nach einem guten halben Jahr Umbau, Staub, Schmutz und Ärger mit den Arbeitern war unser erstes eigenes Zuhause in Teheran fertig.

Besonderes Glück bescherte es meiner Mutter, sich erstmals nach ihrem eigenen Geschmack einrichten zu können. Endlich war Platz für eine Fernsehecke mit großen turkmenischen *Poschti*, riesigen Sitzkissen am Boden. Unser Wohnzimmer, der sogenannte Salon, bot reichlich Platz für Feste und für den Kaffeeklatsch der Mütter der Deutschen Schule, der alle paar Wochen turnusmäßig bei uns stattfand. Sogar ihr eigenes Bad hatte sie nun! Auch wir Kinder fühlten uns hier pudelwohl. Wir konnten im ersten Stock toben, während unsere Mutter ungestört im Erdgeschoss ihren Mittagsschlaf hielt. Zu den Mahlzeiten mittags und abends trafen wir uns unten im kleinen Esszimmer, den Rest des Tages räuberten Amir und ich im Garten oder auf dem Dach herum, während sich unsere großen Schwestern lieber in ihre Zimmer zurückzogen.

Der Schulweg dauerte höchstens zehn Minuten. Wir mussten nur eine breite Straße überqueren, die Amir-Hekmat. Hier waren auch unser Bäcker und unser *Dokkan*, der Krämerladen, bei dem es so ziemlich alles gab und bei dem wir auch anschreiben lassen konnten – was wir Kinder schamlos ausnutzten, indem wir uns dort regelmäßig Berge von Schokolade und Süßigkeiten holten. Das ging so lange gut, bis mein Vater einmal die Rechnung zu Gesicht bekam und sich fürchterlich aufregte. »Wie kann man nur so viel Schokolade essen?«, rief er. Meiner Mutter wurde aufgebrummt, uns in Zukunft einen Einkaufszettel mitzugeben, auf dem genau aufgelistet war, was der Verkäufer uns rausrücken durfte. Aber auch da hatten wir schnell den Bogen raus. Wir behielten den Zettel einfach und benutzten ihn mehrfach. Bis das nächste Donnerwetter kam.

Gemeinsam mit uns im Haus wohnten auch Nane, das Kindermädchen, und Omolbani, die Haushaltshilfe. Nane schien uns Kindern uralt zu sein. Sie hatte ein kugelrundes, rosiges Gesicht und kam aus der Provinz Aserbaidschan. Nane aß jeden Tag bereits zum Frühstück *Kate Filfil*, weißen Kleberreis mit höllisch scharfen grünen Chilischoten, die sie sich im Ganzen in den Mund schob – es war kaum zum Mitansehen. Wenn man sie fragte, wie alt sie war, zuckte sie mit den Schultern und antwortete in ihrem *Aseri*-Dialekt: »*Nemidanem, gamanem sad sal daram.* – Ich weiß nicht, ich glaube, ich bin hundert Jahre alt.«

Auch wenn sie sicher noch keine hundert war, so lag es vielleicht dennoch an ihrem Alter, dass Nane so gutmütig war. Meine Eltern hatten sie angestellt, als Amir zur Welt kam, und egal, was der »Knabe«, wie meine Mutter ihn nannte, auch anstellte, Nane geriet in Verzückung. Zog er die Katze am Schwanz und wirbelte sie durch die Luft, bewunderte sie seine Kraft und Stärke, und sogar wenn er sie bei ihren täglichen Gebeten störte, indem er ihr auf den Rücken sprang und auf ihr reiten wollte, lachte sie nachsichtig. Irgendwann bot ihr jemand allerdings eine bessere Stellung an, und Nane verließ uns von einem Tag auf den anderen.

Da Nane sich ausschließlich für Amir zuständig fühlte und sich strikt weigerte, jegliche Hausarbeit zu verrichten, hatten meine Eltern zusätzlich ein Hausmädchen angestellt. Die junge Sedighe kam aus Schodja-Abad und entpuppte sich als fanatischer Elvis-Presley-Fan. Sobald meine Mutter außer Haus war, sperrte sich Sedighe im Wohnzimmer ein und übte vor dem Spiegel Twist, anstatt auf die Kinder aufzupassen. Asi und Susi hatten es öfter durchs Schlüsselloch beobachtet und natürlich meinen Eltern davon erzählt. »Ausg'schamtes Luder«, schimpfte meine Mutter dann.

Mit Sedighe hatte sie ohnehin ihre liebe Mühe. Schickte sie sie zum Einkaufen, so blieb sie gerne über Stunden verschollen, und meine Mutter erfuhr später von Bekannten, dass Sedighe in Schallplattenläden gesichtet worden war. Anstrengende Hausarbeiten wie Bodenwischen und Fensterputzen überließ sie lieber meiner Mutter, dafür erzählte sie Asi und Susi gerne davon, wie sie ihr Geld sparen und mit dem Flugzeug nach Amerika fliegen würde, um Elvis kennenzulernen.

Als Sedighe eines Tages zu vertuschen versuchte, dass der kleinen Susi, nachdem Sedighe sie auf den Fahrradgepäckträger gesetzt hatte, die Füße in die Speichen geraten waren und sie sich böse verletzt hatte, war der Ofen aus. Meine Mutter bestand darauf, dass mein Vater Sedighe zurück nach Schodja-Abad brachte.

Ihre Nachfolgerin Omolbani war wesentlich braver und schüchterner als ihre Vorgängerin. Allerdings verliebte sie sich nach kurzer Zeit in den *Nafti* unseres Viertels, den Öl- und Benzinverkäufer von der Hauptstraße, den sie unbedingt heiraten wollte – und das tat sie dann auch. Meine Eltern richteten für Omolbani und ihren Bräutigam eine große Hochzeit in unserem Haus aus und bezahlten sogar ihre Mitgift. Sie war ein einfaches Bauernmädchen aus Schodja-Abad, das über keine Mittel verfügte, und meine Eltern fühlten sich für sie verantwortlich. Also besorgte meine Mutter ihr einen kompletten Hausstand und mehrere Teppiche.

So bekam Omolbani ihren *Nafti*. Das Glück hielt aber nicht lange. Kurz nach der Hochzeit begann er, seine frisch Vermählte zu schlagen, woraufhin Omolbani sich jedes Mal bei meinen Eltern ausheulte.

Meine Eltern hatten sich schon immer schwergetan, geeignete Angestellte zu finden. Beide waren zu gutmütig, und selbst, wenn sie eindeutig bestohlen worden waren, trauten sie sich nicht, den Dieb zur Rede zu stellen. Es sei zu schwierig, es dem Übeltäter nachzuweisen, redeten sie sich immer ein.

Die Gutmütigkeit und Großzügigkeit insbesondere meines Vaters grenzten manchmal an Naivität. Er mochte einfach nicht daran glauben, dass jemand ihn bewusst hinters Licht führen wollte. Nicht nur in Schodja-Abad, auch in seinem Gorganer und Teheraner Umfeld war bekannt, dass man auf seine Hilfe zählen konnte. Nicht selten wurde sie bedenkenlos ausgenutzt, und das traf leider auch auf manche Hausangestellte zu.

Meine Mutter fühlte sich nie wohl, wenn sie uns Kinder den Angestellten anvertraute. Einmal war mein Bruder als Säugling, von Nane gänzlich unbemerkt, aus dem Kinderwagen gefallen und wurde von meiner Mutter schlafend am Boden aufgefunden – Gott sei Dank unverletzt. Ein anderer, viel schlimmerer Vorfall ereignete sich, als ich noch im Krabbelalter war. Meine Mutter war an der Haustür aufgehalten worden, und weder Nane noch Omolbani hatten sich dazu berufen gefühlt, auf mich zu achten. In der Zwischenzeit war ich verschwunden. Als sie es bemerkte, suchte meine Mutter panisch das gesamte Haus nach mir ab. Schließlich entdeckte sie mich regungslos im Pool treibend. Ich hatte offenbar bereits das Bewusstsein verloren.

Meine Mutter sprang in voller Bekleidung und mit Lockenwicklern ins Wasser und holte mich gerade noch rechtzeitig heraus. Nachdem sie mich kopfüber gehalten hatte, spuckte ich Wasser und kam wieder zu mir. Ich habe keine Erinnerung daran. Aber heute, wo ich selber Kinder habe, mag ich mir kaum vorstellen, was meine Mutter in diesem Moment durchgemacht hat.

Meine Mutter war nie eine typische Hausfrau, deren größtes Glück es war, ausgefallene Menüs für ihre Liebsten zu zaubern, so ehrenvoll das sicher auch sein mochte. Hausarbeit war ihr eine unliebsame Pflicht, die genauso wie das ganze Trara um die Bewirtung ungebetener Gäste zwar zum Leben gehörte, eine Erfüllung bedeutete es ihr nicht. Zudem war sie weder als junges Mädchen noch später sonderlich an ihrem Äußeren interessiert. Ihr war es zu langweilig und zu oberflächlich, sich den halben Tag mit Schönheitspflege zu beschäftigen, nur um bei anderen Menschen Eindruck zu schinden. Selbst der obligatorische wöchentliche Friseurbesuch, um sich die in den Siebzigern modischen hochtoupierten Frisuren mit Haarteilen und Unmengen von Haarspray machen zu lassen, war ihr lästig.

Viel lieber unternahm sie Tagesausflüge mit dem Goetheinstitut, um archäologische Ausgrabungsstätten und Sehenswürdigkeiten zu besichtigen. Auch ihr Interesse an Sprachen hatte nicht nachgelassen. In Teheran gab es in dieser Hinsicht viel mehr Möglichkeiten als auf dem Land. Sie vertiefte ihre Englischkenntnisse aus der Schulzeit, indem sie am British Council einen Literaturkurs belegte und Shakespeare, D. H. Lawrence und Wordsworth studierte. Zweimal gewann sie bei den Abschlussprüfungen den ersten Preis, worauf sogar mein Vater stolz war, der ihr Englischstudium eher skeptisch beäugte, war er doch der Ansicht, meine Mutter solle ihre Zeit lieber uns Kindern widmen; und Englisch könne ja heutzutage sowieso Hinz und Kunz.

Mein Vater war generell nicht allzu begeistert davon, dass seine Rose mit dem Großwerden der Kinder immer selbständiger wurde und häufiger ihren eigenen Interessen nachging. Sie bestand plötzlich sogar darauf, den Führerschein zu machen.

»Wozu brauchst du denn den?«, murrte mein Vater.

»Na, um deine Kinder zum Beispiel ins Ballett oder zum Klavierunterricht zu fahren. Oder um die vielen schweren Einkäufe zu transportieren«, entgegnete meine Mutter. »Du bist doch ständig unterwegs. Meistens bist du in Schodja-Abad, und wenn nicht, dann auf der Jagd, in Gorgan oder sonst wo. Oder willst du jedes Mal anreisen, wenn Susi zum Unterricht muss und Asi zum Tanzen?«

Das war ein schlagkräftiges Argument. Ganz ohne Weiteres wollte mein Vater allerdings nicht nachgeben, und so hatten meine Eltern in Sachen Führerschein eine für sie typische Auseinandersetzung, die auch durchaus laut werden konnte. Wir Kinder rollten derweil die Augen.

»Du weißt doch, dass die Iraner fahren wie die Henkersknechte. Das ist nichts für dich.« Mein Vater versuchte nun, ihr die Lust aufs Autofahren im Ansatz zu verleiden.

»Aber ich bin doch schon oft in Schodja-Abad mit dem Land Rover gefahren! Ich weiß, wie man fährt.«

»Das ist aber was anderes! Da war ich dabei! Außerdem war das auf dem Land. Hier in Teheran ist das viel zu gefährlich! Denk an die Kinder!«

Damit kam er bei ihr nicht weit. »Ich denke ja an die Kinder! Deshalb will ich doch den Führerschein! Wenn du nicht da bist, bin ich vollkommen abhängig von anderen, die uns mal fahren, oder von Taxifahrern. Und die sind tatsächlich wie die Henkersknechte unterwegs.«

»Ach, was red ich.« Mein Vater winkte ab. »Du schaffst das doch eh nicht, so verträumt, wie du bist.«

»Ich und verträumt? Wer schmiedet denn laufend verträumte Pläne, von denen nicht mal die Hälfte umgesetzt wird?«

Damit hatte meine Mutter einen wunden Punkt erwischt. Mein Vater stutzte.

»Ich dagegen bin überhaupt nicht verträumt, mein Lieber. Und außerdem schaffe ich die Prüfung – und zwar auf Anhieb!«, setzte meine Mutter nach.

Taba lachte. »Niemand schafft die Fahrprüfung in Teheran auf Anhieb! So wahnsinnig, wie die hier fahren! Zias Frau hat fünf Anläufe gebraucht.« Seiner Sache sicher, fuhr er fort: »Weißt du was? Wenn du die Prüfung wirklich auf Anhieb schaffst, kaufe ich dir ein Auto. Einen nagelneuen Peykan!«

Wir Kinder hatten die ganze Zeit gelauscht, wie die Auseinandersetzung wohl ausgehen würde. Nun warteten wir gespannt auf eine Fortsetzung.

Für meine Mutter war die Aussicht auf einen Peykan eine willkommene Herausforderung. Sie nahm eifrig Fahrstunden bei einem Fahrlehrer, der mit einer Österreicherin verheiratet war und nicht nur Deutsch mit gemütlichem Wiener Akzent sprach, sondern auch die Ruhe weghatte. Er ließ meine Mutter von der ersten Stunde an selbständig fahren, aß neben ihr Pistazien und Schokolade und las auch mal die Zeitung, während sie sich durch das Verkehrschaos von Teheran tankte.

Durch seine Entspanntheit lernte meine Mutter sehr schnell, im Stadtverkehr zu bestehen. Leicht war das wirklich nicht. Überall wurde kreuz und quer gefahren, an Fahrspuren und Ampeln hielt man sich praktisch nie, und Einbahnstraßen waren im Zweifelsfall auch kein Hindernis auf dem direkten Weg ans Ziel. Das heimelige Läuten der Glocken vorbeiziehender Kamelherden, das meine Mutter vor zwanzig Jahren noch so fasziniert hatte, war inzwischen dem Gehupe entnervter Teheraner im Feierabendstau gewichen. Hupend schienen sie miteinander zu kommunizieren, sich zu grüßen, sich zu beschimpfen, sich zu warnen, ja selbst sich zuzulächeln schienen sie per Hupe. Der Lärm war allgegenwärtig.

Meine Mutter ließ sich nicht beirren. Sie schaffte ihre Prüfung auf Anhieb!

Mein Vater war baff – und einmal mehr beeindruckt von seiner Frau. Um den nagelneuen Wagen kam er jetzt nicht mehr herum, denn die Geschichte seiner Wette hatte er siegessicher bereits allen Freunden und Bekannten erzählt. Meine Mutter bekam also ihr erstes eigenes Auto: einen beigefarbenen Peykan, made in Iran, nach einer Lizenz von Ford. Der Traum vieler Iraner! Der Name für das begehrte Gefährt ist an das persische Wort für »Pfeil« angelehnt, auch wenn es sich beim Peykan eher um einen schwerfälligen Volkswagen mit mäßiger PS-Zahl handelte.

Führerschein und Auto bedeuteten für meine Mutter eine neue Freiheit und mehr Eigenständigkeit, und bald sah auch mein Vater seinen eigenen Nutzen daran. Nun konnte sie nicht nur selber ins Stadtzentrum fahren, sondern sie unternahm mit uns auch immer öfter Ausflüge ins Gebirge zum Wandern. Selbst nach Darya Kenar und nach Schodja-Abad fuhren wir mit ihr über die gefährlichen Gebirgspässe voll angeblicher Straßenräuber, vor denen mein Vater nicht müde wurde, sie zu warnen. Sie meisterte die steilen Serpentinen mit vier plappernden und kreischenden Kindern im Auto und behielt auch die Nerven, als sich uns eines Tages auf der Landstraße tatsächlich ein Auto quer in den Weg stellte. Kurz entschlossen fuhr sie die Böschung hinunter und umfuhr das Auto mit der zwielichtigen Männergruppe. Die vermeintlichen Gangster waren so verdutzt über ihre James-Bond-Aktion, dass sie noch nicht einmal die Verfolgung aufnahmen. Vermutlich waren es nur harmlose Reisende mit einer Autopanne, aber die ewigen Horrorgeschichten meines Vaters hatten bei meiner Mutter bewirkt, dass sie felsenfest davon überzeugt war, dass es sich um Straßenräuber handelte.

Solche Manöver führten dazu, dass wir nie Angst hatten, wenn wir mit unserer Mutter unterwegs waren, selbst in einem Land, in dem Frauen traditionell nicht alleine reisen.

Wir vertrauten ihr ohnehin bedingungslos. Meine Mutter war immer liebevoll und fürsorglich mit uns. Am liebsten hätte sie noch viel mehr Zeit mit uns verbracht als ohnehin schon. Sie schmuste für ihr Leben gern mit uns, und wir genossen ihre Zärtlichkeit. Manchmal wurde sie allerdings auch ungemütlich, besonders dann, wenn wir zu laut waren und sie nicht in Ruhe essen ließen. Allerdings hatte sie zu ihrem eigenen Glück im Laufe der Jahre die Fähigkeit entwickelt, komplett abschalten zu können, wenn um sie herum ihre lebhaften Kinder tollten. Sie war dann wie weggetreten und schien nichts, aber auch rein gar nichts mitzubekommen.

Meine Mutter konnte aber auch blitzschnell zu einer Löwin werden, wenn ihre Jungen angegriffen wurden. Ich werde nie vergessen, wie sie einen fiesen Straßenjungen vermöbelte, der mich auf dem Nachhauseweg mit seiner Drahtschleuder angeschossen hatte. Das wird der Arme sein Leben lang nicht vergessen haben.

Mein Vater war sanft und liebevoll, meistens lustig und brachte uns Kinder regelmäßig zum Lachen. Es wurde nie langweilig mit ihm. Leider war er nicht oft daheim. Wenn er nicht gerade in Schodja-Abad war, fuhr er mit seinen Freunden und Bekannten zur Jagd. Oft war er wochenlang unterwegs, besonders im Herbst, wenn die traditionelle Hirschjagd anstand. Aber sobald er zu Hause war, nahm er sich alle Zeit der Welt für unsere Sorgen. Ich liebte es, wenn er mir den Kopf streichelte und mir einen Kuss auf den Scheitel gab. Es war für uns Kinder immer etwas Besonderes, wenn er da war. Noch lieber wäre es mir allerdings gewesen, wenn es nichts Besonderes, sondern was ganz Normales gewesen wäre.

Wenn unser Haus voller Gäste war, stand mein Vater meistens im Mittelpunkt. Alle waren von seinen Witzen amüsiert, und das schrille Lachen der Frauen hallte durch den Salon. Wenn die Leute wieder gegangen waren, saß er mit seinen Zigaretten allein auf der Terrasse und hörte stundenlang melancholische persische Lieder aus seinem Transistorradio.

Natürlich war mein Vater Taba als moralische Instanz und für die großen Fragen und Entscheidungen des Lebens stets für uns ansprechbar. Den Alltag mit vier Kindern bewältigte jedoch gänzlich meine Mutter. Für ihn war es selbstverständlich, dass die Kindererziehung Aufgabe einer Ehefrau war, während er die Rolle des Geldverdieners und Ernährers übernahm.

Meine Mutter wünschte sich – genauso wie wir Geschwister –, dass er mehr Zeit mit uns verbrachte. Aber meinen Vater hielt es nie besonders lange an einem Ort. Er war einfach zu rastlos, und immer wieder zog es ihn hinaus in die Welt.

Unsere Mutter hatte alle Hände voll zu tun, zwei pubertierende Teenager und zwei wahrlich lebhafte kleine Kinder in den Griff zu kriegen. Altersbedingt teilten wir Geschwister uns in Paare auf: Asi und Susi zum einen, zum anderen Amir und ich. Unsere älteren Schwestern waren für Amir und mich unerreichbar cool und erwachsen. Asi war die unangefochtene Chefin im Ring. Von uns kleineren Geschwistern wurde sie bedingungslos bewundert und angehimmelt. Das war auch kein Wunder, denn sie war witzig und schlagfertig und sah aus wie ein französischer Filmstar. Wenn sie und Susi zusammen herumalberten, Lieder sangen und Modenschauen aufführten, bei denen sie von meiner Mutter genähte rückenfreie Siebziger-Jahre-Overalls mit Blümchenmuster und Schlaghose vorführten, machten Amir und ich große Augen. Oft lachten wir uns auch kaputt über ihre Showeinlagen.

Asi und Susi hatten Klavierunterricht und brachten Amir und mir einfache Stücke für vier Hände bei. Asi konnte auch Gitarre spielen und sang uns Lieder ihrer Lieblingssänger Jim Croce und Tom Jones vor. In ihrem Zimmer liefen die Raubpressungen dieser Platten rauf und runter, die ansonsten im Handel ein Vermögen gekostet hätten. Als Jim Croce bei einem Flugzeugabsturz ums Leben kam, sperrte Asi sich drei Tage in ihr Zimmer ein und heulte. Meine Eltern konnten es kaum mitansehen und versuchten sie zu trösten. Ein ähnliches Drama spielte sich allerdings ab, als ihr von dreisten Bekannten ihre Tom-Jones-Platten geklaut wurden. Da platzte selbst meinem Vater der Kragen. »Als ob dein Vater gestorben wäre!«, schrie er durch die verschlossene Tür. Sie kam aber trotzdem nicht heraus.

Asi hatte immer gute Noten und war Klassenbeste, ohne jemals viel dafür lernen zu müssen. Bei den Lehrern brachte ihr das Narrenfreiheit ein und bei den Mitschülern den Ruf einer coolen Braut, die ihren Status auszunutzen wusste und ganz schön rebellisch sein konnte. Asi war nicht nur die Erste, die es wagte, in der Schule einen Minirock zu tragen, sie führte auch das Knutschen in der großen Pause und das Duzen der Lehrer im Unterricht ein. Das waren Provokationen, ja fast Skandale, und meine Mutter durfte sich beim Kaffeeklatsch von den besorgten Müttern der Deutschen Schule einiges anhören.

Unsere Mutter war es auch, die alle Wogen wieder glätten musste und sämtliche Vorfälle dieser Art – wie in iranischen Familien üblich – vor dem Vater geheim hielt. Auch wenn meine Mutter uns nach außen hin immer verteidigte: Maßlos aufgeregt hat sie sich über unsere Aufmüpfigkeiten und Ungehorsamkeiten natürlich trotzdem. Meistens grummelte sie zuerst im Stillen vor sich hin, um anschließend ihrem Groll beim nächsten Streit Luft zu machen und uns unsere Fehltritte aufs Brot zu schmieren.

Einen richtigen Krach gab es, als Asi ihren heutigen Mann kennenlernte. Sie war damals gerade fünfzehn. Ungefähr zur selben Zeit fing sie an zu rauchen und blieb immer öfter tagsüber länger von zu Hause weg, angeblich, um eine Freundin zu besuchen. Susi bestach sie mit Briefmarken aus ihrer Sammlung, damit sie dichthielt und unsere Mutter nichts merkte. Die bekam natürlich trotzdem schnell Wind von der Sache und machte sich furchtbare Sorgen. Was, wenn unser Vater das spitzkriegte? Wie sollte sie ihm das erklären? Was würden die Leute sagen? Die Familie? Wie sollte sie überhaupt noch mit Asi fertig werden?

Monatelang lieferten sich Asi und meine Mutter Grabenkämpfe. Es ging um die klassischen Teenagerfragen: Was darf man und was nicht? Und mit wem und mit wem nicht?

Als jüngste Tochter hatte ich diese Probleme später nie. Ich durfte immer alles, auch einen Freund mit nach Hause bringen. Sicher hat Asi für mich damals eine Hürde aus dem Weg geräumt, aber als ich so weit war, lebten wir ohnehin schon lange in Deutschland. Im Iran, Mitte der Siebziger, sah die

Sache einfach noch ganz anders aus. Einen Freund mit gerade mal fünfzehn und dann auch noch rauchen – das war eindeutig zu viel. Unsere Mutter verhängte nach zahlreichen lautstarken Streits Hausarrest über Asi. Diese hängte daraufhin wütende Pamphlete an ihre Zimmertür, in denen sie meine Mutter beschimpfte und ihr die Autorität über sich absprach. Als besonderen Schachzug inszenierte sie einen Selbstmordversuch mit sechs Aspirin-Tabletten, während Tante Forugh bei uns zu Besuch war. Heulend lag sie in ihrem Zimmer: Ihr Leben sei unerträglich und meine Mutter ein Tyrann, schrie sie, daher müsse sie nun sterben – die Wirkung von Aspirin glücklicherweise stark überschätzend.

Dieser Hang zum Pathos war unter den Teenagern der Großfamilie Tabatabai durchaus verbreitet. Eine meiner Cousinen war die unangefochtene Königin der dramatisch inszenierten Selbstmordversuche. Von niemandem auf der Welt fühlte sie sich verstanden, ihr Leid war einfach grenzenlos. Um dieses Unglück zu verdeutlichen, griff sie einmal sogar zum Mittel der Nacktdemo. An einem Freitag, dem iranischen Sonntag und gleichzeitig der Tag für Familienzusammenkünfte in Tante Forughs Haus, stand sie plötzlich unter den Augen aller Gäste splitternackt auf der Treppe und beklagte sich lauthals. Ihre Schwester schaffte es gerade noch, ein Tuch über sie zu werfen, aber der Ärger war grenzenlos. Onkel Schodja regte sich fürchterlich auf und Tante Forugh weinte bitterlich.

Meine Cousine war aber steigerungsfähig. Bei einem der nächsten Familientreffen erschien sie auf dem Dach des Hauses und drohte, sich herabzustürzen. Da reichte es meinem Onkel Schamsi. »Na los, spring schon runter, du Verrückte, damit wir endlich Ruhe haben!«, rief er ihr zu.

Meine Cousine, eine durch und durch liebe und empfindsame Künstlerseele, brach daraufhin in Tränen aus und verschwand gekränkt vom Dach. Schließlich heiratete sie einen langhaarigen, bärtigen Künstler und lebte mit ihm in einer Art Hippiekommune in Karadsch vor den Toren Teherans. »Ach, wir waren ein Jahr lang nur high!« – mit diesen Worten schwärmte sie meinen Schwestern von ihrem Flitterjahr vor. »Wart ihr denn schon mal high?«

Waren sie natürlich nicht, obwohl es die Siebziger waren. Aber sie hörten ihr fasziniert zu.

Unsere Cousins inszenierten zwar keine Selbstmordversuche, waren aber nicht minder temperamentvoll als ihre Schwestern und Cousinen. Zwei von Schodjas Söhnen, Hessi und Sadri, spielten in einer Beatband namens *Schabah* und hatten sogar einen richtigen Hit namens *Afsaneh,* mit dem sie im iranischen Fernsehen auftraten. Alle Schwestern und Cousinen waren begeistert, ja die ganze Familie platzte fast vor Stolz. Die Band zerbrach nach einer kurzen Blütezeit, als sich die beiden Brüder in die Haare kriegten und bis aufs Blut stritten – vermutlich wegen eines Mädchens. Sadri nahm ein Messer und zerschnitt Hessis Schlagzeugfelle. Sadri verließ anschließend die Band, Hessi konzentrierte sich auf sein Abitur, und *Schabah* löste sich auf.

Susi war für meine Mutter wesentlich pflegeleichter als Asi. Bei den großen Kämpfen zwischen Asi und meiner Mutter saß sie zwischen den Fronten. Als klassisches Sandwichkind zwischen einer rebellischen älteren Schwester und zwei frechen kleineren Geschwistern hatte sie es nicht leicht. Von uns allen war sie die Zarteste und Mädchenhafteste, mit einem großen Herzen für Tiere. Sogar Ameisen fütterte sie, und so konnten wir oft beobachten, wie ein langer Insektenzug von der Terrasse in Susis Zimmer wanderte und mit Brotkrümeln beladen wieder herauskam.

Susi hatte eine wunderschöne Singstimme und war modisch immer auf der Höhe der Zeit. Zu meinen prägenden Kindheitserinnerungen gehört, wie sie sich am Boden liegend in eine knallenge Jeans zwängte, deren Reißverschluss sie nur mit Hilfe eines Stricks zuziehen konnte. Einmal bastelte sie sich sogar die ansonsten unerschwinglichen Moonboots selbst, indem sie Gummistiefel mit weißem Kunstpelz beklebte.

Susi besaß einen Radiokassettenrekorder, mit dem sie zusammen mit Asi und unserem Cousin Seifi stundenlang fiktive Radioshows aufnahm, mit Persiflagen von Nachrichtensendungen, Werbungen und Klavierkonzerten für die armenische Minderheit. Zu den Lieblingsbeschäftigungen meiner Schwestern gehörten außerdem Telefonstreiche. Ahnungslose Menschen wurden angerufen und verballhornt, gerne auch mitten in der Nacht. Mal waren es eher harmlose Scherze wie »Hallo, mir ist gerade langweilig, darf ich Ihnen etwas auf der Gitarre vorspielen?«, um dann ungefragt ein vierhändiges Gitarrenstück von Kassette abzuspielen. Manchmal waren es aber auch weniger harmlose Streiche, wenn sie etwa mit verängstigter Stimme ins Telefon flüsterten: »Hallo? Hilfe, hier sind Einbrecher … Bitte helfen Sie mir. Sie kommen … Nein!«, um dann mit einem spitzen Schrei aufzulegen und den armen Menschen am anderen Ende der Leitung in Angst und Schrecken zurückzulassen.

Wir hatten offenbar zu viel Zeit, vor allem nachmittags nach der Schule. Da kommt man schnell auf dumme Gedanken. Meine Eltern, vor allem meine Mutter, ahnten von diesen Eskapaden nichts. Wahrscheinlich hätten sie nur darüber gelacht. Der Apfel fällt nicht weit vom Stamm, und die Neigung meines Vaters zu Pennälerstreichen hatte sich offensichtlich an seine Kinder weitervererbt.

Während meine Schwestern meine Mutter mit Teenager-themen wie Aufsässigkeit und immer neuen Kleiderwün-schen beschäftigten, hatte sie auch mit Amir und mir ihre liebe Mühe. Wir waren kaum zu bändigen und traten immer im Doppelpack auf. Altersmäßig nur fünfzehn Monate ausein-ander, hingen wir wie Pech und Schwefel zusammen. Man musste sich nicht einmal die Mühe machen, uns getrennt zum Essen zu rufen, es genügte: »Amirnini, komm!« *Nini* bedeu-tet so viel wie »Nesthäkchen«, und da ich die Jüngste bin, werde ich bis heute von meiner Familie so genannt.

Mit Amir war mir nie langweilig. Allerdings hatte ich mir als kleine Schwester frühzeitig ein dickes Fell zugelegt und mir schnelle Reflexe angeeignet, um gegen ihn zu bestehen. Amir hatte nämlich großen Spaß daran, die Kleine auf die Probe zu stellen. Ein, zwei Mal verpasste er mir sogar ein blaues Auge, natürlich unabsichtlich. Wir hielten die Sache geheim, den Erwachsenen erzählten wir, ich sei gegen einen Schrank gelaufen. Doch auch ich versenkte hier und da ei-nen Treffer (Skistiefel! Schienbein!).

Selbstredend war mein älterer Bruder mein großes Vor-bild, dem ich nacheiferte. Ich wollte immer dieselben Spiele spielen und das Gleiche anziehen wie er. Irgendwann, ich muss etwa fünf Jahre alt gewesen sein, schwante mir, dass zwischen uns beiden ein Unterschied gemacht wurde. Vor allem Erwachsene, die nicht zur engen Familie gehörten, behandelten uns auffallend unterschiedlich. Wenn wir zum Beispiel in Schodja-Abad eintrafen, ließen die *Dehatis* Amir hochleben, küssten ihn ab und bedachten ihn mit begeister-ten »*Maschallah! Maschallah!*«-Rufen. Ich dagegen wurde nicht weiter beachtet. Niemand ließ mich hochleben oder küsste mich ab. Warum nur? Ich konnte es mir einfach nicht erklären.

Bei feineren Festen hieß es plötzlich, ich solle ein Kleid anziehen, am besten noch ein Rüschchenkleid, was mir überhaupt nicht gefiel, weil ich mir darin bescheuert vorkam und mit dem empfindlichen Stoff und dem unpraktischen Schnitt nicht klettern und raufen konnte. Genau wie Amir wollte ich weiterhin Hosen tragen. Ich brüllte wie am Spieß und wälzte mich so lange auf dem Boden, bis meine Eltern aufgaben und mich meine Hosen anbehalten ließen. Bei der nächstbesten Gelegenheit nahm mich mein Vater allerdings sanft, aber bestimmt zur Seite. »Benimm dich doch lieber wie ein Mädchen«, sagte er. Er fing wohl an, sich Sorgen um meine weitere Entwicklung zu machen.

Ich hatte aber einfach keine Lust, wie die anderen Mädchen zu sein. Mädchen waren langweilig und spielten mit Puppen. Mit Amir hingegen war jeder Tag ein neues Abenteuer, und dass ich mir dabei auch mal die Knie aufschlug oder mit einem blauen Auge nach Hause kam, war mir egal. Bei den Krippenspielen in der Schule, die in der evangelischen Kirche aufgeführt wurden, bekam ich immer die Jungenrollen, etwa den Josef, und bei Musicalaufführungen spielte ich den Struwwelpeter oder den Zappelphilipp. Das gefiel mir, denn diese Rollen waren ungleich interessanter als zum Beispiel die der Maria.

Und jetzt sollte ich plötzlich nicht mehr mit Amir und den anderen Jungs spielen? Durfte all die Dinge, die Spaß machten, nicht mehr tun? Weil ich ein Mädchen war?

Ich zog eine logische Schlussfolgerung: Es war Mist, ein Mädchen zu sein, und ich entschied mich, fortan ein Junge zu sein. Ich lernte, mich zu bewegen wie ein Junge, so zuzuschlagen wie ein Junge, und griff in der Spielkiste zum Jungenspielzeug. Waffen und Kriegsschiffe waren ganz nach meinem Geschmack. Ich orientierte mich daran, was Amir cool fand. Der war ja ein Junge und musste es wissen. Wenn es plötzlich hieß: »Nein! Du darfst das nicht! Du bist ein Mädchen!«, wurde ich furchtbar wütend. Ich konnte doch alles mindestens genauso gut wie ein Junge!

Irgendwann dann dämmerte mir, dass es nicht an mir lag, zu entscheiden, ob ich ein Junge war oder nicht. Das bestimmten andere. Da wurde ich richtig sauer. *Euch Arschlöchern werde ich es noch zeigen,* schoss es mir mehr als einmal durch den Kopf.

Ich wollte nicht brav und mädchenhaft sein, keine *Dokhtar Chanom,* und litt unter meiner durch und durch patriarchalen Umgebung. Noch heute überkommt mich die Wut, sobald ich das Gefühl habe, als Frau benachteiligt oder nicht ernst genommen zu werden.

Und mein Bruder? Der wollte lange Zeit von seiner Rolle als Stammhalter nichts wissen und brachte schlechte Noten nach Hause, obwohl er sehr intelligent war. Mein Vater nahm ihn mit sieben oder acht Jahren zum ersten und einzigen Mal mit auf die Kaninchenjagd, und ich weiß noch genau, wie Amir abends heulend in den Armen meiner Mutter lag und erzählte, wie schrecklich die Kaninchen geschrien hätten, als sie abgeschossen wurden. Was meine Mutter dazu veranlasste, meinen Vater lautstark zu beschimpfen. Er hat nie mehr versucht, meinen Bruder auf die Jagd mitzunehmen.

Allerdings hatte Amir nichts gegen das Luftgewehr, das er mit neun Jahren geschenkt bekam. Wir fanden schnell heraus, dass man damit allerhand Unsinn anstellen konnte, ohne dass ein Hase dabei draufgehen musste. Einmal spielten wir wieder mal irgendwelche Kampfszenen nach und zielten dabei auf das Fenster der Nachbarn. Ich spähte mit einem Fernrohr die Lage aus und stiftete Amir an: »Jetzt! Los, schieß!«

Das tat er dann auch!

Bevor wir uns duckten, sah ich noch das Fenster zu Bruch gehen und einen Mann aufgeregt die Treppe herunterrennen. Wir wussten sofort, dass wir zu weit gegangen waren, und verkrümelten uns in unsere Zimmer. Kurze Zeit später war die Polizei im Haus und nahm meine ahnungslose Mutter ins Verhör. Wie sich herausstellte, war beim Nachbarn gerade ein ranghoher Militär zu Besuch gewesen, und man war von einem Anschlag auf sein Leben ausgegangen. Nicht nur meine Eltern bekamen mächtig Ärger an diesem Abend. Auch Amir war dran, und zwar ordentlich. Als kleine Schwester kam ich ungeschoren davon.

Auch mit den Nachbarn auf der anderen Seite unseres Grundstücks verdarben wir es uns. Dort wohnten strenggläubige Leute, die nach den islamischen Vorschriften lebten und unseren westlichen Lebensstil samt sonnenbadender weiblicher Teenager im Bikini und kleinen Open-Air-Gitarrenkonzerten ohnehin missbilligten. Uns gefiel ihr Lebensstil allerdings auch nicht besonders. Sie wuschen in ihrem eigenen Pool nämlich nicht nur das Küchengeschirr und ihre Wäsche, sondern sie badeten auch noch darin. Der *Hadji,* der diesen Titel trug, weil er schon mindestens einmal nach Mekka gepilgert war, spuckte und rotzte zudem bei jeder Gelegenheit hinein. Einmal beobachteten Amir und ich von unserem Flachdach aus, wie der *Hadji* gerade ansetzte, sich wieder mal in seinen Pool zu schnäuzen. »Iihh, igitt! Das ist ja ekelhaft!«, schrien wir hinüber. Kurze Zeit darauf ließ der Mann grüne Sichtblenden anbringen, damit er von uns nicht weiter belästigt wurde. Er muss uns zutiefst verachtet haben.

Rechts von uns wohnte der ehemalige Besitzer unseres Hauses, ein netter, rundlicher, alter Mann, der aber ein allzu auffälliges Interesse an meinem Bruder zeigte, weshalb wir es instinktiv vermieden, ihm über den Weg zu laufen. Trotzdem trieben wir uns gerne in seinem Garten herum, durchstöberten seinen Keller und ließen dort unser Schokoladenpapier zurück. Es machte uns wohl Spaß, den alten Lüstling zu ärgern.

Unsere Mutter schämte sich für unser Benehmen regelmäßig in Grund und Boden, vor allem, weil unser Verhältnis zu ihm bereits mächtig angeschlagen war. Einige Zeit zuvor hatte nämlich unser Schäferhund Rolfi seine komplette Hühnerzucht massakriert, woraufhin mein Vater den aufgebrachten Mann nur besänftigen konnte, indem er ihm einen stattlichen Schadensersatz zahlte. Immerhin waren wir jetzt die penetrant krähenden Hähne los.

Mit unseren Hunden hatten wir nie viel Glück. Wahrscheinlich lag das an unserer völligen Unfähigkeit, sie zu erziehen. Rolfi hatte uns ein Bekannter von meinen Eltern anvertraut, der bald ohne seinen Hund auswandern wollte. Wir Kinder waren begeistert, und meiner Mutter tat das Tier leid.

Allerdings stellte uns Rolfi vor große Herausforderungen: Mehr als einmal entwischte er uns aus dem Garten und strich alleine durch die Straßen von Teheran. Das Ergebnis war neben den toten Hühnern des Nachbarn eine Reihe aufgebrachter Teheranerinnen, denn Rolfi bellte mit Vorliebe Frauen im Tschador, dem traditionellen bodenlangen Schleiertuch an. Er griff diese auch gerne mal an, um an dem Schleier zu zerren. Hatte er schon mal schlechte Erfahrungen mit verschleierten Frauen gemacht? Wir wussten es nicht.

Die ganze Sache war sehr problematisch, denn abgesehen von der puren Angst vor so einem großen, aggressiven Hund war für eine gläubige Frau im Tschador alleine schon die Berührung dieses im Islam als unrein geltenden Tieres eine Verunreinigung ihrer selbst. Als uns schließlich beim Gassigehen eine aufgebrachte Frau von ihrem Balkon entgegenschrie: »Euren Hund werde ich umbringen, wenn er sich noch einmal bei mir blicken lässt!«, sahen meine Eltern ein, dass wir Rolfi wohl nicht in den Griff bekommen würden. Wir baten seinen auswanderungswilligen Besitzer, ein anderes Zuhause für ihn zu finden, was Gott sei Dank auch gelang.

Den letzten Versuch mit einem Hund starteten wir mit Wacki, einem Sprössling von Tante Malihs Pinscher-Dame Penny. Auch Wacki vermochten wir nicht abzugewöhnen, unser Haus als Klo zu missbrauchen, anstatt aufs Gassigehen zu warten. Ich erinnere mich, wie Susi einmal Parfüm auf einen von Wackis Haufen träufelte, was den Gestank nicht gerade erträglicher machte. Schließlich sprach mein Vater ein Machtwort und brachte den Hund wieder zu Tante Malih – unter dem lautstarken Protest von Susi.

Ich indes liebte Katzen über alles. Unsere Wuschel brachte in meinem Schrank dreimal ihre Jungen zur Welt. Beim ersten Mal war die Begeisterung noch groß, und wir nannten die drei Kleinen John, Paul und Ringo. Irgendwie waren wir uns schnell einig, dass man am ehesten auf George verzichten konnte ...

Mal deutsch, mal persisch

Meine Mutter sprach konsequent Deutsch mit uns, so dass wir allesamt zweisprachig groß wurden. Obwohl ich im Iran aufwuchs, war Deutsch von Anfang an meine stärkere

Sprache. Ich träumte und dachte auch in meiner Kindheit meistens auf Deutsch.

Mit unserem Vater sprachen wir Persisch, und auch meine Mutter, die die Sprache inzwischen fast perfekt und nahezu akzentfrei beherrschte, unterhielt sich mit ihm nur auf Farsi. Seine Deutschkenntnisse waren dagegen fast komplett eingeschlafen. Nur wenn er deutsche Jagdkumpels zu Gast hatte, weckte er sie wieder auf.

Wir Kinder sprachen untereinander ein Mischmasch aus Persisch und Deutsch, das sogenannte *Darhambarham,* was eine eigene Wortschöpfung von uns Kindern war. Es war ein Kauderwelsch, das nur wir allein verstanden.

»Eh, Bleistiftam oftad sire Tischam! – Oh, mein Bleistift ist unter meinen Tisch gefallen!«

»Emrus mirim einkaufen. – Heute gehen wir einkaufen.« Solche oder so ähnliche Sätze gehörten zu unserem täglichen Repertoire.

Das brachte nicht nur unsere Eltern, sondern auch unsere Lehrer regelmäßig auf die Palme. Sie sorgten sich, eine der beiden Sprachen oder gar beide könnten darunter leiden. »Kinder, sprecht entweder Deutsch oder Persisch!«, lautete die übliche Mahnung. Genutzt hat sie nichts. Vor allem, wenn wir nicht wollten, dass jemand verstand, worüber wir gerade sprachen, praktizierten wir unser exklusives *Darhambarham.*

1976 beantragte meine Mutter deutsche Pässe für uns. Es gab in jenem Jahr eine Sonderregelung, die es Kindern aus deutsch-persischen Ehen ermöglichte, einen iranischen *und* einen deutschen Pass zu haben, und da griff sie beherzt zu. So kamen wir vier alle in den Genuss der doppelten Staatsbürgerschaft.

Viele andere Eltern in vergleichbarer Lage sahen keine

Notwendigkeit darin, für ihre Kinder dasselbe zu tun. Mit einem iranischen Pass war man damals fast überall in der Welt ein gern gesehener Gast, gerade auch in Deutschland. Iraner galten als kultivierte, wohlhabende Reisende, die viele Devisen ins Land brachten. Scharen von iranischen Medizinstudenten bevölkerten die deutschen Hörsäle, während die Wirtschaft beider Länder regen Handel miteinander trieb.

Meine Mutter bestand aber auf den Pässen. »Man kann nie wissen, wozu man die noch mal braucht«, fand sie – und wusste nicht, wie recht sie damit haben sollte.

Die Deutsche Schule Teheran (DST) befand sich auf einem großzügigen Gelände in Gholhak und hatte ein riesiges Schwimmbecken in der Mitte des Hofes. Rund um diesen Pool und gelegentlich sogar mittendrin feierte man legendäre Sommerfeste, die selbst weit außerhalb der Schulmauern in ganz Teheran bekannt waren. Die Schule wurde von Kindern deutscher Botschaftsangehöriger und der Mitarbeiter deutscher Firmen besucht. Es waren auch ein paar wenige iranische Hochbegabte unter den Schülern, die das Privileg erhielten, ein deutsches Abitur zu machen, das einen sehr guten Ruf hatte.

Die Mehrzahl der Schüler bestand aber aus Kindern wie uns, die aus gemischten Ehen stammten. Mit ihnen konnte man sich in der gleichen Sprache, nämlich *Darhambarham,* unterhalten, und auch sonst hatten wir viele Gemeinsamkeiten. Für die Perser waren wir die Deutschen, für die Deutschen galten wir als Ausländer. Aber das machte uns nichts aus, denn wir fühlten uns ja selbst sehr wohl als Mischprodukte dieser beiden Kulturen und sprangen gekonnt zwischen beiden Welten hin und her. Wir wussten ganz genau, wie man sich bei Persern benahm und worauf Deutsche Wert legten. Wir amüsierten uns über die rein deutschen Kinder, wenn sie versuchten, Persisch zu sprechen, oder wenn sie von den grünen Mirabellen und Mandeln (einer Spezialität, die man im Frühling von Straßenhändlern kaufen konnte) Durchfall bekamen.

Die deutschen Kinder, die wir »Eueus« nannten, mussten im Gegensatz zu uns nicht am Persischunterricht teilnehmen. »Eueus« war unser Spitzname für sie, weil wir fanden, dass es im Deutschen unglaublich viele Wörter mit *eu* gab.

Es kam glücklicherweise nur selten vor, dass sich ein Eueu herablassend über unsere persischen Wurzeln äußerte. Wenn es aber doch passierte, bedeutete das Krieg! Einmal sollten wir zum Beispiel im Deutschunterricht einen Satz mit dem Wort »hausen« bilden. Ein Eueu kam mit dem Vorschlag: »Perser hausen wie Schweine.« Man konnte sich sofort denken, was bei ihm zu Hause so alles geredet wurde. Unsere deutsche Lehrerin, selbst mit einem Iraner verheiratet, war außer sich. Das konnte sie natürlich nicht dulden, und so hielt sie uns einen langen Vortrag über mangelnden Respekt und die nötige Toleranz anderen Kulturen gegenüber. Der Eueu schämte sich daraufhin so sehr, dass wir auf eine Rache verzichteten. Sein Glück …

Zwei große Feste und ein Film

Als deutsch-persische Familie feierten wir zwei große Feste im Jahr: Weihnachten und Nourus. Für uns war es selbstverständlich, dass wir mit unserer deutschen Mutter Weihnachten feierten und mit unserer persischen Familie Nourus. Wir sprachen nun mal zwei Sprachen und waren in zwei Kulturen zu Hause. Keine war wichtiger oder besser als die andere, obwohl oder gerade weil sie so unterschiedlich waren. Genauso unterschiedlich wie Weihnachten und Nourus.

Weihnachten wurde im Iran nur von christlichen Ausländern gefeiert und von der kleinen Minderheit der Armenier. Meinem Vater mussten wir jedes Jahr aufs Neue erklären, was denn »dieses Weihnachten« war und welche Rolle ihm dabei zukam. Die Erklärung war eigentlich ganz einfach: Geschenke kaufen!

Meine Mutter stellte jedes Jahr einen Baum auf und beging das Fest mit allem Drum und Dran. Sie ließ uns Weihnachtslieder singen und schaffte es sogar, dass wir lange Zeit an das Christkind glaubten. Bis Amir und ich einmal unsere Hausangestellte Omolbani, kurz bevor »das Christkind« die Glocke läutete, dabei erwischten, wie sie hektisch ein Paket unter dem Baum ablegte. Ab da wussten wir, dass nicht das Christkind die Geschenke brachte, es sei denn, es sah aus wie Omolbani. Der Freude an dem Fest tat das aber keinen Abbruch. Wir liebten Weihnachten wie eh und je.

Das große persische Fest Nourus war nicht weniger schön. Strategisch günstig gelegen, nämlich knapp drei Monate nach Weihnachten, war es für uns eine weitere Gelegenheit, kräftig abzusahnen.

Beim Nourusfest, dem persischen Neujahrsfest, beschenken nur die Älteren die Jüngeren, was wir Kinder natürlich ausgesprochen praktisch fanden. Traditionell verschenkt man frisch gedruckte, wohlriechende, knisternde Banknoten. Da sich in der Regel die ganze Familie zu Nourus versammelt, kam immer ein hübscher bunter Haufen Geldscheine für uns zusammen.

Zum Nourusfest, das immer um den 21. März herum stattfand, standen meist alle Bäume schon in voller Blüte, und es war bereits angenehm warm. Am letzten Mittwoch des alten Jahres machten wir nach traditionellem Brauch ein Lagerfeuer und sprangen darüber. Dabei sprachen wir den Satz »*Sorchi-ye to as man, sardi-ye man as to.* – Das Rote von dir für mich, das Gelbe von mir für dich.« Die Farbe Gelb stand für alles Kranke, für schlechte Gedanken und böse Energien. Das Gelbe sollte beim gewagten Sprung über die Flammen in das Feuer übergehen und verbrennen. Das Rote hingegen stand für Gesundheit, Kraft und Lebendigkeit und sollte beim Überspringen aus den roten Flammen aufgenommen werden.

Zum Nourustag versammelte sich die ganze Familie vor dem *Haft sin,* einer Tafel mit sieben symbolischen Gegenständen, die in Farsi mit dem Buchstaben S anfangen. Jedes einzelne dieser Dinge – *Sib* (Apfel), *Sir* (Knoblauch), *Serke* (Essig), *Sonbol* (Hyazinthe), *Samanu* (Süßspeise), *Somagh* (Gewürz) und *Senjed* (getrocknete Früchte) – stand für Fruchtbarkeit, Gesundheit, Wohlstand und so weiter. Des Weiteren befanden sich auf der Tafel *Sabze* (Weizensprossen), *Sekke* (Münzen), ein Spiegel und eine Kerze, Rosenwasser, Süßigkeiten und natürlich ein Koran. Ein Goldfisch im Glas als Symbol für Leben und als Glücksbringer, durfte auch nicht fehlen. Den fanden wir Kinder immer besonders interessant – allerdings auch unsere Katzen ... In jedem Haus befand sich ein *Haft sin,* zumeist auf einem kleinen Tisch und einem hübschen Isfahaner Tischtuch ausgebreitet.

Der Anfang des neuen Jahres fiel jedes Jahr auf einen anderen Tag und war deshalb nur bedingt mit Silvester zu vergleichen. Alle warteten gespannt auf den Jahreswechsel, dessen exakter Zeitpunkt, der Frühlingsbeginn, jährlich neu berechnet wurde und mal am Morgen, mal am Abend oder sogar tief in der Nacht sein konnte. Nachdem der Countdown abgelaufen war, umarmten und küssten wir uns und tanzten zu persischer Musik. An Nourus wurde noch mehr Essen als gewöhnlich gereicht, wobei keinesfalls grüner Kräuterreis mit Fisch fehlen durfte.

In den zwölf Tagen nach Nourus besuchten wir sämtliche Verwandte und wünschten ihnen »*Sal-e no mobarak* – Ein frohes neues Jahr«. Dabei wurden traditionell immer erst die ältesten Angehörigen besucht.

Am dreizehnten Tag des neuen Jahres musste man dann unbedingt das Haus verlassen und das *Sabze,* den gekeimten Weizen vom *Haft sin*, in ein fließendes Gewässer werfen. Man sagte, dass dadurch alle schlechten Gedanken und Energien des alten Jahres das Haus verließen. Die jungen Frauen im heiratsfähigen Alter knoteten an diesem Tag Grashalme zusammen und murmelten dabei den Spruch:

Sisdah bedar

Sal-e degar

Chane-ye schohar

Batsche be baghal

(Am dreizehnten Tag

des nächsten Jahres

Im Haus des Ehemannes

Ein Kind auf dem Arm)

Wir Mädchen machten diesen Brauch auch mit, natürlich aus Spaß. Unsere alte Kinderfrau Nane allerdings nahm die ganze Angelegenheit durchaus ernst. Als sie Amir und mich einmal besuchte – wir waren damals ungefähr neun und zehn Jahre alt –, erklärte sie uns, dass wir nun groß genug seien und langsam mal ans Heiraten denken müssten.

Nourus (vollständig eigentlich *Eid-e nourus*) ist das größte und wichtigste iranische Fest, obwohl alle Riten des Neujahrsfestes aus vorislamischer Zeit stammen. In meinen Augen sagt das mehr über das iranische Volk aus als vieles andere. Nach der islamischen Revolution hätten die religiösen Machthaber das Fest am liebsten abgeschafft oder es möglichst klein gehalten, weil es kein moslemisches Fest ist. Das ist ihnen nie gelungen.

Die Tage rund um die Feierlichkeiten verbrachten wir meistens in Schodja-Abad. Die Siedlung hatte das Pionier- und Aufbaustadium längst hinter sich gelassen und war zu einem etablierten Unternehmen herangewachsen. Die Baumwolle wurde nun in einer eigenen Fabrik entkernt und für den Verkauf verpackt. Ein kleines Flugzeug versprühte Schädlingsgift über die Felder. Alles war größer und professioneller geworden, und mein Vater musste schon lange keine Maschinen mehr selber reparieren. Dafür hatte er jetzt Mitarbeiter, und so konnte er sich umso ausgiebiger seiner Lieblingsbeschäftigung widmen, dem Schmieden von Plänen. Sein erfolgreichstes Geschäftsvorhaben wurde eine chemische Reinigung in Teheran. *Dry Cleaning Royal Express* lief über viele Jahre sehr gut und schaffte sogar Arbeitsplätze für einige Familienmitglieder.

Was sich jedoch in Schodja-Abad nicht geändert hatte, war der stete Besucherstrom, der täglich hereinschneite und mit Vorliebe im Haus oder auf der Veranda am Schwimmbecken saß, rauchte und Karten spielte, am liebsten Rommee. Nur ein einziges Mal versuchte ich mich auch in diesem Spiel, aber als meine Tante Malih, die gerne um Geld spielte, mich bis auf den letzten Rial ausgenommen hatte, verlor ich auf alle Zeiten das Interesse an jeglichem Glücksspiel.

Uns Kindern war das Herumsitzen auf der Veranda sowieso viel zu langweilig. Wir jagten lieber Frösche im Garten und fischten Käfer aus dem Schwimmbecken, um sie anschließend ins Klo zu spülen. Manchmal erfanden wir auch zusammen mit unseren Cousinen Theaterstücke. Meistens waren es Gerichtsdramen, wobei dem Darsteller des Richters dann mit Nivea-Creme und Watte ein Bart aufgeklebt wurde. Manchmal handelten unsere Stücke auch von grausamen römischen Imperatoren. Je nachdem, welche Filme wir zuletzt gesehen hatten.

Abends wurde im Bungalow der einzige Fernseher im Dorf angeschaltet. Ich erinnere mich, wie dann die gesamte Dorfjugend an den Fenstern hing und von außen mitschaute – und wie komisch sich das anfühlte. Mein Vater und sein Bruder Schodja bauten schließlich eine Art Gemeinderaum und stellten auch dort einen Fernseher hinein.

Sehr früh begriffen wir, dass zwischen unserem Leben und dem der Dorfkinder Welten lagen. Wenn wir miteinander spielten, brachten wir ihnen deutsche Ausdrücke wie »Apfel« und »Auto« bei, und sie kicherten. Für sie war es unvorstellbar, dass man Deutsch sprechen konnte, genauso wie Deutschland in ihrer Vorstellung ein fremdes, unerreichbares Land war. Für uns wiederum war es unvorstellbar, dass Kinder in unserem Alter schon auf dem Feld mithelfen mussten und die Mädchen ihre kleinen Geschwister auf den Rücken gebunden bekamen und den ganzen Tag auf sie aufpassen mussten.

Es war uns klar, dass es diesen Unterschied gab, weil wir in unterschiedliche Familien und Stände hineingeboren worden waren. Meine Eltern legten immer sehr großen Wert darauf, dass wir den Dörflern gegenüber niemals arrogant oder herablassend auftraten und uns immer gut benahmen.

Sie lebten uns dieses Verhalten vor und verachteten Menschen, die ihre Angestellten schlecht behandelten, und überhaupt jeden Standesdünkel – der im Iran leider zum Alltag gehörte, auch noch in den Siebzigern.

Die Aufregung war groß, als eines Tages im Sommer 1976 die Nachricht kam, ein Filmteam wolle in Schodja-Abad einen Kinofilm mit dem berühmten iranischen Schauspieler Beyk-Imanwerdi und dem schönen Filmsternchen Aram drehen. Die Spannung stieg, wir konnten die Ankunft der Leute vom Film kaum erwarten. Als es endlich so weit war, schlug das Team im wahrsten Sinne des Wortes seine Zelte im großen Garten unterhalb des Dorfes beim Schwimmbecken auf. Jeden Abend wurden die Filmleute auf der Veranda des Bungalows üppig bekocht und bewirtet, und ebenfalls jeden Abend reisten zahlreiche Schaulustige aus Gorgan und den umliegenden Dörfern an, um die Künstler kennenzulernen und sich mit ihnen zu unterhalten.

Das halbe Dorf war als Statisten eingeplant, sogar für einige größere Rollen wurde unter den Dorfbewohnern gecastet. Unser Fahrer Delawari ergatterte die Rolle des Dorfschulzen und platzte fast vor Stolz.

Der Film sollte »*Hayula*« heißen, »Das Monster«, und handelte von einer Art Quasimodo, gespielt von Beyk-Imanwerdi, der sich in eine Quasi-Esmeralda, gespielt von Aram, verliebt. Am Ende wird er von seinem Rivalen und der wütenden Dorfbevölkerung, unseren lieben *Dehatis,* durch die Felder von Schodja-Abad gejagt.

Asi und Susi konnten sich das Ganze aus nächster Nähe anschauen: Sie durften mit ins Zeltlager des Teams und bei den Regiebesprechungen am Lagerfeuer dabei sein und beobachten, wie Beyk-Imanwerdi zum Monster geschminkt wurde.

Susi verstand sich besonders gut mit der Darstellerin Aram, die Gefallen an ihr gefunden hatte und sich gerne mit ihr unterhielt. Meine Schwester war fasziniert von der interessanten Schauspielerin. Irgendwann wurde sie allerdings von einer wohlmeinenden Dame aus Gorgan zur Seite genommen und belehrt, man solle sich mit »solchen Frauen« besser nicht abgeben. Für Susi sei es klüger, sich darauf zu beschränken, bei den Dreharbeiten zuzuschauen. Jemand wie Aram sei keine gute Gesellschaft für ein anständiges Mädchen wie Susi. Es sei ja bekannt, was diese Schauspielerinnen allesamt für Flittchen seien, und es werde gemunkelt, dass Aram im Zelt des Regisseurs schlafe, raunte die Frau mit vielsagendem Blick.

Damit war sie keine Ausnahme. Die Eifersucht der Gorganer *Chanoms* auf die Filmschönheit und die Furcht um ihre eigenen Männer war nicht zu übersehen. Dass Aram schamlos mit deren Ehegatten flirtete, trug nicht eben zur Entspannung der Situation bei.

Die Dreharbeiten gestalteten sich derweil aufwendiger, als ursprünglich angenommen. In einer der Szenen, bei deren Dreharbeiten Asi und Susi dabei waren, sollte das »Monster« auf einem Turkmenenross auf den Vorhof des Bungalows geritten kommen und dort mit seinem Rivalen um die Gunst der persischen Esmeralda in Streit geraten. Immer wieder mussten die Aufnahmen abgebrochen werden. Mal ließen sich weder das Pferd noch der Esel kontrollieren, an dem man in Ermangelung eines Kamerawagens die Kamera befestigt hatte. Mal vergaßen die unerfahrenen Statisten ihren Einsatz, weil sie gebannt die Spielhandlung verfolgt hatten. Oder es lief plötzlich eine Kuh durchs Bild.

Der cholerische Regisseur flippte des Öfteren aus. Aus vollem Hals schrie er die Dorfkinder an, als sie mal wieder während der Aufnahme frech grinsend und winkend ihre Köpfe in die Kamera gesteckt hatten. Da hatte er allerdings die Rechnung ohne Onkel Schodja gemacht. Der mochte es nämlich gar nicht, wenn jemand auf seinem Territorium den Chef markierte. »Wenn hier einer brüllt, mein Herr, dann ich!«, schrie er zurück, lauter noch als der Regisseur. Wenn mein Onkel brüllte, wagte niemand, ihm zu widersprechen. Auch der Regisseur nicht.

Die Filmleute fingen ohnehin an, Schodja gehörig auf die Nerven zu gehen. Ständig kamen sie zu ihm und brauchten dieses und jenes, und die anfängliche Neugier war nach einigen Wochen schon längst dem Frust gewichen; diese Schmarotzer blieben viel länger als ursprünglich angesagt und hielten den ganzen Betrieb auf.

Als krönenden Abschluss nahmen die Filmleute bei ihrer Abreise sämtliche Teppiche, Möbel und sogar das Essgeschirr mit, welches man ihnen für ihr Zeltlager geliehen hatte. Doch auch da hatten sie meinen Onkel unterschätzt. Der rief nämlich, vom Gärtner darüber informiert, sofort beim Polizeichef von Gorgan an, einem guten Bekannten. Noch auf der Landstraße nach Gorgan wurde der Tross der Filmleute von Polizeibeamten angehalten und zur Herausgabe des Diebesgutes gezwungen.

Trotzdem war die Freude riesig, als der Schwarz-Weiß-Film ein Jahr später endlich in Teheran ins Kino kam und wir ihn uns gemeinsam anschauen konnten. Asi und Susi hatten ihre besten Freunde mitgebracht, und wir warteten gespannt, bis der schier endlose Werbeblock vorbei war und der Film anfing.

Was wir dann allerdings zu sehen bekamen, war so schlecht, dass wir vor Scham in Grund und Boden versinken wollten: wirre Szenen, peinliche Dialoge, mieses Spiel.

Zwischendrin gab es immer wieder Bilder von unserem schönen Schodja-Abad, in denen die Hauptdarstellerin meist in den Feldern mit dem Rivalen rumknutschte.

Zweifelhafter Höhepunkt des Filmes war die Szene vom großen Fest am Schwimmbecken in unserem Garten. Delawari saß in der Rolle des Dorfschulzen am Lagerfeuer und trug mexikanische Kleidung mitsamt Sombrero. Wir kannten dieses Kostüm. Delawari hatte es von Señor Pedro, einem Mexikaner, geschenkt bekommen, der zum Aufbau der Baumwollentkernungsfabrik aus dem fernen Mittelamerika angereist war. Offensichtlich hatte ein ausreichendes Budget für Kostüme gefehlt, und so durfte Delawari sein eigenes mitbringen. Nun saß er da mit Sombrero, und Aram tanzte in einem Minirock auf dem Tisch, ein beliebtes, wiederkehrendes Element in persischen B-Movies jener Zeit, während um sie herum die Männer – der *Hayula*, sein Rivale und alle anderen – sich prügelten. Dummerweise waren die Schläge mit den Kampfgeräuschen nicht synchron; immer, wenn einer der Kampfhähne einen Treffer landete, hörte man den Schlag erst Sekunden später. Auch sonst machte die Handlung keinen Sinn. Nicht einmal die winkenden Dorfkinder hatte man herausgeschnitten. Es war grauenvoll.

Meine Mutter schäumte. »Dafür haben wir einen Monat lang dieses nutzlose Filmteam durchgefüttert und auf unserem Grund hausen lassen?« Da habe sich unser Vater mal wieder ausnutzen lassen. Ihr sei das Theater um diese Leute ja von Anfang an nicht recht gewesen, deswegen sei sie den Dreharbeiten auch ferngeblieben und habe es vorgezogen, mit Amirnini in Darya Kenar zu bleiben.

Ferien am Meer

Sooft es ging, verbrachten wir die Schulferien in unserem Häuschen am Kaspischen Meer in Darya Kenar. Auch hier hatten meine Eltern mittlerweile umgebaut und ein weiteres Stockwerk und zusätzliche Zimmer geschaffen, so dass es genug Platz für die Familie gab. Zum Meer waren es nur ein paar Hundert Meter, und wenn man sich zum Fenster hinauslehnte, sah man es sogar. Im winzigen Vorgarten gab es ein kleines *Hous* – ein flaches Becken, in dem ich als Kleinkind mit lieber Gewohnheit fast jeden Morgen ein großes Geschäft erledigte, wie meine Mutter mir (und leider auch anderen) oft und gern erzählte. Nichts konnte mich davon abbringen, es zu tun, kein Bitten, kein Flehen, kein Drohen, nichts. Schließlich ließ mein Vater das Becken abreißen und die Stelle begrünen, womit mein Morgenritual ein Ende hatte.

Am Strand von Darya Kenar gab es einen langen Pier, auf dem die Angler im Morgengrauen und am Abend ihr Glück versuchten. Auch Susi und Cousine Sepideh probierten zu angeln, allerdings tat ihnen schon der erste gefangene Fisch so leid, dass sie ihn schreiend und weinend zurück ins Wasser warfen. Tagsüber vertrieben wir uns die Zeit am Strand und durften abends bis spät in die Nacht mit unseren Fahrrädern unterwegs sein. Es gab ein Freilichtkino, und die Straßenhändler verkauften gegrillte Maiskolben, die direkt vom Grill in Salzwasser getaucht wurden.

Amir und ich bauten uns aus zusammengetragenen Ziegelsteinen und Ästen eine Art Räuberhöhle auf dem unbebauten Grundstück vor unserem Ferienhaus. Als wir sie eines Tages von anderen Kindern besetzt vorfanden, war die Verzweiflung groß, denn die anderen waren älter und zahlreicher als wir und machten keine Anstalten, unsere Hütte wieder freizugeben. Im Gegenteil, sie verhöhnten uns und drohten uns sogar Prügel an. Auch in punkto Wortwitz waren wir ihnen unterlegen, denn sie kannten noch viel schlimmere Schimpfwörter als wir. Es war demütigend. Gott sei Dank kam Asi zufällig vorbei und schlug nach kurzer Sondierung der Lage die Übeltäter in die Flucht. Wir waren stolz auf unsere stärkere, ältere Schwester, die uns beschützt hatte.

Leider fanden wir am nächsten Morgen unsere Hütte vollkommen zerstört wieder. Die Hausbesetzer hatten sich feige gerächt. Trotzdem: Wir waren die moralischen Sieger, und in Zukunft hielten wir uns eben an den Wohnwagen, den Onkel Schodja aus Deutschland mitgebracht hatte und der auf der Straße vor unserem Ferienhaus stand. Der war mindestens genauso spannend wie unsere Räuberhöhle, und wir durften manchmal sogar darin übernachten.

Darya Kenar war ein Abenteuerparadies für uns Kinder.

Zum ersten Mal in Deutschland

Nachdem mein Bruder und ich geboren waren und die Familienplanung so gesehen abgeschlossen war, reiste meine Mutter fünf Jahre lang nicht nach Deutschland. Zum einen wollte sie mit zwei Kleinkindern keine so lange Reise unternehmen, zum anderen war es auch finanziell nicht drin, mit vier Kindern im Sommer in ihre alte Heimat zu fliegen. Die iranische Regierung verlangte damals satte Ausreisegebühren von jedem Reisenden, auch für Kinder.

Allerdings besuchte meine Oma Thea uns jetzt regelmäßig. Es gefiel ihr mittlerweile viel besser im Iran, nachdem wir ja nun endlich ein eigenes Haus hatten und in der »Zivilisation«, in einer großen Stadt, lebten. Ich weiß noch, wie erstaunt ich war, als ich sie das erste Mal sah! Meine Oma hatte schwarzes Haar! Nur an den Schläfen war es leicht ergraut. Bis dahin war ich mir sicher gewesen, dass alle Omas weiße Haare hatten.

Mit wachsendem Wohlstand durch die Erträge der Ländereien in Schodja-Abad konnten wir später jedoch immer häufiger und zuletzt regelmäßig in den Sommerferien nach Deutschland reisen. Der Aufenthalt dort war natürlich gut für unser Deutsch, und meine Großmutter freute sich riesig, wenn wir bei ihr waren. »Das allein schon rechtfertigt die Kosten«, bekräftigte meine Mutter immer wieder meinem Vater gegenüber.

Während meine Mutter mit Asi und Susi meist in Pensionen wohnte und sich ein wenig Erholung gönnte, wenn sie nicht gerade mit den beiden durch die Münchner Kaufhäuser und Boutiquen zog, wohnten Amir und ich bei unserer Oma. Sie war mittlerweile in eine Neubauwohnung in Stockdorf südlich von München gezogen.

Unsere Oma war glücklich, wenn wir da waren, obwohl wir bei unseren Besuchen ihre Wohnung quasi belagerten und Amir und ich zum Entsetzen der Nachbarn Wettspringen vom Sofa veranstalteten, das sich dafür besonders gut eignete. Schnell merkten wir allerdings, dass bei unserer Oma ein anderer Drill herrschte als zu Hause in Teheran. Sie legte besonderen Wert auf kultiviertes Benehmen. Wenn wir uns zu laut stritten und zu frech wurden, konnte es schon mal eine »Watschn« setzen. Und auch sonst disziplinierte sie uns äußerst konsequent. Ich erinnere mich noch, dass ich im Sommer 1974 das Fußball-WM-Finale zwischen Deutschland und Holland nicht zu Ende schauen durfte, weil ich mich vor dem Fernseher mit Amir gezofft hatte. Beim Stand von 2:1 für Deutschland zur Halbzeit musste ich das Wohnzimmer verlassen. Durch einen Spalt in der Tür sah ich dann aber doch, wie Sepp Maier nach gewonnenem Spiel den Rasen im Münchner Olympiastadion küsste und Franz Beckenbauer den Pokal in die Höhe stemmte.

Das durfte ich natürlich nicht verpassen. Vielleicht auch wegen eines Erlebnisses zwei Jahre zuvor. 1972 hatte Bayern München in Teheran gegen eine Stadtauswahl gespielt und – von der Hitze geschwächt – haushoch verloren. Sehr zum Stolz aller Iraner. Ich war damals erst fünf Jahre alt und als Einzige aus der Familie nicht im Stadion gewesen. Aber ich weiß noch genau, wie meine Cousine nach jedem im Radio übertragenen Tor durchs Wohnzimmer tanzte.

Wenn es meiner Oma zu bunt mit Amirnini wurde, konnte sie ganz schön schimpfen, dies dann besonders gerne über unsere Herkunft und Verwandtschaft: »Herrschaftszeiten, ihr seid so schlampig! Das ist typisch persisch! Das habt ihr von eurem Vater!«

Das erste Mal reiste ich nach Bayern, als ich vier Jahre alt war. Deutschland kam mir sofort unglaublich sauber vor. Und ordentlich. Und verregnet. Ich erinnere mich an den Geruch der Jägerzäune und des Asphalts und daran, wie kühl und schwer die Luft in den Tannenwäldern war. Die Leute redeten viel leiser, die Autos hupten fast nie und man musste sich überall viel besser benehmen als daheim. Nicht nur bei meiner Oma, auch in der S-Bahn konnte man nicht so laut spielen, wie wir es gewohnt waren. Amir und ich ließen uns unseren Spaß dennoch nicht nehmen. Wir liebten es zum Beispiel, Zugführer zu spielen und sämtliche

Durchsagen mit zugehaltener Nase mitzusprechen und die Bahngeräusche nachzuahmen – natürlich unter den missbilligenden Blicken der anderen Fahrgäste, die mit lärmenden Kindern ein Problem hatten. Vielleicht reagierten sie auch deswegen so pikiert, weil die nagelneue Strecke erst kurz zuvor zu den Olympischen Spielen eröffnet worden war und die Münchner besonders stolz darauf waren und nicht duldeten, dass jemand respektlos mit ihrem neuen Prestigeobjekt umging.

Die deutschen Kinder waren im Vergleich zu uns viel stiller und manierlicher. Wahrscheinlich waren aber ohnehin alle anderen Kinder zahmer als Amir und ich, nicht nur die deutschen.

Einmal ging es in unseren Schulferien sogar nach Italien. Selbst dort schafften Amir und ich es, die bekanntermaßen kinderlieben Italiener gegen uns aufzubringen. Ich erinnere mich gut an diesen hübschen langhaarigen Kellner, dem wir den ganzen Abend »*Signorina, kratze kratze!*« zuriefen und uns dabei unter den Achselhöhlen kratzten wie Äffchen. Für uns klang das Wort »Grazie« nämlich wie »Kratze«.

»*Io non sono una signorina, sono un signore!*«, versuchte uns der Kellner davon abzubringen, gab aber schließlich entnervt auf und bediente uns fortan noch nachlässiger und missmutiger, als er es sowieso schon getan hatte.

Die Betreiber der Pension schlugen bei unserer Abreise mit Sicherheit drei Kreuze. Sie verabschiedeten sich nicht einmal mehr von uns. Der ohrenbetäubende Lärm, den Amir und ich bei unseren nachmittäglichen Wettrennen, natürlich zur Ruhezeit, zwischen Treppe und Aufzug veranstaltet hatten, und die unzähligen Beschwerden der anderen Pensionsgäste waren wohl zu viel des Guten gewesen. Für niemanden war dieser Italienurlaub eine echte Erholung – wobei meine Mutter nicht nur wegen Amir und mir keine ruhige Minute hatte, sondern auch, weil sie ständig ihre hübschen Teenagertöchter vor den aufdringlichen italienischen Gigolos beschützen musste.

Neben dem Kennenlernen ungewohnter Umgangsformen waren Ferien in Deutschland für uns auch immer eine Reise ins Schlaraffenland. Hier gab es viele Dinge, die wir in Teheran nicht oder nur sehr schwer bekamen: Brezeln. Schlümpfe. Lego. Wir quälten unsere Eltern jedes Mal so lange, bis sie uns endlich die neuesten Modelle und Exemplare von diesem und jenem kauften, weil die Vorgänger im Laufe des Jahres spurlos verschwunden oder kaputtgegangen waren.

Aus den Lego-Steinen bastelten Amir und ich Nachbauten der technischen Utensilien und Waffen der Raumfahrer von *Space 1999*, unserer Lieblings-Science-Fiction-Serie, die in Deutschland *Mondbasis Alpha 1* hieß. Als Uniformen diente uns unsere Unterwäsche, die wir über unsere Pyjamas zogen und mit Emblemen bemalten – zum Leidwesen unserer Mutter mit Kugelschreiber, der sich nicht mehr auswaschen ließ. Als wir die Serie einmal im deutschen Fernsehen anschauten, waren wir völlig befremdet von den deutschen Synchronstimmen. Die gefielen uns überhaupt nicht. Wir waren nur die persischen Sprecher gewöhnt, die deutschen kamen uns unpassend vor. Begeistert waren wir allerdings von den Mainzelmännchen. Meine Oma vergaß deshalb nie, schon ein paar Minuten vor den *Heute*-Nachrichten den Fernseher für uns einzuschalten, wodurch die Mainzelmännchen schnell zu einem unverzichtbaren Zu-Bett-geh-Ritual wurden.

Die Siebziger in Teheran

Teheran war in den siebziger Jahren eine moderne, wenn nicht die modernste Stadt im Nahen Osten. Kinos, Bars, Discos, Männer mit langen Koteletten und in Schlaghosen, Frauen im Minirock und unverschleiert – so etwas gab es dort.

Man kann sich heute, nach über 30 Jahren Islamische Republik Iran, gar nicht mehr vorstellen, wie westlich Teheran damals war, zumindest in großen Teilen der Stadt. Mit rasender Geschwindigkeit versuchten damals die Herrschenden, den Iran dem Westen und seinem Lebensstil anzugleichen – und vergaßen dabei, dass vor allem die arme und gläubige Landbevölkerung mit diesem Tempo nicht mithalten konnte und wollte.

Im Fernsehen liefen Bilder der Errungenschaften des modernen Iran. Man war stolz darauf. Die schlagkräftige Armee präsentierte sich mit ihren Düsenjets und Kampfhubschraubern und den schönen Soldatinnen und Polizistinnen, die für ein neues, gleichberechtigtes Frauenbild standen. Bereits 1963 hatten Frauen im Iran das Wahlrecht erlangt – noch vor den Schweizerinnen! Stolz wurde auch der wachsende Wohlstand zur Schau gestellt, der sich durch die vielen Petrodollars ergab und auf die Fortschritte in der Bekämpfung des Analphabetismus und der Kindersterblichkeit hingewiesen.

Alles Westliche galt als modern und erstrebenswert. Die Werbung im Fernsehen zeigte es: Der moderne Iraner trug Anzug und Krawatte, reiste mit Travellerschecks und fuhr Wasserski auf dem Karadsch-Stausee.

Die Macht des Schahs schien unerschütterlich. Der Herrscher verwies in Interviews mit der kritischen Auslandspresse gerne darauf, wie eng das Band zwischen ihm und seinem Volk doch sei. Sie würden ihn lieben und achten wie einen Vater. Und er zählte die Fortschritte auf, die der Iran in den rund fünfzig Jahren der Pahlawi-Regentschaft gemacht habe.

1971 inszenierte der Schah die angeblich größte Feier des 20. Jahrhunderts in Persepolis. Mit allem Pomp wurde das zweieinhalbtausendjährige Jubiläum des Kaiserreichs gefeiert. Hatte der Schah sich in den sechziger Jahren bereits den Titel *Licht der Arier* zugelegt, so sollte am Fuße der Ruinen von Persepolis, unter den Augen ranghöchster Staatsmänner aus aller Welt und der internationalen Presse, nun die ganze Pracht des Persischen Reichs zur Schau gestellt werden. Als einen Höhepunkt des Festaktes gab der Schah im nahe liegenden Pasargad ein Versprechen ab.

»Kurosch, großer Achämenidenkönig, ruhe du in Frieden, denn wir sind wachsam!«

Mein Vater und seine Brüder konnten sich vor Lachen kaum halten, als sie im Fernsehen diese Aussage des Schahs vernahmen. War doch bekannt, dass der Vater des regierenden Schahs keineswegs von nobler Herkunft war. Reza Schah war der Sohn eines Soldaten und hatte schon früh in der Kosakenarmee gedient. 1921 war er durch einen Staatsstreich an die Macht gelangt und hatte den letzten Kadscharenschah verjagt. 1926 wurde er als Reza Schah Pahlawi gekrönt. Dieser Name sollte eine Anknüpfung an die vorislamische persische Sassanidendynastie symbolisieren. Unter den Sassaniden wurde die damals gesprochene Sprache »Pahlawi« genannt.

Jetzt sah sich also sein Sohn, der *Schahanschah Aryamehr*, der »König der Könige und Licht der Arier«, als legitimer Nachfolger des mächtigen Achämenidenkönigs, der im sechsten Jahrhundert v. Chr. geherrscht hatte. Noch Jahre später machten sich viele aus meiner Familie darüber lustig.

Weniger amüsant fand meine Familie die Einführung eines neuen Kalenders durch den Schah, der im ganzen Land für Verwirrung sorgte. Nicht mehr die *Hidschra,* die Auswanderung des Propheten Mohammed von Mekka nach Medina im Jahre 622 n. Chr., sollte den Ausgangspunkt der Zeitrechnung markieren, sondern die Krönung des persischen Königs Kurosch im Jahre 559 vor Christus. Damals befanden wir uns nach dem alten, islamischen Kalender im Jahre 1355, aus dem quasi über Nacht das Jahr 2535 wurde. Und gleichzeitig wurde ja auch noch mit dem internationalen Kalender operiert, der das Jahr 1976 zeigte.

In den Siebzigern gab es eine riesige, florierende persische Popmusikszene mit Stars, die jedes Kind kannte und die glühend verehrt wurden. Mein Vater etwa war ein großer Fan von Hayedeh, einer eher klassischen Sängerin mit wunderschöner Stimme. Doch der größte weibliche Popstar war zweifellos Googoosh, ein ehemaliger Kinderstar. Sie spielte auch in vielen Filmen mit und hatte eigene TV-Sendungen. Wenn Googoosh ihre Frisur oder ihren Kleidungsstil änderte, dann machten es ihr am nächsten Tag alle Möchtegern-Sternchen und modebewussten Hausfrauen nach. Ansonsten orientierte man sich aber weiterhin gerne an den amerikanischen Film- und Fernsehstars. Nach der Ausstrahlung der neuen Serie *Charlie's Angels* (*Drei Engel für Charlie*) stürmten die Iranerinnen die Friseursalons und ließen sich blondieren, um so auszusehen wie Farrah Fawcett. Im englischsprachigen Fernsehsender NIRT (National Iranian Radio and Television) konnte man sich auch die neuesten amerikanischen Shows wie die *Donny and Marie Osmond Show* und Serien wie *The Six Million Dollar Man* ansehen. Auch einen englischsprachigen Radiosender betrieb NIRT. Den ganzen Tag hing ich an meinem kleinen Mono-Radio-Kassettenrekorder von Toshiba und wartete auf meine Lieblingslieder, am besten ohne zu viel Geplapper der DJs, damit ich sie auf Band aufnehmen konnte. Es gab amerikanische DJs, aber auch iranische wie *Rocky the Jockey*, der mit breitem persischen Akzent auf Englisch moderierte: »*Hellooooo, dis is Raki de Jaki änd it iis e vanderfuul iiviniing in Tehraan ...*«

Wenn ich heute meinen deutschen Freunden Fotos aus dem Teheran der Siebziger zeige, sind sie erstaunt, wie »normal« unser Leben dort war. Am meisten überrascht sie aber die Tatsache, dass wir in den Bergen oberhalb von Teheran Skifahren gingen.

Die meisten Deutschen verbinden den Iran mit Wüste und Hitze. Tatsächlich liegt aber nur zwei Autostunden von Teheran entfernt mitten im Elburs-Gebirge das schönste Skigebiet, das ich kenne: Dezin. In beinahe viertausend Metern Höhe fährt man dort auf feinstem Pulverschnee mäßig bevölkerte Pisten hinunter. Wann immer wir da waren, gab es reichlich Platz für alle, obwohl das Skifahren im Iran der Siebziger immer populärer wurde und zu einer Art Massensport avancierte.

Dort oben schien fast immer die Sonne. Im Winter fuhren wir daher fast jedes Wochenende hinauf. Nach Dezin kam auch die Schahfamilie zum Skilaufen. Sie flogen natürlich per Helikopter ein, und man wusste immer genau, wo auf den Pisten sie sich gerade aufhielten, weil dann ein Ring von Bodyguards um sie herumfuhr.

Meine Mutter hatte im Nachbardorf eine kleine Hütte gemietet, und so konnten wir, wann immer wir wollten, an den Wochenenden in die Berge fahren. Unsere Ausflüge begannen immer donnerstags, weil Freitag der islamische Sonn- und Feiertag und Donnerstag so gesehen quasi der Samstag ist.

Nur mein Vater blieb lieber bei seiner Hochgebirgsjagd und wollte auf seine alten Tage das Skifahren nicht mehr lernen. Auch meine Mutter stand im Iran das erste Mal auf Skiern – ungewöhnlich genug für eine gebürtige Bayerin. In den fünfziger Jahren hatte meiner Oma und ihr noch das Geld für Skistunden gefehlt, und auch unter ihren Freundinnen in München war das Skifahren nie so verbreitet gewesen. Nun lernte sie es eben im Orient, hoch über Teheran.

Meine Mutter zeigte ohnehin viel Mut, und das nicht nur beim Wintersport. Als in unserer Skihütte mal plötzlich ein Brand ausbrach und eine Gasflasche Feuer gefangen hatte, schnappte sich meine Mutter geistesgegenwärtig die Flasche und schleuderte sie nach draußen in den Schnee, wo sie zischend erlosch. Wir waren baff und mächtig stolz auf sie. Bei dieser waghalsigen Aktion hatte sie sich beide Hände verbrannt.

An der Deutschen Schule richtete man jährlich einen Skikurs in Dezin aus, was für uns Kinder immer ein Höhepunkt des Winters war. Meine Schwester Susi war fünfzehn Jahre alt, als die DST mal wieder zum Skilager in Dezin war. Ihre Klasse war in einem relativ schicken Hotel untergebracht, in dem es auch eine Disko gab. Bereits am ersten Abend machte sich unter den aufgeregten Teenagern das Gerücht breit, die Klasse des Kronprinzen sei auch da! Die Sportbegeisterung des Prinzen war allgemein bekannt, und man wusste, dass die Klasse seiner Privatschule, auf die nur Kinder der Schahvertrauten und der Höflinge gehen durften, öfter nach Dezin kam.

Und tatsächlich tauchte der Prinz bereits an diesem ersten Abend in der Disko auf und forderte sogar ein blondes deutsches Mädchen aus Susis Jahrgang zum Tanz auf. Fast alle Mädchen waren auf der Stelle unsterblich in den Kronprinzen, den *Wali-ahd,* verliebt und beneideten die Auserwählte um diesen Tanz.

Susi hielt sich zurück und fand das hysterische Gegacker peinlich und albern. Nach einer Weile wurde sie von einem Freund des Kronprinzen zum Tanz aufgefordert. Mehrdad war ein wohlerzogener und attraktiver junger Mann und hatte, wie er später zugab, bereits in der Lobby ein Auge auf Susi geworfen. Während die meisten Mädchen versuchten, die Aufmerksamkeit des Kronprinzen zu erheischen, tanzte und unterhielt sich meine Schwester den ganzen Abend mit Mehrdad. Die nächsten Tage trafen sie sich immer wieder zum Skifahren und abends in der Disko. Zum Abschied fragte er nach ihrer Telefonnummer. Von da an rief er sie jeden Tag an. Mehrdad sollte Susis erste große Liebe werden.

Mehrdads Vater war ein Vertrauter des Schahs. Seine Mutter, eine bildschöne Frau, war, als ihre Kinder noch klein waren, mit einem noch reicheren Mann durchgebrannt – ohne die Kinder. Sie lebte jetzt in Paris. Mehrdad sah sie nur einmal im Jahr und hatte kein besonders herzliches Verhältnis zu ihr.

Susis Freund wohnte in einer der Luxusvillen der Superreichen im Teheraner Nobelviertel Niawaran, im Norden der Stadt am Fuße der Berge, ganz in der Nähe des Schahpalastes. Zu diesen Villen hatten Normalsterbliche keinen Zugang. Das Haus lag abgeschottet hinter hohen Mauern und einem schweren Eisentor. Mehrdad selbst war stets mit Bodyguards und Fahrer unterwegs. Die wenigen Male, die

Susi ihn dort besuchte, fühlte sie sich unwohl. Die Villa war kalt und hatte eine unfreundliche Atmosphäre, der Vater war distanziert und kühl, und die Kinderfrau, die Mehrdad großgezogen hatte, war alles andere als freundlich zu ihr.

Jeden Tag telefonierten die Verliebten stundenlang miteinander und führten eine typische Teenagerbeziehung. Meine Eltern und Asi waren oft genervt, weil ständig das Telefon blockiert war. Entweder telefonierte Susi mit Mehrdad, oder sie telefonierte mit ihren Freundinnen, um zu erzählen, was Mehrdad erzählt hatte. Wir hatten einen zweiten Telefonapparat im Haus, mit dem man, wenn man vorsichtig den Hörer abhob, unbemerkt das laufende Telefonat mithören konnte. Amir und ich machten uns einen Riesenspaß daraus, Susis Gespräche zu belauschen und dann plötzlich unseren Senf dazuzugeben. Nach einer kurzen Schrecksekunde hörte man anschließend Susis wütendes Geschrei durch das ganze Haus.

Da Mehrdad und Susi unzertrennlich waren, wurde sie auch auf Partys am Hof eingeladen. Bevor sie zum ersten Fest gehen durfte, wurde allerdings unsere gesamte Familie vom Geheimdienst, der *Savak,* durchleuchtet. Selbstverständlich hörten sie auch unser Telefon ab – darüber scherzte Mehrdad sogar; ob dies nur im Vorfeld des Festes oder auch später noch geschah, wussten wir nicht.

Mit großem Aufwand musste Susi »hoffein« gemacht werden. Meine Mutter kaufte ihr ein langes Abendkleid, und der Mann meiner Cousine, ein Friseur, verpasste ihr eine aufwendige Frisur und ein elegantes Make-up. Meine Eltern ließen ihre Tochter gewähren, waren aber alles andere als begeistert von ihrem hochherrschaftlichen Umgang. Vor allem unser Vater sah Susis Besuche am Hof mehr als ungern und sorgte sich um seine Tochter.

»Schau, Susi«, sagte er einmal zu ihr, »diese Menschen haben alle Macht der Welt. Sie können mit einem machen, was sie wollen.« Aber weil Susi so sehr an Mehrdad hing, verbot er ihr weder den Umgang mit ihm, noch dass sie sich mit ihm in höfische Gesellschaft begab.

Und so ging meine Schwester einige Male zu den piekfeinen Partys und Empfängen am Hof und staunte über den Reichtum und die Pracht der Paläste. Sie erzählte uns, wie an einem dieser Abende der französische Chansonier Joe Dassin für ein Privatkonzert eingeflogen wurde, das er jedoch unterbrechen musste, als der Schah ans Telefon gerufen wurde. Susi lernte irgendwann auch den Kronprinzen und seine Schwester Farahnaz sowie ihre Mutter, die Kaiserin Farah Diba, kennen. Insbesondere sie hinterließ großen Eindruck bei meiner Schwester. »Wie natürlich und freundlich sie war«, schwärmte sie. »Sie hat sich ganz interessiert nach unserer Familie erkundigt. Und sie kümmert sich sehr aufmerksam und präsent um ihre Kinder.«

Die beiden älteren Kinder der Kaiserin galten in der Tat als gut erzogene, offene und lustige Teenager. Walidjun, wie er von seinen Freunden genannt wurde, hänselte seine Schwester oft damit, dass sie die typische Pahlawi-Nase geerbt hatte, worunter sie sehr litt.

Susi wurde ihrerseits von den Höflingen taxiert und erregte allseitiges Interesse. Sie war als Tochter einer Deutschen und eines Iraners nicht nur eine exotische Schönheit, sondern kam auch noch von »da draußen«, aus dem echten, dem wahren Leben. Besonders Farahnaz fragte Susi Löcher in den Bauch:

»Wie ist das, wenn man auf die Straße geht? Wie ist das, wenn man einkaufen geht?«

Die Prinzessin war in einem goldenen Käfig aufgewachsen,

aus dem sie ihr ganzes Leben noch nicht herausgekommen war. Nie durfte sie ohne Bewachung irgendwo hingehen und hatte nur eine vage Vorstellung davon, wie man außerhalb dieses Elfenbeinturms lebte. Immer wieder strich sie Susi über ihr für persische Verhältnisse helles Haar. »Wie schön deine Haare sind. Sie sind wie Seide«, schwärmte sie dabei.

Susi musste schlucken. Es wäre ihr vorher nie in den Sinn gekommen, dass eine Tochter des Schahs sie um irgendetwas beneiden könne. Erst jetzt wurde ihr klar, dass ihr Leben, so unspektakulär es im Vergleich zu dem von Farahnaz erschien, für die Kinder der Superreichen und Mächtigen unerreichbar war. Sie lebten in ihren Luxusvillen und Palästen, umgeben von Speichelleckern und Jasagern, und wurden in Limousinen chauffiert und mit Hubschraubern herumgeflogen. Sie fühlten sich wie eingesperrt und waren gelangweilt vom immer gleichen Trott. Meine Schwester war dankbar, dass sie auf eine öffentliche Schule gehen konnte, eine ganz normale Familie hatte, sich ihre Freunde selber aussuchen durfte, sich frei auf der Straße bewegen und zum Bäcker oder in den *Dokkan* um die Ecke zum Einkaufen gehen konnte. Und sie war froh über die unaufgeregte Art unserer Eltern, die sich von Geld und Macht nicht beeindrucken ließen und für die nur zählte, ob jemand ein guter Mensch war oder nicht.

Drei Jahre lang waren Susi und Mehrdad ein Paar. Bis er zum Studium ins Ausland ging und die beiden sich aus den Augen verloren. Während ihrer Beziehung erfuhr Susi aus nächster Nähe, dass die herrschende Schicht, aus der Mehrdad stammte, sich vollkommen von der normalen Welt abgeschottet und schon lange den Kontakt zum Volk und jeglichen Realitätssinn verloren hatte. Ganz sicher wurde sie vom Ausmaß der Unzufriedenheit und des Zorns in der Bevölkerung überrascht, der kurze Zeit später über sie hereinbrach.

IV

DAS ENDE DER ROSENJAHRE

Enghelab – Revolution

ALS MEINE MUTTER, Susi, Amir und
ich im August 1978 aus den Sommerferien in Deutschland
und Griechenland nach Hause zurückkehrten, fiel uns zum
ersten Mal auf, dass sich die Stimmung im Land änderte.
Mein Vater und Asi, die in diesem Sommer ihr Abitur gemacht hatte und nicht mitgekommen war, erzählten uns
von großen Demonstrationen, die gegen den Schah stattgefunden hatten und die immer noch andauerten. Es herrschte
Unruhe im Land, die Lage wurde langsam bedrohlich.

»Die Leute gehen jetzt auch immer öfter gegen ausländische Einrichtungen vor«, erzählte mein Vater mit ernster
Miene, »und auch gegen alles andere, was westlichen Lebensstil symbolisiert.«

»Ja«, ergänzte Asi. »Es hat Brandanschläge auf Kinos gegeben, auch auf ein sehr großes in Abadan, das ›Cinema
Rex‹. Dort sind Hunderte von Menschen umgekommen,
weil die Fluchtwege verriegelt waren.«

Die beiden waren sichtlich entsetzt über diese Katastrophe, für die die Demonstranten die Regierung verantwortlich machten und die Regierung die Demonstranten.

Bei unseren Familientreffen wurden die Diskussionen von
Mal zu Mal hitziger. Die Erwachsenen stritten sich lautstark über den Schah und die Demonstrationen, und immer
häufiger war die Rede von einem sogenannten *Agha,* einem

Ayatollah namens Chomeini – eben jenem, der seinerzeit erfolglos gegen die »Weiße Revolution« agitiert hatte. Seine Reden wurden inzwischen massenweise über Kassetten verbreitet. Der bärtige, finster dreinblickende Ayatollah mit dem schwarzen Turban rief unverblümt zum Sturz des Schahs auf. Religiös motivierte Anhänger Chomeinis, aber auch Linke, Studenten, Intellektuelle, ehemalige Anhänger Mossadeghs, sie alle vereinte der Hass auf den Schah und der Wunsch, ihn zu beseitigen. Wer danach an die Macht komme, werde man später schon sehen; jetzt gelte es erst einmal, den Diktator loszuwerden – dies war die landläufige Meinung unter den Protestierenden.

Viele von ihnen hatten sicher ihre guten Gründe, gegen den Schah zu sein. Es war schließlich kein Geheimnis, wie sein Geheimdienst mit politisch Andersdenkenden umging und wie dreist und korrupt die Vetternwirtschaft war. Und viele Iraner, so auch meine Tante Forugh, hatten dem Schah nie verziehen, dass er mit Hilfe der CIA und des britischen Geheimdienstes vor fünfundzwanzig Jahren zurück an die Macht gekommen war, während der demokratisch gewählte Präsident Mossadegh abgesetzt und verhaftet wurde.

Bei manchen Iranern war der Sinneswandel jedoch verwunderlich. Meine Mutter erzählte eines Abends von einer Bekannten aus Gorgan, die ebenfalls Grundbesitzerin war und die dem Schah plötzlich ganz besonders vehement die Pest an den Hals wünschte. Dieselbe Frau hatte sich noch vor einigen Jahren bei einem seiner Besuche in Gorgan wie ein Groupie dem Schah vor die Füße geworfen und versucht, seine Hand zu küssen. Während die Sicherheitskräfte sie damals wegzogen, hatte sie immer wieder geschrien: »Schah, mein geliebter Schah! Lass mich für dich sterben!«

Darauf angesprochen, wollte sie nun nichts mehr davon

wissen; den Grund für ihren Sinneswandel konnte sie nicht nennen. Ein anderer Fall war ein gut situierter Zahnarzt, den mein Vater einmal auf einer Anti-Schah-Demonstration antraf. Mein Vater war nur zufällig an dem Aufmarsch vorbeigelaufen. Auf seine Frage, warum er denn hier demonstriere, antwortete der Zahnarzt: »Herr Tabatabai, Sie verstehen nicht. Man muss mit der Zeit gehen.«

Auch viele Mitglieder meiner Verwandtschaft wollten den Schah plötzlich lieber heute als morgen loswerden. Meine Eltern hingegen vertraten die Ansicht, man müsse doch erst einmal wissen, was die Alternative sei, bevor man alles auf eine Karte setze. Mein Vater misstraute den Kommunisten genauso wie Chomeini, der unterdessen in Paris hübsch inszenierte Pressekonferenzen unter einem Apfelbaum gab.

Ich schnappte Bruchstücke von Diskussionen auf:

»Der Schah muss weg!«

»Ja, aber was kommt dann? Nach ihm?«

»Das ist mir egal. Hauptsache, der Schah ist weg!«

»Ihr seid doch wahnsinnig! Wollt ihr denn wirklich einen Mullah an der Macht haben? Oder in Kauf nehmen, dass wir kommunistisch werden?«

»Das werden wir schon sehen. Alles ist besser als das, was jetzt ist.«

Ich verstand nur Bahnhof. Der Schah sollte weg und die Mullahs sollten regieren? Und was war denn bitte Kommunismus?

Meine große Schwester Asi war bereits angehende Psychologiestudentin und politisch, wie es sich in den siebziger Jahren für Intellektuelle gehörte, selbstverständlich links orientiert. Sie erklärte es mir:

»Kommunismus? Schau mal, stell dir vor, es gibt kein Geld,

wir gehen alle arbeiten, haben alle zu wohnen und zu essen, und haben alle das Gleiche.«

Ich überlegte kurz und fragte:

»Aber was ist, wenn ich Schokolade essen will?«

Asi stutzte, dachte kurz nach und antwortete: »Dann werden wir alle mehr arbeiten und alle Schokolade essen!«

Sie lächelte zufrieden. Ich fand, das würde auf jeden Fall viel zu lange dauern. Wenn man Appetit auf Schokolade hat, will man sie doch gleich essen können und nicht erst mehr arbeiten. Und warum sollten die anderen auch Schokolade essen? Vielleicht wollten sie ja gar nicht?

Die Mullahs also. Und dieser Bärtige aus Paris. Susi, Amir und ich witzelten darüber, wie unser Leben wohl aussehen würde, wenn die an der Macht wären. Müssten wir dann im Tschador Skifahren gehen? Hieße die Fluggesellschaft ab sofort Mullah Air? Würden die Superhelden in den Comics dann Turban, Kutte und Vollbart tragen und »Mullah-Man« heißen? Und würden im Fernsehen nur noch vollbärtige Models Werbung für Haarpflegeprodukte machen? Werbung für Rasierschaum wäre ja dann hinfällig.

Wir hatten keine Ahnung, was wirklich passieren würde – und dass die Realität unsere kühnsten Vorstellungen bald übertreffen würde.

Als die Schule Anfang September wieder losging und ich, inzwischen elf Jahre alt, in die sechste Klasse einzog, plapperten alle die Diskussionen, die sie an den Esstischen ihrer Familien mitbekommen hatten, eifrig nach und taten damit die politischen Ansichten ihrer Eltern kund. Auch hier kristallisierten sich schnell zwei Lager heraus: pro oder contra Schah.

Nachdem die Fronten sozusagen geklärt waren, interessierte ich mich aber bald wieder für andere Dinge, zum Beispiel für die Schülerzeitung, in der ich einen Artikel über unseren Sommerurlaub auf der griechischen Insel Mykonos unterbekommen konnte. Mein großes Ziel war es, feste Mitarbeiterin der Schülerzeitung zu werden.

Selbst meine Eltern gingen davon aus, dass sich die Lage im Land bald wieder beruhigen würde. Doch dann, am Freitag, dem 8. September 1978, fuhr meine Mutter mit Amir und mir aus der Stadt heraus zum Wandern in die Berge. Als wir abends zurückkamen, erwarteten uns bereits Asi und Susi mit versteinerter Miene. Es habe sehr viele Tote bei einer Großdemonstration in der Stadt gegeben, erzählten sie. »Auf die Demonstranten ist geschossen worden. Alle Geschäfte sind jetzt zu, und die Regierung hat das Kriegsrecht ausgesprochen. Habt ihr denn von alledem nichts mitbekommen?«

Wir drei hatten somit den berüchtigten »Schwarzen Freitag« verpasst.

»Kriegsrecht« – das Wort kannte ich bis dahin nur aus dem Vorspann von *Krieg der Sterne,* den ich in Deutschland im Kino gesehen hatte. Was es in Wirklichkeit bedeutete, spürte ich bald: Nach neunzehn Uhr durfte niemand mehr auf die Straße gehen, und es durften sich keine Gruppen von mehr als zwei Personen bilden. Ab jetzt war also unser Alltag direkt betroffen, und die Lage wurde spürbar ernster.

Die Demonstranten hielten sich nicht an das Kriegsrecht. Im Gegenteil. Tagtäglich wurde ihre Zahl größer. An den Wänden und Mauern prangten Parolen: »*Marg bar Schah! Dorud bar Chomeini!* – Tod dem Schah! Hoch lebe Chomeini.« Der Ayatollah hatte sich zu diesem Zeitpunkt längst an die Spitze der Opposition gegen den Schah gesetzt.

Das blieb nicht ohne Wirkung. Plötzlich entdeckten viele Iraner ihr gläubiges Herz und ihre Identität als Moslem. Eine religiöse Euphorie ergriff Besitz vom Land. Menschen, die sich nie zuvor mit den islamischen Gesetzen befasst hatten, geschweige denn danach lebten, waren plötzlich tiefreligiös. Nachbarinnen, die noch vor kurzem im Minirock herumgelaufen waren, gaben sich von heute auf morgen strenggläubig und traten nur noch verschleiert auf die Straße. Ein netter junger Soldat, der sich vor zwei Jahren noch Geld für seine Hochzeit bei meinen Eltern geliehen hatte, trug plötzlich einen Drei-Tage-Bart und schaute meiner Mutter nicht mehr in die Augen, wenn er mit ihr sprach.

Alles Westliche galt mit einem Mal als verpönt und dekadent, jeder glattrasierte Mann mit Krawatte war automatisch ein *Taghuti,* ein Nichtmoslem, ein Götzendiener und damit einer, dem die weltlichen Belange wichtiger waren als der Islam. Diesen Begriff aus dem Koran hatte man zuvor kaum gehört, und es herrschte eine gewisse Verunsicherung über weitere unbekannte Worte, die plötzlich überall kursierten. Von Chomeini wurden auch der Schah und seine Höflinge verächtlich als *Taghuti* bezeichnet. Und selbst jede unverschleierte Frau galt plötzlich als *Taghuti.* Die Lage wurde langsam gefährlich.

Die zuvor noch so bewunderten Ausländer waren jetzt nicht mehr gern gesehen. Die Chomeini-Anhänger waren sich einig: Der Feind kam definitiv von außen, und ihr Scherge, der Schah, hatte sein Land vor fünfundzwanzig Jahren an die Engländer und Amerikaner verkauft. Hatten die Fremden etwa nicht unser Land ausgebeutet und unsere Kultur und Moral mit Füßen getreten? Hatten sie nicht unsere Frauen zu Prostituierten gemacht, die heutzutage halbnackt rumliefen und keinen Anstand mehr hatten? So und so ähnlich wurde bei den Demonstrationen und vielen anderen Gelegenheiten gewettert.

Viele Frauen stülpten sich den Schleier in dieser Zeit freiwillig über, um zu zeigen, dass sie eine eigene Identität hatten, die vom Westen unabhängig war. Wir seien ja schließlich alle Schiiten und damit Brüder und Schwestern, hieß es.

Die Ausländer verließen in Scharen das Land, und aus dem Fernsehen verschwanden sukzessive erst die beliebten Musikshows, dann die amerikanischen Serien. Bereits Ende Oktober sah man keine Moderatorin und Nachrichtensprecherin mehr im Fernsehen. Diese ganze Entwicklung geschah in rasender Geschwindigkeit, sie vollzog sich in nicht einmal drei Monaten.

Die Deutsche Schule blieb immer öfter geschlossen, da es mehrere Drohungen gegeben hatte und nachts auch schon Molotowcocktails aufs Schulgelände geworfen worden waren. Und obwohl wir im Norden der Hauptstadt wohnten, wo es weniger Demonstrationen gab, hörte man jede Nacht auf den Dächern die »*Allahu akbar*«-Rufe – »Gott ist groß!«, hallte es durch die Dunkelheit. Das war der Protestruf aller, die gegen den Schah und für Chomeini waren. Aus der Ferne konnte man deutlich Maschinengewehrsalven aus der Innenstadt hören.

Für uns Kinder war das vor allem eins: aufregend. Wir schlichen uns oft aufs Dach und hörten, wie unser *Hadji*-Nachbar »*Allahu akbar!*« skandierte. Ohne uns abzusprechen, antworteten wir ihm. Wir wollten auch mitmachen bei der Revolution – als wäre das Ganze ein Spiel.

Das Revolutionsfieber hatte mittlerweile selbst viele Mitglieder meiner Großfamilie ergriffen. Im Nachhinein kann ich nur versuchen, es zu verstehen. Es muss eine knisternde Energie in der Luft gelegen haben, der man sich vielleicht nur schwer entziehen konnte, die einen elektrisierte. Revolution! Lag in diesem Wort nicht so viel Kraft, so viel Neues – auch so viel Hoffnung?

Aber egal, wie man es dreht und wendet: Es ist erstaunlich, wie viele hochintelligente und gebildete Menschen damals ihren Verstand ausgeschaltet hatten und auf Chomeini hereinfielen. Kommunisten und Demokraten, alle gingen für ihn auf die Straße. Selbst Frauenrechtlerinnen. Wenn man sie heute darauf anspricht, behaupten dieselben: »Der Schuft hat uns betrogen und falsche Versprechungen von Demokratie gemacht.«

Aber das ist nur die halbe Wahrheit. Chomeini hat von Anfang an deutlich gemacht, was er plante: eine islamische Republik, die Rückkehr zur Scharia, der islamischen Rechtsprechung, und den »Heiligen Krieg«. All das hatte er gleich zu Beginn in seinen Reden und Schriften proklamiert. Sie haben ihm einfach nicht genau zugehört oder nicht genau zuhören wollen. Auch große Teile meiner Familie nicht.

Je kälter die Herbsttage wurden, desto heißer wurde bei unseren Familientreffen diskutiert. Man erzählte sich, was Chomeini mit seiner seltsamen Wortwahl, so alles versprach. Den »*Mostasafin*«, wie er die Unterprivilegierten und Entrechteten der Gesellschaft in Anlehnung an alte Bezeichnungen aus dem Koran nannte, sollte eine Rückkehr zu islamischen Traditionen möglich sein. Anstatt in den Elendsquartieren am Rande der Stadt zu leben, sollten sie kostenlose Wohnungen und Zugang zu Frischwasser erhalten. Auch das Busfahren sollte umsonst sein. Die Armen des Landes sollten endlich ihren Anteil am großen Kuchen Iran bekommen.

Meinem Vater platzte der Kragen: »Und den Scheiß glaubt ihr? Der weiß doch genau, dass er damit bei den Armen und den einfachen Leuten punkten kann! Der rekrutiert seine Anhänger aus den Armenvierteln Süd-Teherans! Von denen haben viele einen Hass auf die Reichen und Mächtigen. Von Politik verstehen sie allerdings nicht viel. Ich jedenfalls traue keinem Mullah, der unser Land ins Mittelalter zurückführen möchte!«

Seine Worte verhallten ohne Wirkung. Eine meiner Cousinen, die lange Zeit in England gelebt hatte und bisher dem westlichen Lebensstil keineswegs abgeneigt war, zeigte sich seit neuestem als glühende Verehrerin von Chomeini, den sie respektvoll als »*Agha*« bezeichnete. Sie entgegnete in erstaunlicher Entrücktheit:

»Amu-djun, lieber Onkel, der *Agha* meint es nur gut mit uns. Ich habe sein Antlitz sogar im Vollmond gesehen. Das ist ein Zeichen, dass er gekommen ist, um uns zu erretten!«

»Und macht es dir nichts aus, wenn ihr Frauen wieder den Tschador tragen müsst? Wenn die mühsam erkämpften Frauenrechte wieder futsch sind?«

»Davon ist doch gar keine Rede«, entgegnete sie. »Der *Agha* will doch nur das Beste für uns Frauen.«

Mein Vater stieß einen Fluch aus, den ich nicht wiederholen möchte. Die Verwandtschaft geriet sich nun oft so heftig in die Haare, dass wir Kinder etwas verschreckt witzelten, jetzt müsse man den Erwachsenen nur noch Messer in die Hände geben, und sie würden sich abstechen.

Die Regierung, die ihre Felle davonschwimmen sah, versuchte Zugeständnisse an die Demonstranten zu machen. Der Schah hielt Anfang November 1978 eine Fernsehansprache, die wohl jeder im Land verfolgte. »Ich habe die Botschaft eurer Revolution gehört!«, sagte er und machte zahllose Ankündigungen und Versprechen, mit denen er einlenkte und die jungen Menschen bat, nicht das ganze Land anzuzünden und doch bitte Vernunft zu zeigen. Sogar die Zensur der Medien wurde aufgehoben und ein Premierminister eingesetzt.

Aber es war viel zu spät. All die Macht, all die Visionen des *Schahanschah,* des »Königs der Könige«, von einem stolzen, modernen, fortschrittlichen und selbstbewussten Iran, die noch vor wenigen Jahren pompös auf der Jubiläumsfeier in Persepolis zur Schau gestellt worden waren, krachten in sich zusammen wie ein tönerner Riese, der auf wackeligem Boden stand.

Inzwischen waren es Millionen von Menschen, die nicht nur in Teheran auf die Straße gingen, sondern im ganzen Land. Die Demonstrationen wurden immer gewalttätiger, die Deutsche Schule machte bald gar nicht mehr auf, und die Situation drohte komplett zu eskalieren.

Die Reichen und Mächtigen, die natürlich gegen einen Regierungswechsel waren, so auch Mehrdad und seine Familie sowie die Kinder des Schahs, hatten das Land schon vor Wochen und Monaten verlassen. Jetzt versuchten auch alle anderen, die es irgendwie konnten, fortzugehen – zumindest, bis man Klarheit darüber hatte, wie sich die Lage entwickeln würde. Es glich einem Exodus der Wohlhabenden. Mit jeder Maschine, die am Mehrhabad-Flughafen abhob, verließ ein Teil der iranischen Führungselite auf Nimmerwiedersehen ihre Heimat.

Meine Eltern berieten sich. Zumindest uns Kinder wollten sie, bis sich die Lage beruhigte, aus der Schusslinie haben.

Schließlich wurden wir eines Nachmittags ins Wohnzimmer gerufen. »Es ist besser, wenn ihr mit eurer Mutter nach München fliegt für einen Monat oder so«, teilte mein Vater uns ruhig und sachlich mit.

»Ja. Ihr wolltet doch auch immer mal Weihnachten in

Deutschland erleben und dort feiern, oder?«, ergänzte meine Mutter.

»Ganz sicher hat sich bis dahin die Lage hier wieder entspannt«, schloss mein Vater.

Und wir? Wir freuten uns. Ja, wir würden das erste Mal im Winter in Deutschland sein. Und wir hatten schon so viel über die schöne Weihnachtszeit in München gehört. Wir freuten uns auf die Weihnachtsmärkte, auf Zuckerwatte und gebrannte Mandeln. Wir freuten uns auf Oma und auf Asi, die bereits seit zwei Monaten in München studierte. Es war zwar schade, dass mein Vater nicht mitkam, aber das war nicht ungewöhnlich für ihn und irritierte uns Kinder nicht weiter. Er kam selten mit in die Ferien, und schließlich musste er ja auch arbeiten.

Meine Mutter packte die Koffer, und wir nahmen so viel mit, wie man für einen Urlaub braucht. Wir dachten ja, wir kämen bald wieder.

Am 9. Dezember 1978 verließen wir den Iran.

Exodus

Wir kehrten nicht nach vier Wochen nach Hause zurück. Wir kehrten nie wieder nach Hause zurück.

In der ersten Zeit wohnten wir in der kleinen Wohnung eines Bekannten von Asi in Schwabing und verfolgten gebannt die Nachrichten aus der Heimat. Keine sechs Wochen nach unserer Abreise verließ der Schah Mitte Januar 1979 den Iran. Zwei Wochen später kehrte Chomeini triumphierend nach Teheran zurück. Die Revolution hatte gesiegt. Der Schah war gedemütigt ausgereist und musste feststellen, dass er inzwischen auch bei seinen einstigen Freunden, den Amerikanern, nicht mehr willkommen war; das Gleiche traf auf alle anderen Länder zu, an die er sich wandte, bis ihn seine Flucht schließlich nach Ägypten führte, wo er bei Präsident Sadat Aufnahme fand.

Wir besuchten nun eine Schule in der Nähe unserer Bleibe und schlugen uns mit neuen Lehrplänen und deutschen Mitschülern rum. Es war zwar toll, unsere Großmutter und Asi wiederzusehen, aber trotzdem begann nach einigen Wochen das Heimweh quälend an uns zu nagen. Meine Mutter hatte alle Hände voll damit zu tun, unseren Alltag zu organisieren. Sie musste eine Wohnung finden und einrichten, und das alles, ohne viel Geld zur Verfügung zu haben. Devisen durfte man in dieser Zeit nur sehr beschränkt aus dem Iran ausführen, wir brauchten aber neue Kleidung, Schulsachen und allen möglichen Hausrat. Wir hatten ja schließlich nichts dergleichen aus Teheran mitgenommen.

All das geschah in der Ungewissheit, wie sich die Dinge zu Hause entwickeln würden und ob wir nicht doch bald unsere Zelte in Deutschland wieder abbrechen könnten. Zu meinem Vater hatten wir nur ein- bis zweimal in der Woche Kontakt, weil Auslandsgespräche damals noch ein kleines Vermögen kosteten.

Ja, wir kamen tatsächlich noch mal in den Iran zurück: 1979 und auch 1980 – aber nur mehr als Besucher, für die Dauer unserer Sommerferien. Jedes Mal hatte sich das Land extrem verändert. Die vorübergehend aufgehobene Pressezensur wurde nach einem kurzen, euphorisch begrüßten »Frühling der Freiheit« nach den Vorgaben Chomeinis wieder eingeführt. Langsam, aber sicher drehten die neuen, klerikalen Machthaber die Daumenschrauben immer fester.

Für Frauen wurde es mit jedem Tag gefährlicher, sich ohne Schleier oder Kopftuch in der Öffentlichkeit zu bewegen. Unverhohlen drohten Chomeinis Anhänger: »*Ya Rusari! Ya Tusari!* – Entweder Kopftuch oder eins auf den Kopf!«

Viele Andersdenkende und Oppositionelle verschwanden plötzlich und wurden nie mehr gesehen. Nicht wenige Exilanten, die nach dem Sturz des Schahs euphorisch in ihre Heimat zurückgekehrt waren, weil sie geglaubt hatten, nun endlich in Freiheit leben zu können, waren schnell wieder ins Exil zurückgekehrt – wenn sie Glück hatten. Denn es begann eine Welle von Hinrichtungen. Ohne viel Federlesens wurden zunächst hochrangige Militärs, dann Politiker und Minister des Schahregimes, ja sogar der ehemalige Premierminister Hoveyda exekutiert, der wie einige andere geglaubt hatte, dass ihm niemand etwas vorwerfen könne, und daher im Land geblieben war.

Bald schon begann die Revolution, ihre eigenen Kinder zu fressen. Als Erste wurden jene Kommunisten und Linken verfolgt – und unzählige von ihnen hingerichtet –, die mit den Mullahs paktiert hatten. Dann nahm man sich die Gemäßigten und die Demokraten vor, und schließlich waren alle von Verfolgung und Willkürherrschaft betroffen, die sich in irgendeiner Weise gegen Chomeini stellten.

Spätestens seit Saddam Hussein im September 1980 den Iran angegriffen hatte und das Land sich im Krieg befand, saßen die neuen Machthaber fest im Sattel und konnten nach ihren Vorstellungen schalten und walten. Die Frauen wurden nun endgültig unter den Schleier verbannt, ihre Zeugenaussage galt vor Gericht nur noch halb so viel wie die eines Mannes. Frauen durften ohne Erlaubnis ihrer Ehemänner weder arbeiten noch reisen, und auf Ehebruch stand Steinigung. Das Heiratsalter von Mädchen wurde auf neun Jahre herabgesetzt – um nur einige Beispiele zu nennen.

Jede Opposition gegen Chomeini galt nun als Landesverrat und wurde brutal verfolgt. Es wurde lebensgefährlich, sich politisch zu äußern oder gar zu engagieren.

Hatten wir vor der Revolution noch gewitzelt, wie das Fernsehprogramm unter den Mullahs wohl aussehen würde, so konnten wir es jetzt erleben: Täglich wurden Schauprozesse und exekutierte Oppositionelle gezeigt, und in einer wöchentlichen Sendung klärte ein Ayatollah die Frauen über korrektes islamisches Verhalten auf. Die »Schwestern«, wie er sie nannte, sollten sich zum Beispiel nur vollbekleidet und verschleiert schlafen legen, damit, falls irakische Bomber in der Nacht ihr Haus träfen, die Rettungskräfte angesichts einer leichtbekleideten Frau nicht in Bedrängnis gerieten ...

In der Schule mussten die Kinder jetzt zum Morgenappell täglich »Tod Amerika! Tod Israel!« skandieren, und selbst zu Hause mussten die Erwachsenen mehr denn je aufpassen, worüber sie sprachen, da die Schüler angehalten wurden, ihre Angehörigen auszuspionieren und den Lehrern jedes Fehlverhalten zu melden. Selbst in den Kindergärten gab es regelrechte Verhöre der Kleinen. Dabei wurde perfide raffiniert vorgegangen, indem Erzieherinnen den Kindern einen Satz Spielkarten zeigten und fragten, wer so etwas schon einmal im Elternhaus gesehen habe. Jede Art von Glücks- oder Kartenspiel war unter der neuen Regierung verboten, und so fand man über die Kinder heraus, in welchen Haushalten man sich nicht an dieses Gesetz hielt. Nicht selten kam es anschließend zu Razzien in den elterlichen Wohnungen.

Selbst in den eigenen vier Wänden blieb man nicht mehr unbehelligt. Wenn man eine Party feierte, tat man gut daran, die Fenster geschlossen zu halten, denn es konnten Spitzel um die Häuser schleichen und lauschen. Weil »un-islamische« Vergnügungen wie Musik, Tanz, Alkohol und Gesang verboten waren, ebenso wie das Beisammensein von unverheirateten Männern und Frauen – womöglich sogar unverschleierten –, bedeutete jede Feier ein großes Risiko. Bekannte von uns erwischte es einmal, als an der Tür geläutet wurde und sich jemand als Mitarbeiter vom Elektrizitätswerk ausgab. Kaum war die Tür geöffnet, stürmte eine Horde von Revolutionsgardisten die Wohnung und führte die Überrumpelten ab, die ausgelassen bei Diskomusik tanzten, tranken und Karten spielten. Zur Strafe wurden sie ausgepeitscht.

Für viele Familien brachte der Krieg die Angst um ihre Söhne mit. Unter dem Einfluss der allgegenwärtigen Propaganda meldeten sich viele Jungen freiwillig zum Militär, darunter sogar Kinder, die kaum älter als zwölf waren. Im acht Jahre währenden Krieg mit dem Irak wurden die Jungen an der Frontlinie – im Grenzgebiet am Euphrat – vor den anderen Soldaten auf die Minenfelder geschickt, um diese mit ihren Körpern »zu räumen«. Die Revolutionswächter hatten ihnen weisgemacht, dass es die größte Ehre sei, als Märtyrer zu sterben und als solcher in den Himmel zu kommen.

Kopfschüttelnd erzählte mein Vater uns die Geschichte von einem Jungen, der schwer verletzt auf dem Schlachtfeld lag und mit letzter Kraft in seinem eigenen Blut, das den Boden durchtränkt hatte, herumwühlte, als ob er nach etwas suchte. Als Sanitäter ihn fragten, was er da tue, antwortete er verzweifelt: »Ich suche den Schlüssel zum Paradies. Er muss hier doch irgendwo sein.« Seine Ausbilder hatten ihm erzählt, der Schlüssel zum Paradies werde in seinem Märtyrerblut liegen.

Meine Eltern entschieden, dass Amir unmöglich noch einmal in die Heimat reisen konnte. Wenn die Machthaber ihn nicht sowieso zum Militär einzogen, könnte er sich womöglich freiwillig melden. Das war ihm zuzutrauen; er war zwar erst vierzehn, aber damit genau in dem Alter, in dem viele Jungen leicht für Militär, Waffen, Krieg und Heldengeschichten zu begeistern sind.

Die Wirren der Revolution, die Willkür einer korrupten und unfähigen Verwaltung und die Gutgläubigkeit meines Vaters trafen schließlich auch unser Haus in der Maschajechi-Straße. Mein Vater hatte dort vorübergehend einen Untermieter einziehen lassen, einen Bekannten eines Bekannten, der ihm als zuverlässig angepriesen worden war. Dieser nutzte die Situation aus und riss sich durch Tricks und Betrügereien unser Eigentum samt Einrichtung und persönlichen Dingen unter den Nagel: Kleider, Lampen, Spielzeug – einfach alles. Mit Bestechungsgeldern sicherte er sich einen Kaufvertrag zu einem lachhaften Preis, und noch bevor mein Vater ihn verklagen konnte, hatte der Betrüger das Haus bereits zu einem viel höheren Preis weiterverkauft.

Aber was meinen Vater noch viel härter traf, war die Tatsache, dass Schodja-Abad ohne Angabe von triftigen Gründen beschlagnahmt wurde. Es herrschte Chaos und Gesetzlosigkeit, so dass jedes Einschreiten gegen offensichtliche Ungerechtigkeiten mit Risiken für einen selbst verbunden war. Die ursprünglichen Verwaltungsstrukturen waren mit der Revolution zusammengebrochen, und die neuen waren undurchsichtig. Die verschiedenen Instanzen stritten sich sogar untereinander.

Kurz nach der Besetzung der Ländereien in Schodja-Abad wurde meinem Vater nahegelegt, er solle doch seine Familie in Deutschland besuchen und besser in nächster Zeit nicht zurückkommen. Mein Vater verstand den Wink. Er hielt sich fortan fern von seinem ehemaligen Grundbesitz. Auf abenteuerliche Weise reiste er schließlich 1981 über Pakistan nach Deutschland und lebte mit uns in der kleinen Wohnung in Krailling, die meine Mutter gemietet hatte. Da er hier keine Arbeit hatte und natürlich auch keine Gelder mehr aus Schodja-Abad bezog, musste meine Mutter wieder in ihrem alten Beruf als Sekretärin arbeiten.

Ein Jahr lang hielt mein Vater es in Krailling aus. Die meiste Zeit saß er in der Wohnung, verfolgte die Nachrichten aus der Heimat und versuchte, sich irgendwie nützlich zu machen, indem er Dinge reparierte. Er war dankbar für jede Abwechslung. Wenn Verwandte zu Besuch kamen, lebte er auf, oder auch, wenn ein Western mit John Wayne im Fernsehen lief. Man konnte ihm aber ansehen, wie sehr ihn die Situation quälte und wie er zunehmend unter Heimweh litt.

Schließlich kehrte er im Sommer 1982 in den Iran zurück: Er wollte versuchen, seine Ländereien zurückzubekommen, was von Deutschland aus komplett aussichtslos gewesen wäre. Der zuständige Richter in Gorgan spielte mit ihm Katz und Maus und machte ihm immer wieder vergebliche Hoffnungen. Letztendlich waren alle Bemühungen umsonst.

1984 besuchten meine Mutter und ich meinen Vater noch mal in der Heimat. Das Land war längst nicht mehr wiederzuerkennen. Die Islamische Republik Iran, wie das Land nun offiziell hieß, befand sich in ihrer strengsten und radikalsten Phase, der Krieg mit dem Irak war auf dem Höhepunkt – die Raketen der Irakis erreichten nun sogar Teheran. Armeen von Revolutionswächtern patrouillierten in den Straßen und kontrollierten, ob die Frauen ungeschminkt waren und ihren Schleier korrekt trugen. Eine meiner Cousinen erzählte, sie sei beinahe verhaftet worden, weil sie angeblich beim Gehen mit dem Hintern gewackelt habe. »Was soll ich machen, er ist halt so groß«, hatte sie gekontert und es irgendwie geschafft, noch einmal davonzukommen. Selbst in Darya Kenar, wo immer noch unser Ferienhäuschen stand, drangsalierte ein *Pasdar,* ein Mitglied der Iranischen Revolutionsgarden, meine Mutter, weil sie ihr Kopftuch hinten statt vorne zusammengebunden hatte und dadurch ihr Hals zu sehen war.

Die Menschen in den Restaurants unterhielten sich mit gedämpften Stimmen – wenn sie überhaupt ein Restaurant besuchten. Die Geschlechtertrennung war in der Öffentlichkeit allgegenwärtig, und Restaurantbesuche für Frauen waren nur noch gemeinsam mit Familienangehörigen und im entsprechenden Familientrakt möglich. Für unverheiratete Paare waren sie per Gesetz komplett verboten. Die Menschen waren sehr vorsichtig damit geworden, was sie sagten, und zogen sich, soweit es ging, ins Private zurück.

Zwei Jahre hatte ich meinen Vater nicht gesehen. Er lebte mittlerweile in einer kleinen Wohnung in Gorgan und wirkte gealtert und traurig auf mich. Die Tragödie seines Landes, die Trennung von seiner Familie und die Zerstörung seines Lebenswerkes machten ihm sichtlich zu schaffen. Nichts war mehr wie zuvor.

Bevor wir wieder zurück nach Deutschland fuhren, nahm er mich ganz ernst zur Seite. »Nini-djun, heirate nicht zu früh. Mach dich nicht sofort von einem Mann abhängig. Versuch erst einmal zu studieren und auf eigenen Beinen zu stehen. Dann, wenn du einmal einen netten jungen Mann kennenlernst, lebt erst einmal eine Weile zusammen. Vergewissre dich, dass er ein guter Mensch ist und dass ihr zueinander passt. Dann könnt ihr ja überlegen, ob ihr heiraten wollt.«

Ich war damals siebzehn und hatte keinerlei Heiratspläne. Aber ich war beeindruckt davon, wie modern mein Vater für iranische Verhältnisse dachte.

Diese Jahre müssen für meine Eltern unvorstellbar schwer gewesen sein. Sie hatten ihre Existenzgrundlage verloren, und ihre Ehe war durch die räumliche Trennung praktisch nicht mehr vorhanden. Für meinen Vater war es zweifellos unerträglich, hilflos danebenzustehen und seine Familie nicht mehr versorgen zu können. Auch meine Mutter musste sich erst an die Veränderungen und den täglichen Gang ins Büro gewöhnen. Aber sie hat sich nie beklagt. Vielen Familien ging es damals so.

Wir Tabatabais lebten mittlerweile über drei Kontinente verteilt. Einige waren im Iran geblieben, andere nach Europa und viele in die USA gezogen. Aber immerhin waren wir in Sicherheit. Susi, Amir und ich konnten die Schule beenden und hatten die Möglichkeit, ebenso wie Asi zu studieren. Wir hatten deutsche Pässe, und Deutschland war uns nicht vollkommen fremd. Ein Vorteil, den viele Exiliraner nicht hatten.

Zwanzig Jahre hatte meine Mutter im Iran gelebt. Sie sagt oft, dass es die schönsten Jahre in ihrem Leben waren. Rosenjahre.

Epilog

MEIN VATER STARB am 23. November 1986, am 49. Geburtstag meiner Mutter. Er erlitt einen schweren Herzinfarkt, seinen ersten, und alles muss sehr schnell gegangen sein. Von uns Kindern war ich die Einzige, die mit meiner Mutter zu seiner Beerdigung fahren konnte.

Die Bestattung in unserem Familiengrab in Schah Abdol Azim fühlte sich irgendwie unwirklich an, auch heute noch habe ich sie so in Erinnerung. Wir standen unter Schock. Trotzdem versuchten die Angehörigen, meine Mutter und mich zu trösten, und hielten uns die ganze Zeit fest im Arm oder an der Hand.

Auf dem Weg zur Grabstätte mussten wir einen kleinen Umweg über eine Schotterstraße fahren. Meine Mutter sagte: »Jetzt fährt der Papa noch einmal über eine Strecke, die an Schodja-Abad erinnert.«

Einige seiner alten Arbeiter waren zur Beerdigung gekommen, unter anderem Maschti Mammad. Alle weinten. Jemand hatte meiner Mutter eine Rose in die Hand gedrückt. Der Bestatter nahm sie ihr behutsam aus der Hand und legte sie ins Grab, bevor er es zuschüttete.

Ich blieb zwei Monate mit meiner Mutter im Iran. Wir wohnten bei Tante Forugh, und es tat uns gut, bei der Familie zu sein. Iraner gehen mit Trauer anders um als Deutsche. Alle weinen mit dir, alle umarmen dich, keiner versucht, den Schmerz zu verdrängen.

Es war das letzte Mal, dass ich im Iran war.

Danksagung

Ich danke ...

meiner Mutter, ohne deren Briefe, Erzählungen, unermüdliche Geduld, Offenheit und fleißige Mitarbeit dieses Buch niemals entstanden wäre.

meinem Onkel Mostafa Tabatabai für die großartigen Familiengeschichten, die ein eigenes Buch wert sind.

meiner Schwester Susann, dank derer Erinnerungen ich doch noch hautnah bei den Dreharbeiten in Schodja-Abad dabei sein konnte.

Onkel Schamsi, Tante Reni, Zohre, Asi, Amir, Hessi, Seifi und allen anderen Familienmitgliedern für die zahllosen Anekdoten, die sie mir erzählt haben.

all den Personen, die im Buch vorkommen; all jene, die nicht darin vorkommen und darüber traurig sind, bitte ich um Verzeihung.

Andi, meinem Sechser im Lotto, für Deine Liebe und Unterstützung.

Gila Keplin, die viel mehr war als eine Literaturagentin und mir über die schwierigste Hürde geholfen hat: den Start.

Bruni Prasske für ihre wunderbare Redaktion sowie ihre Inspiration und ihren vielen, vielen Verbesserungen.

und last but not least Christoph Steskal von Ullstein, ohne dessen Initiative und Geduld es dieses Buch nicht geben würde.

Abbildungen im Nachsatz:

1. Meine Eltern in Schodja-Abad, Frühjahr 1958. Rose ist im vierten Monat schwanger.
2. Rose hoch zu Ross, Schodja-Abad 1959.
3. Meine Mutter in Schiraz, 1958.
4. Noch in Bayern, aber immer schon naturverbunden: Rose im Kornfeld.
5. Schweinezucht in Schodja-Abad, 1961; in der Mitte Monsieur Chatschik.
6. Februar 1958: Meine Eltern mit einem Teil ihrer Hochzeitsreise-gesellschaft.
7. Anfang 1960: Eine kleine Kamelkarawane auf der noch nicht asphaltierten Straße nach Isfahan; meine Oma Thea freut sich.